中國近現代書信叢刊

盛宣懷未刊信稿

北京大學歷史系近代史教研室／整理

上海人民出版社

圖書在版編目(CIP)數據

盛宣懷未刊信稿/北京大學歷史系近代史教研室整
理. —上海:上海人民出版社,2019
(中國近現代書信叢刊)
ISBN 978-7-208-16133-7

Ⅰ.①盛… Ⅱ.①北… Ⅲ.①盛宣懷(1844-1916)
-書信集 Ⅳ.①K825.3

中國版本圖書館 CIP 數據核字(2019)第 224024 號

責任編輯 倪文君
封面設計 汪 昊

中國近現代書信叢刊

盛宣懷未刊信稿

北京大學歷史系近代史教研室 整理

出　　版 上海人民出版社
　　　　　(200001 上海福建中路 193 號)
發　　行 上海人民出版社發行中心
印　　刷 江陰金馬印刷有限公司
開　　本 890×1240 1/32
印　　張 10
插　　頁 5
字　　數 205,000
版　　次 2019 年 11 月第 1 版
印　　次 2019 年 11 月第 1 次印刷
ISBN 978-7-208-16133-7/K·2902
定　　價 58.00 圓

出 版 説 明

　　二十世紀六十年代初，在著名歷史學家邵循正先生主持下，北京大學歷史系近代史教研室整理出版了以上海圖書館所藏部分盛宣懷函稿爲底本的《盛宣懷未刊信稿》，這是一九四九年後最早出版的"盛宣懷檔案"資料，内容涉及通商銀行和鐵路總公司的開辦、電報局的贖股事宜、漢冶萍公司的招股及後來的中日合辦、辛亥革命後盛氏産業的處理，等等，是一部非常重要的史料集。然而該書出版至今，除了曾以"愚齋未刊信稿"爲名收入沈雲龍主編《近代中國史料叢刊續編》外，六十年來從未再版。鑒於盛宣懷的重要歷史地位和該書的史料價值，徵得北京大學歷史系近代史教研室同意，我社決定將其修訂再版。雖然當下再稱"未刊"已不甚確切，但爲存初版原貌，再版仍保留原書名，特爲説明。

　　邵循正先生在本書整理説明中對盛宣懷的評價無疑具有鮮明的時代特色，而隨着越來越多檔案文獻的公開以及對歷史人物研究的深入，本書所還原的歷史面貌，所展示的歷史人物，其是非曲直，相信讀者自可明辨。

二〇一九年九月

整 理 説 明

　　"盛宣懷①未刊信稿"是他的"親筆函稿"的一部分。"親筆函稿"數量應該很多,但現存的②只有:(一)光緒二十三年(一八九七年)三月至二十四年(一八九八年)六月,(二)光緒三十四年(一九〇八年)二月至宣統元年(一九〇九年)十二月,(三)宣統三年(一九一一年)九月至十一月,和(四)民國四年(一九一五年)三月至民國五年(一九一六年)一月各册,這就是我們現在所據以付印的。此外還有他的"致妻函稿"一册,我們也選印了其中較有資料價值的十四件。

　　盛宣懷是清末買辦官僚的頭子。在甲午戰爭以前,他是淮系洋務派的主要人物。一八六四年他以楊宗濂薦入李鴻章幕,得李信任。一八七三年,他由李鴻章劄委會辦輪船招商局事宜,和朱其昂(雲甫)兄弟糾集粵籍買辦唐廷樞(景星)、徐潤(雨之)等人,招徠商股,在"官督商辦"的名義下,把輪船招商局變成北洋官僚機構。一八七九年,他由李奏署天津河間兵備道。一八八〇年,他向李建議照輪船招商

---

　　①　盛宣懷(一八四四～一九一六年),江蘇武進人,字杏蓀,又字幼勗,號次沂、補樓、愚齋、止叟。

　　②　此處指邵循正先生撰寫此文時的資料發現情況。——編者注

1

局辦法募集商股辦津滬電線,次年由李奏派爲電報局總辦,於是電報局也成了北洋外府。一八八四年,他由李奏署天津海關道,實掌北洋樞要。一八八六年,改任山東登萊青兵備道,兼東海關監督。當時山東海防關稅都由北洋控制,而輪、電兩政以津、滬爲首尾,煙台爲中心,所以李特別要把自己的這個心腹位置在這個地方。一八九二年盛又被調補天津海關道,兼津海關監督,這是由於此時李需他綜管北洋對外交涉,輪、電也已延至關外,天津比煙台更爲適中,而且他和北京權貴頗有直接關係,北洋和總理衙門之間正需他這樣一個人來聯繫。一八九三年李經營十年剛剛開張的上海織布局遭火延燒,李急派他到上海辦理善後,接着又奏請派他督辦新近募股設立的"華盛總局",控制名爲商辦的大純、裕源、裕晉等紗廠。於是淮系洋務派所辦的輪、電、紡織等主要企業,幾乎全歸盛宣懷一人掌握。

甲午、乙未之間,淮系海陸軍潰敗,李鴻章失去北洋地盤,盛宣懷也隨而失去淮系經紀人的地位。但繼督北洋的王文韶和他素有淵源,津海關道一缺因而得以保持不動,輪、電兩局亦依然在手。一八九六年,張之洞在湖北辦的漢陽鐵廠無法維持,議改商辦,找盛到武昌商量承辦,用意就是要盛替他彌補虧空。盛乘機提出組織公司經營盧漢鐵路,作爲交換條件,結果合拍,就由王文韶、張之洞會奏保薦。當時再度掌政的恭王奕訢和户部尚書翁同龢,與盛本來也都有關係,盛於是入京活動,竟把盧漢一條鐵路的公司輕輕地改爲全國性的"鐵路總公司",歸他督辦。年底,總公司在上海成立。此後他就以上海爲根據地,遥控漢陽鐵廠、大冶鐵礦、萍鄉煤礦(後於一九〇八年正式合併爲漢冶萍公司),近制輪、電兩局以及新創的"通商銀行"(名義是官商合辦,總公司也設在上海),聲勢煊赫,一時無比。當時淮系已經消沉,而李鴻章的政敵却成了盛的支持者。翁同龢、張之洞本來互相水火,但翁與盛係里黨世交,盛又力諂事翁,故翁欲重用之。張素不喜盛,但以鐵廠關係不能無盛。繼王文韶督直的榮禄和張之洞積見甚深,但盛對之却左右逢源。可見盛的宦術甚深,主要就是以厚利結納權貴。他的勢力不只上及恭、醇二王,而且通過李蓮英直達西太后。同時他又是英、美、日、德帝國主義的寵兒。清末十餘年中路礦利權的出賣和洋債的舉借,大部分經他的手。特別是義和團反帝運動期間他主持的"東南互保"的陰謀和一九○二～一九○三年一批賣國"商約"的訂立,使帝國主義更看中了他。從盛宣懷這個大買辦官僚的歷史,不但可看出清朝末葉統治集團已腐朽到了如何驚人程度,也可清楚地看出帝國主義通過内奸統治中國的實際情況。

"親筆函稿"第一部分,從光緒二十三年三月起至二十四年六月止,主要是有關於上文所述的"通商銀行"和"鐵路總公司"的開辦,鐵路利權的出賣,以及漢陽鐵廠、大冶鐵礦的一些情況。從函稿所說的"專用西幫"(二·一二)"官場尤宜有股"(一·一二)等語,可以看出通商銀行的封建官僚性質。從"比辦盧漢路,美辦粵漢路,英辦滬寧路,均由總公司定議,係歸商務"(二·二八),可以看出所設"鐵路總公司",就是出賣路權的機構。當漢陽、大冶一籌莫展,萍煤難運的時候,盛宣懷還曾企圖通過湖南維新派人物(如譚嗣同),替他設法以湘煤濟急(一·四二,一·四五),但沒有結果。一九○三年以後,大冶逐漸由日本帝國主義控制。他在上海辦理的紡織事業,經洋廠軋擠,也只能作押廠吃息之計(一·二○)。這些都説明買辦官僚根本不可能辦好新式工業。

一九〇二年，袁世凱繼榮禄掌北洋，從盛宣懷手裏奪取了原屬北洋的輪、電兩局，並企圖"改官辦而不還商本"，這實際就是打算吞没盛的股本。盛施展買辦手腕，鼓動一些股東向外商接洽，"欲以股票讓外人"，然後又故意出面"調停"，行文上海道照會各國領事，言外商不得購買股票，這才打銷了袁世凱的主意。一九〇五年在湘粤資產階級要求收回利權的壓力下，張之洞廢除粤漢鐵路美約，與盛齟齬，盛失去一個奥援；江浙兩省收回鐵路運動接踵而起，袁世凱派唐紹儀主管江南鐵路，盛的"鐵路總公司"被裁撤。這以後兩三年中，盛很失勢。但到一九〇七年底，蘇杭甬路風潮大起，英帝國主義向清政府施行壓力，西太后召盛入對，他力主壓制人民要求，維持草約。於是一九〇八年初袁世凱（時任外務部尚書）乃與英、德帝國主義訂立了津浦鐵路借款合同，接着又和英國訂立了滬杭甬鐵路合同。袁盛二人間的仇怨雖深，但都是效忠於帝國主義的奴僕。盛被任爲郵傳部右侍郎，即在此時。就在這一年，他一面奏請將漢、冶、萍合併爲商辦公司，大招商股，由他做經理（"總理"），一面乘郵傳部決定贖收電報局商股的機會，招攬電局商股移漢冶萍。

"函稿"第二部分（光緒三十四年二月至宣統元年十二月）最主要的資料就是關於上文提到的漢冶萍公司招股和電報局贖股的事。漢冶萍報效"内府公股"二百萬元（三·三，三·四）充當"皇室經費"，是盛向西太后求寵的手段。漢冶萍名爲商辦，實際歸他一人控制。所攬股東之中，如溥倫（三·六二）、奎俊（三·六〇）、陸潤庠（三·七三）、陳夔龍（三·六三）、吳重憙（三·六四）、陳邦瑞（三·六九）、吳郁生(三·七二)、袁樹勳(三·三五)等(其中顯有乾股),都是盛結爲繫援的親貴大吏。盛一面以漢冶萍爲大官僚投資的機構,一面又廣招小股,用意是挾衆自重,免得自己地位爲强有力者所奪(四·三)。在“商股”之中,他又分出有所謂“優先股”和“普通股”(三·三五)。這説明他時時刻刻在爲自己打算,繼續賣弄洋務派化公爲私的故技。至於一九〇八年的官贖電股,實際是爲淵驅魚,替盛宣懷的漢冶萍招徠買賣(三·三八盛致電局大股東書)。大買辦如盛宣懷,本來没有辦好民族工業的打算,他一開頭就想以新立漢冶萍公司的名義向日本借款,也想答應日本要求的一部分的管理權,但因袁世凱乘機要將漢冶萍“收歸國有”,只好暫時中止。他新招了一千萬元“商股”,並没有使漢冶萍的敗壞局面稍稍轉好。一九一一年他任郵傳部尚書,就讓日本的三井財閥通過一千八百萬的借款控制了漢冶萍。他從一九〇九年起還兼輪船招商局的董事長,這開了清朝未曾有過的公然以官兼商之例。

到人民革命氣氛瀰漫全國的時候,盛宣懷更是不遺餘力地去結帝國主義的歡心。湖廣鐵路取銷商辦改借洋債一事,就是他一手辦理的賣國勾當。武昌起義前夕,革命的浪頭首先把他衝倒了。在國人皆曰可殺的呼聲中,他由日、德、英、美帝國主義護送逃出北京,經青島到大連,又躲到日本的神户。革命軍興之後,人民要將他在各地的產業充公,這是完全合理的。他一面求帝國主義給他做保鏢,一面將財產分寄他人名下,企圖隱瞞。買辦官僚的這種無恥把戲,在“函稿”的第三部分可以看得十分清楚(如五·一六“致上海顧道函稿”,五·二一“致費雲卿、顧詠銓函”,五·三六“致大日本國伊集院函”)。

至於厚顔求張謇向程德全疏通（五・三二），並以張之"嘲諷"爲"熱情厚道"，則説明了他當時的狼狽情況。

　　由於帝國主義的支撐，盛於一九一二年秋竟安然回國，並且在這一時期内還兼任漢冶萍和招商局的董事長。他在日本時期已經和日本財閥議定漢冶萍爲"中日合辦"，但經股東會反對作罷。他回國後幾年中（盛死於一九一六年春末），日本對漢冶萍的控制日甚一日。"函稿"第四部分（一九一五至一九一六年初）的有關材料，如"日東要求中日合辦"（六・一），保存契約的鐵箱鑰匙由日顧問分執（六・二），歐戰期間，國内鋼材奇缺，而漢冶萍産鋼還要儘先售於日本（七・二）等等來看，可見所謂"商辦"的漢冶萍已完全變成日本帝國主義的殖民地工業了。

　　這部雖然已是不全的"親筆函稿"，可以當作一種"清末官場現形記"看；更重要的，這也是帝國主義通過地主階級和買辦勢力奴役舊中國的一個很典型的記録。對於研究中國如何淪爲半殖民地半封建社會的歷史，這是一種很有用的史料。

　　盛宣懷的奏稿、電稿，前已由其後人編輯印行，共百卷，署爲"愚齋存稿"。據説他的公牘、函稿也早已編就，但迄未刊行。至於"親筆函稿"的其他部分，俟陸續找到，再行補刊。

　　本書係北京大學陳慶華、張寄謙兩位同志和我共同整理，略加注釋。不備不當之處，敬希讀者指教。

邵循正

一九六〇年三月

目　録

光緒二十三年丁酉(一八九七年)
三月至十二月

〔一·一〕 致馮志先函

志先仁兄大人閣下:子壽來,奉二月十四日手書,並清摺兩扣,祗悉一一。照摺開,經管用帳,存京平銀一千八百五十七兩一錢三分,撥款買地帳,存京平銀六千七百三十一兩一錢三分,當留俟撥用。永定門外基地,只可就此停買。據子壽云,前門內內麟陛房屋一所,不能買至城根,朝北大門,胡同太窄,局面不寬。東交民巷房屋一所,街道較寬,與各使公署相近,戶部亦近,地段最好,即請代爲議買,實價電示。如不甚貴,擬即買定。惟遷屋建造,必須一年,擬暫租內麟陛屋,先行開張,俟新屋造成再行移入。銀行股分二百五十萬,本已招齊,忽有總署咨駁之件,以致謠言紛起,商情稍有觀望,大約須緩至四月開張矣。咨復一件抄呈台覽。京城約計入股必多,何以闃然無聲,想亦爲此謠言之故。京城應在電局掛號,已經札飭辦理。如有一人能認招十萬股分者,即可保充京行總董。寶興隆金店與此間相交較熟,未知袁保三能否幫助。將來管事之人,四恒當手能否設法鉤出一人,須當留意。包君毛詩一款,最爲相當。經手之人必須酌給好處,

1

並可派鐵路差使。但據子壽云,此款向存四恒。吾兄向四恒一查,即便停議,想必爲四恒阻撓,務望設法與前途説明,不必再向四恒提及也。輪船買辦,已改歸局董及總辦選派,弟不與聞。董學澧亦已交與總辦董事矣。汪叔苕兄之乃兄,亦已函致天津分局。人山人海,弟竟無法以處之。夏福尚未回來,幸勿爲第二人道也。此請升安不一。

〔一·二〕　致王夔帥①函三月十六日發

　　夫子大人鈞座:昨奉元鹽電諭,敬聆一一。慈躬忽作大寒熱,幸已退燒,甚爲系念。去冬服小柴胡湯而愈,今年春寒異乎尋常,南中病者甚多,師雖矍鑠,必須靜養一月方可出房。宣十一抵鄂,與香帥②面商官款洋債招股三端。去年所領三百萬,僅敷盧保淞滬兩段之用,並代津榆還洋債一批,已無剩。非領出千萬,徒曠歲月。琴川曾密諭早領,以免分散。總署前奏後領官本係南海③一人手筆。昨南海面談,户部只存英德借款二千餘萬,恐須俟續借百兆,方能照撥。尚幸此公出京,否則必有阻難。洋債一節,與各洋商磋磨數月,只有恭佩珥條款無甚挾制,誠如電諭"此好機會"④。英款定後,比款必來,堅請姑借作潘吉之用,此著在所必爭。乃總署復電,必欲候比,蓋未知比款可作潘吉之用也。現已電英館探詢恭佩珥是否可靠,如果

————————————

①　王文韶,字夔石,浙江仁和人,直隸總督。
②　張之洞,字孝達,號香濤,湖廣總督。
③　張蔭桓,字樵野,廣東南海人。
④　王電見《愚齋存稿》卷二十六,三月十四日。

2

可靠而比尚不來,斷無獸候之理。須力勸香帥趕緊定議,不便游移兩誤。故摺内將關外至吉林路帶叙,爲將來借款張本也。招股一節,受陳次亮①之累不淺。伊與不正派之洋人商同分造蘇滬鐵路,串出林崐等出名具稟,略同許應鏘等故技,各處布散謠言,謂官款必不發,洋債必不借,盧漢生意必不好,自應先造蘇滬,可獲厚利。華商有何見識,因此盧漢兩字無從招徠。宣於招股事頗内行,商既不信,斷不可招,必須領官款,借洋債,先造與大衆觀看,自有水到渠成之日。李福明冒充公司委員,在京招股,已電署由提督衙門拏到。此皆於招股有關係,故與香帥熟商,若輩利令志昏,覬覦分造枝路,此風斷不自止,請託代奏交查交議,仍不能省事,莫如附陳招股爲難情形,先發制人爲妙,想吾師必以爲然。宣學識卑陋,更事太少,雖遇事得蒙指誨,然相隔絳帷較遠,左右不可無人質疑問難,擬調何、蔡、鄭、梁②。四員各有所長,何、蔡已在滬,鄭、梁亦爲香帥所知,初次調人不敢不再三斟酌,因正摺稍有改動,三片未及先送,謹將繕件專遣家丁齎呈鈞閱,如有更改,即請另繕,一面發遞,一面電鄂。(請填發摺日期,武昌係三月十六發,或填三月十二日,在借款草約轉電〔元電〕總署之前,較妥。因奏内不提借債已有端緒,恐十三轉電進呈也,乞酌定。)家丁於遞摺事不熟,擬令在津局守候,敬乞鈞處派一差弁齎京批摺到津,先請拆視,再行封好飭交家丁航海帶回,大約其時尚在鄂也。寄琴川函稿、陳次亮抄件、英款約稿,抄呈。手叩崇安。

① 陳熾,字次亮。
② 何嗣焜、蔡匯滄、鄭孝胥、梁啓超。

再：沈子梅諒頒飭令赴任。商局一席想者甚多，誠如鈞諭。非商情愜洽，斷難遷就，且非資格熟手，亦難使向隅之人一無間言。似莫如仍照去冬面商，即委黃花農①接辦，是人人意中所有也。但津局尚無替人，花農足病久延不愈，來函來電欲求請假三個月，究莫測其所以然。臆見姑且委他，儘可緩赴上海，因子梅本不甚管事，現有宣駐滬，各董均可就近商酌，俟從容再擇人。如鈞意以爲然，請電示，即當呈請派員而不指名，或會委亦可。又叩。

〔一·三〕 **復張香帥**三月十七日

大人閣下：頃奉手諭，備承訓誨，欽佩莫名。借款，路權第一，利息次之。俄佔吉、黑，法佔桂、滇，中權斷須自守。宣雖愚，亦稍知此中關鍵，故立議要借美債。乃華士賓（W. D. Washburn）早窺及此，磋磨三月，堅執包辦分餘利。夫事至分餘利，雖曰借款，已屬東家，不得已剔開停議。其餘英、法、德各行皆多挾制。恭佩珥後來條款，略較平允。彼願南北幹路全列正約，我只肯專議盧漢。彼謂粤與法造，與桂相連，英德必不願，我謂粤或自造，決不歸法。彼不放心，堅欲另立密約，全用華款，與彼無干，洋款章程如一樣，仍向該公司借。初以爲用華款可不借，別家洋款如便宜可不借，或亦不爲所挾。故將此底稿帶呈鈞核，並摘電北洋轉總署，姑詢英使此人是否可靠，一面候比人到鄂，再作道理。恭佩珥屢催回信，均以未得署復延宕之，恐一經回

① 黃建莞，字花農。

4

絕，比人到後無以爲言。英之促議，亦恐我以彼約示人也。英款未簽字，儘可棄置，但都中頗疑借款不成，昨大農令京局傳諭"借款如不妥，千萬難恃"等語，原電呈覽。比人原訂十五六到，尚無消息。所盼比議速成，而以英款辦蘇滬，如彼不願，聽之亦無不可，宣斷不敢稍存成見也。復叩鈞安。餘容面罄。宣謹肅。

〔一·四〕 上香帥書_{三月廿一日}

大人閣下：奉手諭並各件，謹悉。西洋焦炭祗以運費爲重，總公司現購料物悉係開標包運，故搭裝亦不能如從前之便宜，姑存此一議，容與得標之洋行商酌。但生鐵價祗值廿一二兩（一爐必有白鐵不能煉鋼）。現用開平焦尚多賠耗，恐重洋運焦可偶非可常也。前所言之焦價，係德培經手，或有錯誤，俟查清再奉聞。陳次亮事，聞陳季同、洪熙爲謀主，到京必有謠啄。寧蘇事①必由寧蘇兩帥入奏（鈞處如何電復亦求錄示），以此電復亦屬至理，彝卿既與聞，故電告之。此中惝惝，讓賢確亦私衷所願也。復請鈞安。附呈抄電二紙。

〔一·五〕 上香帥書_{三月廿九日}

傅相勘電呈覽。茲事艱鉅，既有要人掣肘，復有牟利之徒百計傾

---

① 指陳季同、洪熙串同林崐等請辦蘇寧鐵路事，見《愚齋存稿》卷二十六，三月二十四日。

陷,即賴有兩帥護持,而一人之精力無幾,拼此心血與異族對付,尚嫌不足,豈再能以全副精神抵當掣肘傾陷諸人耶?事未數月,鬚髮已斑,深恐全局難挽,致負委任,可否仰乞密商仁和請即另簡賢能接替,放歸田里,藉免隕越。大人鈞鑒。宣謹肅。

〔一·六〕 上翁宮保①書五月初四、初五日

宮保世伯大人閣下:奉三月廿五日手諭,敏聆種切,伏審勛躬篤祜,下慰頌忱。幹路保借洋款,本屬原議所注重。未借之前,謠言必借不動,既成之後,又以隱患爲慮。一波未平,復起一波,非賴老成力持定見,已中輟矣。初議美債最妥,詎料美商欲以包工漁利,密函餌我二百萬兩,當美總領事面前擲還原函,旋即罷議。英商恭佩珥與德商合股而來,說較近。署電命候比,南皮意亦屬比,乃以英德所允者擠之就範。至於作保改爲批准,則又華士賓先允之功也。比款倘能不生枝節,似甚便宜,尤好在不滿年限亦可先還。自問磋磨已至極處,若彼用律師斷難照此辦法。惟彼訂定工程須先用華款,故洋款派定明後兩年分四期撥兌,以示不落空。盧保據金達②估需四百餘萬兩,淞滬據錫樂巴③估需三十萬兩,南北洋撥毛詩,已屬不敷一百數十萬。年內應用之款,計三省購地之價,漢口至信陽州、保定至正定墊土之價,武勝關鑿山之價,黃河及各大河預備購料之價,至

---

① 翁同龢,字叔平,一字瓶生,晚年號松禪,江蘇常熟人,時任户部尚書。

② 金達,鐵路工程師,英國人。

③ 錫樂巴,鐵路工程師,德國人。

少必須千萬方能展布。否則比款第一期交鎊，恐彼有所藉口。且使今年銀不湊手，地價、土價、料價均無可措，不僅目前曠廢，開春亦無籌備，窒礙甚多。承示一則關係下半年償款，一則洋行未必有此現銀，又蒙電諭撥款儘湊，只得其四，仰見藎籌不易，何敢奢望。但求夏間先撥四數，秋間撥三數，冬間撥三數，一經奏定，總公司便可放手分頭辦事。現與各工師再三考訂，只須將幾處大河橋工及漢灄口湖堤、武勝關石洞先辦，其餘築路鋪軌，不難多分段落，同時並舉。要在本年千萬不擔擱，則不待五年全工可竣。時事人心，俱不可測，樗櫟朽材，荷特達之知，雖竭盡血誠，而旁撓側擊，動稱專利，豈可久於此職。惟有督率工師，分途兼進，功成即退，勿負高深。前所附奏料物免稅及各直省督撫幫助招股，此兩件實爲招商集股關鍵，務求迅賜議准。因購料陸續進口，關卡殊多隔閡，此時公司尚無商股，與津楡、津盧，事同一律也。至招股，有人云，凡一州縣各勸紳富搭股一二萬兩，各直省擇五百州縣亦可得七百萬，約計路工及半便可悉如原議。盧保工程已嚴催金達，來年總可告成也。手此恭請鈞安。

再：上海銀行四月廿六開辦，華商歡欣鼓舞，氣象頗好。惟天津商股二十萬及官場股分，因有管奏，觀望不繳，商務之難如此。昔年招商局每逢被參一次，必受擠一次。人生祇此精力，聚精會神，專辦公事，尚恐不足，而中朝任事之難，層波叠浪，必使志士灰心同歸於因循畏葸而後已。此件本當早復，南皮不厭求詳，因其端不自鄂發，頗想改頭換面。然官商私利之心不能破，除此得尺得寸之計，實無大舉急功之法。現已商定逐條會奏。姪回滬後，將遵旨舉董、集股、歸商承辦情形復奏，並聲明一俟各省分行設妥，姪即當銷差。至於部款生息百萬，擬與各總董籌商分年繳還。初辦之時不得不藉此以助聲光，立定脚地之後，總宜早繳，俾免藉口。南皮甚以改鑄京平一兩重銀元，官商通用，畫一權量，每年可得千萬，爲籌款穩易之事，屬姪力請鈞處主持，當可由外會奏等語，謹以附陳。宣又叩。

再：鐵道以用人爲最要，工程皆係洋人之事，總公司以收支購料爲重，收支有各處印據爲憑，購料有各洋行開標畫押單據爲憑。收支現舉國子監學正嚴作霖（係辦賑務義紳，清名著於四海）、知府楊廷杲（精於會計，身家殷實）、購料現派知府何嗣焜、蔡匯滄、朱寶奎，會同洋參贊錫樂巴（德國工師，香帥所用）。津滬兩分局各派一員一董爲總辦。土工則每段派一總辦。章程均已粗定。鄂廠止開化鐵爐一座，每日出生鐵，止敷鍊成鋼軌一里。因兩湖產煤內含硫磺，不能鍊鐵，取給於開平，每噸焦炭需銀十二三兩，鐵石又須由大冶運來，每噸需銀二兩零。議者謂價值較洋軌爲昂，實由於煤炭之不便。南皮屢言價昂亦必須自造，然斷不能使鐵路公司喫虧，致礙招股，只得鐵廠熬痛認賠，一面尋覓煤礦，倘能將開平煤礦核實辦理，焦炭運鄂在十兩之內，亦可不賠軌本。該礦總辦張道翼如能簡放一缺，則煤鐵相濟，軌價不致昂於外洋也。蒙垂詢用敢密陳。宣謹又肅。端午。

〔一·七〕 上王制台書端午日

夫子大人尊前：奉三月廿三、廿九日手諭，敬聆一一，賣回原摺，已咨呈，清單式樣謹存。比款奉硃批依議，草合同於廿六畫押，錄送。比商馬西賣約赴京，未知比使有無異議。此次彼此不用律師，若按泰西商律，恐不能如此通融。惟第一條即叙自有之款一千三百萬兩，訂定先用自款再用借項，若今年部款不發，或發而不全，必致貽誤工程。頃復琴川函稿，錄呈密覽。聞國債百兆已經借定，似此或可照撥。年內應辦之工甚多，總想趕緊辦成以了一事，如果時勢人心不復可爲，方能進退自如。比約定後，英美俱來鄂商議粵路，南皮擬粵路美辦，蘇路英辦，兩國皆欣然。竊惟蘇粵僅利商務，若論大局，瀋吉較重，鈞諭推而至於瀋吉，尤爲大妙。人事不可不盡。與南皮密談，意見亦同。但因新聞紙屢言此路須歸俄國代造，即經電詢合肥相國，復云：奉吉路與俄連，俄廷前謂中國自造准接，若以他國代造則不准接，英勿庸議。似此俄國早存代造之心，安可叵置。查津榆原欠德華、怡和、匯豐洋款約計百萬，似不如薈借一款還清零帳，並續舊案由中後所接造全老邊止，自老邊以達吉林，既不准他國代造，屆時冉籌部款自造，與之相接，總不可聽俄人代造，此爲緊要關鍵。傅相似慮俄有違言，不願急圖，姑請函丈密存，以俟機會。津榆事唐貞吉言之甚詳。前局所用部款，似可先行開單一奏，部中必令造冊，儘可從緩，而官商新舊界限藉有案據。至官本斷難遞折，亦不必計利。目前專立檔冊，以所收車費抵支常年用款、修費、商息。再有盈餘，劃還洋債。將來漢盧、瀋吉兩頭接通，再將官本統作股分一律支利，庶幾官商兩無窒礙。質之夫子以爲然否？惟接辦四閱月，聞前局帳冊尚未移交，一切無可查考，張道屢催不應，乞再檄催吳道等，迅將全案移交，此間斷不挑剔，但期檔册俱全，諸事有可稽引。總公司俟全案到後，必須融會貫通統籌咨奏立案，俾有遵循。黃道洋務較熟，乃因病請假，鐵路津局將來貫注直至黃河北岸，事繁任重，張道一人固恐力弱，添派會辦，必須精細和平通達洋務方能有益。丹庭服闋在即，總須兼當局差，而今日局務莫重於路，如能得丹庭以代花農，必能勝任愉快，幕府有緊要公事，仍可隨時諮詢，伏乞吾師俯允所請，并力勸丹庭務以時局爲重，慨任其難。漢局日内擬與香帥酌定兩員再行電達，兩局總辦似宜一起入奏以昭鄭重。通永五月廿後揭曉，花農既在假内，似難同日檄行，現電約花農在滬見面，擬與面商，如能就滬養病，即當電請檄委，以代休文。如必欲回粤，只得另派一人。邵小村中丞①以前任台灣道顧肇熙老成細密，現在在吳門原籍，無志出山，光景甚好，商務亦講究，可請委令試辦。筱村不輕許人，且有商局鉅股，亦屬休戚相關。此時人才難得，如得顧道駐滬，仍可騰出黃道回津，彼縱不願管路事，亦可分任他事，是否可行，敬乞密電示知，以便與筱帥説定。銀行廿六開辦，總董來函，商情甚覺歡忻鼓舞。京、津、粤、港、江、浙、漢、湘各行，數月内皆可續辦。此事匯豐、四恒最忌，各處設法阻撓，故不能不急開。南皮稍有異同，幸尚力顧大局，已屬擬稿，日内即當辦妥，仍專送鈞處改正繕遞。廿九褚君又有一疏，想早有所聞。蔣、黃兩員即當設法安置。手叩鈞安。受業宣謹稟。

---

①　邵友濂，字小村（筱村），原任湖南巡撫。

〔一·八〕上湘撫陳佑帥①書 端午日

佑帥中丞大人閣下：日前曾上一電，計邀青覽。凡自湘中來者，敬詢起居嘉善。衡湘地氣磅礴，所出之人才得天獨厚，從前與曾惠敏②談，與時務格格不入者，湘人爲尤，他日能毅然決然挽回時局安內攘外，恐天下莫湘人若。今見熊秉三③、蔣少穆④諸君，自喜前言之不謬。然微公實力提倡，循循善誘，亦何能變化如此之神速。建霞學使更從士子一面入手，詎非天意尚欲陶成楚材耶？宣籌款延教習設津滬大學堂，請開達成館，亦知根本在於學，惟有心無力，中夜慚惶。朝廷以銀鐵二事責成公司，政之末也，然若一聽強鄰入我之室，踞我之路，攫我之財，坦然處之不自爲計，亦甚危殆。利權所在，智者避之，宣二十餘年衹成輪、電、紡織兩三小事，憂讒畏譏，何堪任此艱鉅。況無米之炊，巧婦必拙，負債營田，傭工必傲，但期數年工成而退，人情難於謀始，易於圖成，似不患接替之無人也。粤路原擬庚嶺而至廬峯，近有人條陳，若改走湖南，出產較多，練兵尤易，但未知民情地勢，難易如何。一屬棠治，一屬珂鄉，情勢必瞭如指掌，用敢先以密商。此間鐵廠造軌甚佳，而焦煤借資開平、萍鄉兩處，至多只能開辦一爐，按日造軌一里，緩不濟急。寧鄉之清溪焦炭，灰燼俱輕，製煉極好，不下於開平，惜乎礦質尚重，不及萍鄉，止能搭用二成，尚難獨當一面。即以二成計，每月可銷五百噸，洋監工估價每噸六兩，想初辦未必能

---

① 陳寶箴，字右銘(佑銘)，湖南巡撫。
② 曾紀澤，曾國藩子，死諡惠敏。
③ 熊希齡，字秉三，湖南鳳凰人。
④ 蔣德鈞，字少穆，候補道。

行,請飭局先運數百噸入爐試煉,如不改樣,即可局廠訂立合同。洋監工又云,此煤質極高,如用機器開至深處,必可礦輕,開平亦以五槽爲貴也。近來倭煤加倍增價,欺我中國只一開平煤礦,不能敷用。湘煤富甲天下,所難者不得好礦師,不能用機器開深井,斷不能成大氣局。鈞駕曾蒞開平礦,此豈土法所能爲。溫礦司長於五金,煤事不諳。鄺榮光屢請夔帥轉飭赴湘,昨來咨電,張燕謀竟不允行。中國煤礦司只有鄺榮光一人,開平儘可用洋人,何爭乎一鄺?此中深意,想早洞鑒。茲事梗阻,湘煤不得大舉,鄂鐵即不得多煉,坐視數千萬鋼鐵之費,不能塞此漏卮,殊堪痛惜,可否請鈞處電商夔帥,仍踐半年之約,鄺來即可先安置寧鄉抽水起重機器,並將小花石及衡州好煤一氣開辦。熊秉三云,如已可指定之煤礦,不妨派洋礦司往看,並料理開井事,不致阻撓。若無一定地處,欲用洋人向各州縣尋度煤苗,則不易照應。乞公與局員揣度,如擇定兩三處煤質可煉焦,可燒鍋爐,運道可通小輪船,旱路數十里內可用掛綫路者,乞賜函示。敝處現有洋礦司二人,一在大冶開鐵,一在馬鞍山開煤,現擬添請一上等礦司,候尊處調勘。總之,開礦用土法小辦必不能收大效。開平每日出煤二千噸,土法斷不能如此之多,亦不得深處佳煤,何能獲利?公燭照如神,毅然定見,用西法大舉,則早一日好一日,今之時務急起直追尚虞不及耳。電綫,湘潭已派朱牧伯增速辦,諒不甚難。長沙湘陰一帶時時斷阻,則此綫如同虛設。按十里巡丁一名,已較各省按廿五里巡丁一名不止加倍,從前各省初設時亦常有阻斷,及責成州縣隨時查拏嚴辦,自能妥貼。此必仰仗鼎力扶持。大約綫已設成,此等竊賊並非有意阻撓,但能有犯必懲,想可熨貼。銀行悉照匯豐章法,但洋行重在

外國通貨幣，我行重在内地通貨幣。上海總行，四月廿六已開辦，漢
口亦須續辦。長沙省會，熊太史①已集股數萬，自可照章分設，以通
往來，仍乞大府護持，俾免阻越。先呈大略章程一册，詳細章程刊成
續寄。鐵道需用大木不少，武漢難購，須派大員採辦，不得其人，蓋非
妥實可靠，恐致夾帶漁利諸弊。昨與莊道面談，解駁船一役似不甚重
大，聞尚有沈守會辦，如交沈帶津或亦妥當。以上所陳鐵路、煤礦、電
綫、銀行、採木數大端，函陳尚恐不詳，特商請莊道回湘面稟詳細，如
蒙檄留莊道在湘，自可奉命惟謹，瑣屑事亦可屬請轉達，或仍須令其
赴津，小輪往還，或尚不誤日期。宣料簡數日，即須旋滬，入秋再來
漢口，一片汪洋，此時不能開工，用人立法無一容易事，輇材薄植恐難
勝此重任。世兄負經世之學，緣慳尚未獲一聆丰采，他日到漢，已託
爵棠介紹，當作一痛譚爲快也。匆肅。手叩勛安。

〔一·九〕　上榮中堂②書五月初八日

　中堂鈞鑒：敬肅者，竊宣前肅蕪緘，仰承鈞答，勗勉周摯，捧誦慚
惶。四月間迭呈兩電。度邀青覽。恭維禎履綏嘉，直廬清豫，紫宸篤
眷，翹企曷勝。路事籌借洋款，本以輔官款之不足，開商股之先聲。
初議美債最妥，詎料美商欲壑難償，流弊滋甚，殊難遷就。英商恭佩
珥與德商合股而來，其說較近，當奉總署電諭，命與比議，南皮意亦屬
比，乃以英德所允者擠之就範。至於作保改爲批准，則又華士賓先允

----
①　即熊希齡。
②　指榮禄。

之功也。比款倘能不生枝節，似甚便宜，尤好在不滿年限亦可先還。自問磋磨已至極處，若彼用律師恐難照此辦法。該商已持草合同赴京，總須比使核定立正合同方能作准。宣現尚駐漢，親督購地造軌，料理南端開辦，並派比工程師重赴豫、直測量覆估，以便分道並進。惟比款明後兩年分次交付，訂定先用部款，如能早撥，免致束手，則年內一切可以大備。竊與各工程師堅明約束，四五年必可告成也。至鐵路招股，商情總慮盧漢工鉅貨少，利無把握，甚屬觀望。此事非可嘗試，若一招不至，以後即難再招。環顧海內，必須俟銀行徧設行省，使商民以一信字相孚，其時路工亦將及半，必有登高一呼萬山皆應之勢。按照說帖所陳，必無做不到之事也。惟銀行深中匯豐及京都四恒之忌，其實此行係為保守中國利權起見，免致盡為俄英各行一網打盡而已。於匯豐固有損，於四恒不特無損且有益也。宣回滬後當再督率各總董參酌中國商情，泰西商律，重訂詳細章程，總期慎密無疵，可垂久遠。一俟規模粗定，即當奏復，悉交總董自行經理，宣無庸過問，以避專利之嫌。辱蒙垂愛逾恒，用敢縷晰上陳。恭敬崇祺，伏祈鈞鑒。盛〇〇謹肅。

〔一·一〇〕 **致湖南陳中丞函稿**五月十四日

右帥中丞大人閣下：端午上械，度邀青覽。頃由上海遞回四月廿三日手諭，敬承一一。湘煤為鐵軌命根，幸得清溪一處，又為水淹，聞之萬分焦悶。少穆所購抽水機器，未知何時可寄。以宣懷所知，土法挖煤，莫不為水害，然欲用機器抽水，又非用西法開井不可。寧鄉焦炭雖稍帶磺，而灰輕，爲鍋爐最好之煤，開到深處，不讓開平。黃芍巖宮保談及中丞視寧鄉煤甚重，足徵偉識。佳煤近水甚不易得，既得之豈可輕棄。小花石亦已得煤，請飭試煉，速寄焦樣。衡屬漂港，煤質既得，知其甚佳，眼前或尚有人開挖，可否求屬礦局派人往購煤樣，賜寄漢廠鄭道官應化驗？得此三窟，運道皆便，湘省之利源非細，鐵政之倚賴亦無窮期。惟洋礦師既未便即至，土法終慮作輟靡定，承示鄺榮光，可令其先勘漂港，開此地界。鄙見清溪、小花石安置吸水起重機器、開濬直井棋路亦須鄺榮光到，方能合式。開平加一洋匠代鄺甚易，而不願放其來湘，恐湘煤大舉有礙開平（所管輪政鐵廠紗廠每年煤價數十萬）。擬請中丞電懇夔帥仍循原議，准其半年來湘，庶可派勘漂港，安成機器一二處。大煤礦得一已足，可不求多。如果鄺決不來，祇得求中丞與紳士熟商，准令洋礦師至三處勘視，擇其尤佳者先集本省股分認真開辦，以免曠時糜費。蓋土法雖省錢而處處遇水即止，亦甚氣悶。況鐵廠造軌吃重正在此兩年，如明年不得好煤礦，軌價橋料一千數百萬，只得送與外國。關係至鉅，仰蒙下商，用敢直陳，務乞鼎力迅速拯濟，俾塞漏卮，大局幸甚。復敏鈞安。晚生宣懷謹肅。

〔一·一一〕 **致陳右銘中丞書**五月廿四日在鄂倚裝發

右帥中丞大人閣下：奉十六日手諭，感悉一一。頃接漾電，知望函已入覽。鐵路漢端稍有頭緒，上海事繁，只得今晚束下。任事之難均在洞鑒之中，惟有日日預備交卸，稍免瞻顧。人生五十後，祇此精神，全力用於公事，尚恐不足，豈能紛心於對付之地耶。寧鄉焦炭如真能去盡磺質，亦何惜重價。此時鐵廠亦斷不能不賠本，比之救荒，貼切極矣。百噸未知何日可到。花石生煤萬石，亦盼早到試用。因廠需上等烟煤，每月必須二千噸。然價總不能昂於萍鄉，公當必有以兩全之。開平儘可用洋人，而張道①仍不願放廓來，其意實不可解。銀行爲商務樞紐，英法倡於前，俄德踵其後，自己若不早設，利權必盡爲一網打盡。湘行公一言之下已得股銀六萬，只須再添足十萬，便可開設分行。此任非朱禹翁不足以樹人望，只要管事得人，條理不紊，總董只須就近稽查，並不甚忙，若繁瑣事豈敢累及朱公耶！秉三請照章招股，多者爲董。渠開來朱、蔣、陳三君，故早辦合一照會。他處亦有二三人者，然少穆已不在湘，陳亦不相識，似以責成朱一人以免牽輓爲是。宣不敢臆斷，謹呈照會兩件，敬求代爲酌度而行，其不用之一件便中寄還可也。回滬即與諸總董商訂分行詳細條款寄請轉發。匯豐收我華民存款六千餘萬，載往印度，俄又來矣，故南皮視銀行爲輕，似非透論。湘屬鉛礦多否？大冶擬設爐，可許照亨達利買鉛否？或合併運煉固非洋人洋爐不爲功耳。匆叩勛安。

〔一·一二〕 **復君實書**五月十八日

君實仁兄大人閣下：昨奉手教，敬聆種切。艮庵來，詢審勛躬篤祜爲頌。鐵道先撥部款四百萬，並已借定比款四百萬鎊，擬即分頭趕造。漢陽屬地購辦略有端緒。黃、孝、應三屬會派龍守②購地，昨已

---

① 指張翼。

② 指龍兆霖。

橄行。但洋工師勘測需時,該守在此無事,尚可暫回,俟插標後再行電調。該守深感優睞,目前關差尚乞暫緩開去,因購地不過一兩月事,若因調辦艱難短事而使失去安穩長差,弟等於心何安。如蒙惠允,感泐同深。承示,銀行沙埠及滿城願附股者已不少。此事緣起,因中外條陳開設官銀行,而大農商之於弟,以官行恐滋流弊,不及〔如〕仿照招商局先設商行,而官爲扶翼之。一切照匯豐章法,但彼則賴各國匯票,我則賴各省各埠之匯票,利可操券,漸圖擴充,股分尚踴躍,早已溢額。但鄙見必欲各省埠均有股,則所到之處皆有照應,官場尤宜有股,因官款皆須匯兌。鄂省司道如藩臬皆一萬,鹽糧皆五竿,我公領袖荆南,關心時務,可否酌附若干,以樹人望。此項股票,妙在各省有行,皆可取利也。上海總行已於前月開辦,漢口下月亦可開,沙市生意頗好,一俟得人即當續辦。聞沙埠新關收稅,銀行尚無商人承設,擬請附入銀行,將來各關均須如此辦法也。弟月内暫回上海,約八月間仍須來鄂也。復請台安不一。尊謙摹縑,萬勿再施。

〔一·一三〕　**張香帥來函**五月廿九發,六月初二到

　　杏孫仁兄大人閣下:別來曷勝馳仰,日内當已見過比領事,能否不至變局,念甚。會奏稿於篇尾勉爲添改數語,大指皆原稿所有,兹特錄稿寄呈,敢請台端與爕帥商酌,改定即由爕帥主稿繕發。允還鐵廠五萬,感甚,咨文計已到,祈速撥爲荷。此布,敬請台安。弟洞頓首。

17

〔一·一四〕 陳步鑾致唐鳳墀函_{六月初八日到}

逕啓者,吾局擬購官碼頭之事,昨承廷觀察面諭云,督辦咨文早經接到,所以遲遲未咨軍督者,以六千之數尚不足公用,緣道署前年爲倭兵損壞,現係租住民房,殊不足以壯觀瞻,擬就舊署重行改造,蓋建之資苦無所出,若官碼頭多一分價值,即衙署增一分輝煌云。且言,開平督辦張燕謀①觀察,前嘗許價八千兩,現在吾局購買亦當照八千之數云,囑鑾轉稟督辦。鑾查廷觀察前復函有"同是公家之事,此款亦仍作敝關公用,正不必計較多寡,祈即酌奪定價,當唯命是從"等語。前函所言如此,現在所言如彼,囑鑾上達,殊覺進退兩難。用特函達清聽,懇代面稟盛憲,較敝處稟陳尤爲詳晰。

〔一·一五〕 致河南撫台劉②

景韓中丞大人閣下:敬肅者,前日續派比工司復勘全路,曾先電,復牘懇飭所過官吏如前導護,計即施行。原議借用美款,延訂美工,嗣緣要求包辦,種種擅利。英德來請,其專欲無成,一如乎美。適有比國銀行工廠,偕其公使進言,願合股承借。比小國,以鋼鐵起家,此款只求多售幾分材料,故取息較輕。且聲明中國祇認比商,不認別國,公司得利,隨時可還。我有操縱之權,彼僅轉輸之利。磋磨累月,無可再讓,遂於四月廿六日在武昌節廨定議。西例,借該國款,應用

————————

① 張翼,字燕謀。
② 劉樹堂,字景韓,雲南保山人。

該國人勘測估計，以定贏絀。續派之海沙地書記博嘉甫，又續派之馬西海多法勒，分道啓程，結伴同進。華員三人，均屬輕減車從，勿擾地方，比來想已將及渡河。河工橋梁爲此路最大關鍵。爾立樞將發，先曾授意勘造浮渡。及回呈圖説，謂除造橋外別無善策。其法在孟津以下，滎澤所屬廣武山麓，疊石爲墩，淺水處分二十段，每段三十丈，溜水處又接四十八段，每段十二丈五尺。過此黃流便緩，再接木質大橋一座，長四百丈，直跨平原而過。鑽驗河底最堅土質，用無底鐵櫃蟬銜而下，吸水實石，和以泗門丁泥以作根脚，中泓全用鐵柱，兩端間有木樁，柱形三角，刷沙不滯，橋空兩丈，舟檝可通。據稱北岸名唐郭汛，水勢平緩，與廣武山天然關鎖。惟工鉅，須閲四年。費鉅須及五百萬兩，爲中土所奇駭。蹈常之士必以渡船之説進，以浮橋之説進，以火車兩端及岸而止泛舟運貨轉輾入陸之説進。迂緩阻滯，求夷反險，均無以易造橋之説也。黃河剽悍異常，遷徙不定，此橋之工過於天梯石棧，必須謀定後動。華員導游只多洄溯上下四五十里，不能以一隅推論全局，可否仰求節府察詢豫省熟於河道人員，滎澤左近有無常年水深四五尺不以潮汛爲旱溢，並查志書，洋員所指廣武之麓，因依山爲阻，河身自古不變，其説是否有據。設准造橋，究在何處相宜，搜採衆長，折衷一是。俟比工司銷差回滬，再出以印證。造端宏大，務求迅示準繩。至鄂省購地，已派龍守兆霖接辦至武勝關兩省接界處止。一入尊治，即求會委幹員帶同工司，按圖丈量，酌給官價，望淺材庸，必賴中丞遇事扶持，庶登高之呼，衆山皆應。兹將爾立樞擬造黃河橋説抄呈鈞察，諸祈指示爲感。敬請崇安。晚生盛〇〇謹肅。

〔一·一六〕 **上王夔帥書**六月初七日

夫子大人尊前：端午日肅呈稟函，計邀鈞覽。此次在鄂甚久，鐵路事南皮注意比國，故舍英德而與比議，頗融洽。銀行事以事不由我發端，甚想立異，而面商數次，又無實在辦法。及將回滬，尚復遲疑，乃實告以"事關權利，於任事者有損，於國家商民則有益，意見既不同，只得改歸赫德管理，必可辦好"等語。南皮答以"斷不可交赫德，我亦甚願觀成，但中西夾雜，官商夾雜，我實不明此中條理，當與鈞處電商"。一面屬擬復稿。廿二日，接奉電諭，耐心熟商，是日南皮親持所復養電，到寓送行，極言毫無意見，略授數語，催辦復疏。廿三將稿送去，廿四即起程回滬，廿九接鄂電，初二寄回奏稿，細玩篇尾添改數語，亦甚周密。惟有限公司四字，恐於存款有礙，故獨銀行章程向不聲叙有限字樣，應將"此係有限公司"一句刪去，好在下句"商本又有定數"已該括有限之意矣。至鐵路抵借，前已言之甚詳，另片只須簡要。此件回滬後所擬，今日抄寄南皮，如其另欲更改，請徑電天津。茲將摺片稿各一件、又香帥函電各一件，謹呈函丈改定，主稿繕發。辦一事有一事之波瀾，若非藉兩帥提倡，斷不能成，尤非藉吾師始終不渝，調停其間，亦恐始倡之而不能終成之也。慄慄危懼，但期無負知人之明知己之感而已。手叩崇安。

〔一·一七〕 **上李傅相書**六月十一日

中堂夫子爵前：五月杪自鄂旋滬，曾將比人於合同之外另索用費情形，電請轉致比使。嗣接比使復電，一面即與中堂講明"現今在歐羅由中國借款國家保借五釐之款，因此尤難在比國借四釐之款，是以請與德福尼通融辦理，合同內按照最合式之樣作成，將緊要修改妥當"等語。德福尼當即送來續訂章程六款，第一條索費三十萬五千鎊，允撥十萬鎊歸中國公司使用，淨索二十餘萬鎊。昨又有函來，聲明非屬欺蒙，意在必得。現已商允刪除買料用費五釐，改給小票，勘路各使費必較多於料費，但數目尚待磋磨，總期無礙奏案。英商恭佩珥尚願籌借，惟已成之局未便翻騰耳。上海學堂已在興辦。近來湘中風氣大開，輪船、電報、礦務、銀行均已踵起，所以勸其始者，前四川龍安知府蔣守德鈞功居多。該守宏通沉毅遠到之才，此次赴京欲求晉謁崇階，一見之下必相期許，將來粵軌擬由湘行爲便也。手敏鈞祺。

〔一·一八〕 上王夔帥書六月十七日

夫子大人尊前：六月初七，肅呈稟函，度邀鈞覽。昨奉電諭，復件改妥繕遞，深爲感慰。比款翻復另索用費卅萬鎊，內以十萬鎊作華局公費，實須廿萬鎊。昨已許給十五萬鎊，而除去買料五釐，酬勞則不過十萬鎊矣。又止允分卅年勻給，則不過給十萬鎊之利矣。德福尼口氣甚緊，今日已電比外部、比鐵廠，勸其〔勿貽〕各國笑柄。德云，六月廿七爲畫正約限期，如不允彼即回國，甘讓他人。且看比國回電以備操縱，若至無可如何，只可相機而行。彼謂國家作保海關抵押之債，尚是五釐九四扣，故慮四釐票不能售。責以何不早說，則謂法蘭吉等外行。總之，比若僅爲區區使費而爭，終可遷就。若真爲五釐四釐及保不保之別，恐難償其奢望。謹呈問答一件、來函兩件，敬求垂覽。然使比款決裂轉而改商英德，非大喫虧不能就也。此中奧竅一定之理，總當盡吾心力之所能至而已。手敏鈞安。

21

〔一·一九〕 **上張香帥書**六月十七日

大人閣下：漢上勾留，備蒙教誨飲食，感逾恒泛。嗣奉手諭，寄下復奏改本，當即轉呈夒帥主稿，繕遞附片，亦經電達矣。比款翻復，另索卅萬鎊，內以十萬鎊送我，實須廿萬鎊。昨已許給十五萬鎊，而除其五釐買料酬勞，則不過十萬鎊矣。又只允卅年勻給，則不過給十萬鎊之利矣。德福尼口氣甚緊，今日已電比外部、比郭廠，勸其勿貽各國笑柄。德云，六月廿七爲畫正約限期，如不允彼議，彼即回國，甘讓他人。且看比國回電以備操縱，若至無可如何，似只可相機而行。彼謂國家作保海關抵押之債，尚是五釐九四扣，故慮此票售不出去。責以何不早說，則深怪法蘭吉等外行。總之，比若僅爲區區使費而爭，終可遷就。若真爲五釐四釐及保不保之別，則事難成矣。手叩鈞安。附片稿一件、抄摺兩扣。

〔一·二〇〕 **上北洋大臣書**六月廿一日

夫子大人再鑒：十九年冬，上海紡織局被焚，命宣設法規復。二十年，集股，大興工程，購機七萬紗錠。計費廠本二百餘萬，連工人房屋等二百卅餘萬，買棉花等活本百餘萬，只有股分八十萬，籌賑局長存公款二十萬，其餘皆屬東扯西拉，衆商公舉堂弟盛守宙懷等駐廠辦理。廿一年，馬關定約後，華商即以紗廠爲畏途，股分允者均不肯付。去冬結帳，虧蝕三十萬兩之多。堂弟等敗軍之將，無復可爲。今春添派分董，群策群力，而洋廠均聚集楊樹浦與我廠相鄰，男女熟手工匠均爲加價勾引前去。如果再能加本亦不難與彼族爭衡，但目前局勢，官商之力均難接濟。宣身兼數役，祇能盡心照料，不能濟之以財，致礙全局。適有英商恭佩珥，因盧漢借款不成，願求商辦他事。當與酌議租辦三年，照原本打八折之後，作成廠本二百〇五萬，按年租息五釐，盈虧與我無涉，並將全廠抵押銀二百〇五萬，亦作息五釐，彼此相抵。三年期滿，或收回自辦，或再議售，屆時再定。似此既可收回押款，一清債累，且免虧折之虞。衆商瀝情具稟，勢難不准。惟華商局面不甚好看。南洋現有蘇州、通州兩廠，機器早到，而無商人承辦。宣擬勸令上海售租紗廠之華商撥款振興內地數廠，爲再接再厲之計。內地工價便宜，可獲利益，與上海迴不相同。今而知紗廠只宜一二萬錠子，總使女工多於機錠，棉花亦易接濟。深悔從前購機太多，以致尾大不掉。現已與恭佩珥立定草約，限六月二十九日奉鈞處批准，即行定局。此係商廠商本，租押三年，本可不奏。惟裕晉已售，華盛已押，大純亦即售替，宣所招辦之六廠，已去其三。此外三廠，尚有裕源一家，亦恐立脚不住。與其爲他人話柄，必須先行奏明。此廠前係北洋奏辦，而地屬南洋，自應會同入奏。除函商峴帥外，伏乞函丈俯賜酌裁，迅即電示。因草約限期即在二十九日，過期即作爲定約，至於收款交辦尚在八月中也。手敏崇祺。受業〇〇謹又稟。

〔一·二一〕 上王夔帥書六月廿三日

夫子大人鈞座：昨蒙十五日電示，楊守稱停爐實無其事。現在加緊趕辦，封河前萬二千噸斷不得少。倘能多運若干，必當極力。仰見關懷鐵廠，感慰無似。惟張道來電，仍以挑選藉口，又欲加價。其實合同載明上等大塊字樣，春間運到碎炭，不能入化鐵爐，半屬廢棄，故不得照合同挑選也。至價目有合同議定，論理應額外多運，方能加價。但化鐵以焦炭爲命根，只得受其要挾。中國僅此一煤礦，鐵廠、鐵路、輪船均所依賴。陳道善言過滬，謂開平擬由德璀琳經手借款，即以全礦歸於德管，故陳道決計不回開平。此論早經傳播，而出於陳口，恐非無因，前途時常入都，豈能越主人而另謀耶？現派楊守識見才幹何如？湘中若不得礦，鄂廠來年必得開平焦炭三四萬噸，方能造軌，倘如本年，則軌不能煉，千萬漏卮，無計可杜。今春前途有約花農入局之意，以爲鋼軌可成矣，詎料中止，遂商湘礦，又不借用鄺榮光，以致湘煤不成，仍不能不望開平大起爐竈。然未知張道能否顧全大局早爲籌商辦法。花農之胞兄黃道建藩，精細練達，久在津門，於唐山事頗熟悉，漢廠事亦有考究。此次到津叩謁鈞前，伏乞詳詢其兩處關繫之重，當能言其大概。陳道不肯回唐山，張道往來京津而不駐局，如蒙俯念煤礦重大，添派該道與楊守會辦，必於兩廠公事實有裨益。不勝感禱之至。手敬崇安。受業○○謹上。

〔一・二二〕 致浙藩惲方伯①函 七月初四日

菘雲五哥大人閣下：春間晤別，又將初秋。在鄂時奉三月廿六日手書，敬悉一一。惟萱堂多福公事順遂爲慰。五月杪旋滬，得承三次來電。一詢熟習條約之員，此非看書者所能辦，必與洋人辦過交涉方

① 惲祖翼，字菘耘（松雲），江蘇陽湖人。

有閱歷。弟以徐道壽朋薦者,曾出洋,曾在北洋津海幕中,曾辦此次日本條約,精細慎重,浙隸南洋,一調必至。一詢小輪船,此事南皮署兩江時有電與弟,囑將小輪讓與他商辦,不歸招商局,弟即與諸董約,內河小輪之權利招商局不再過問,亦多一事不如少一事耳。一詢蘇寶森,此人曾充局輪買辦,不諳礦務。昨喚來面告所以然,據稱月初五六有一日本礦師到滬,如欲尋礦可招之赴浙,但勘礦須經費,此時無可指之礦,難以招股,則此勘礦經費非官籌不可。公如有意振興礦務,似須籌得閒款數千,先選一礦師就訪明之產礦處所,詳細勘度,擇其尤佳者一二處,招商集股開辦。如開平煤礦、漠河金礦,不在多也。浙屬著名礦所,能指示一二否? 舍姪蒙垂青派此事,但恐其短於閱歷,率同洋人勘礦,須會同地方官開導鄉愚,似非老州縣如朱滋澤、林佐者不爲功也。巢梧仲於平陽不合例,誠如公言,能久署不脫銅符,已荷栽培不淺矣。但公開府,必速能趁此補一合例之缺。穀帥①處有夔帥吹噓,亦必心照也。此外託弟函懇之事必多,惟公視其才力行之,仍如彼此密約也。銀行已推行十處,湘省幸承佑帥登高之呼,得商股五萬七千兩,內有公款作股分兩萬。鄂中幸爵棠、賡甫幫忙,亦得官商股分十萬。故兩局皆成,實於官商有益。蘇州得五萬,亦仲舫之力。杭州亦是財賦之區,公與穀帥在,諒不致恝然,可否乞代設法集官商股數萬兩,以便迅速派人到杭設立分行。於推行銀元鈔票,皆必事半功倍。附上章程五本,祈賜覽。鐵路部款已到四百萬,又借定比國款四百萬鎊,奉旨允准。漢端已開辦,弟與南皮再三訂約八兄總

---

① 廖壽豐,字穀似,浙江巡撫。江蘇嘉定(今上海嘉定)人。

25

辦漢局,堅不之許,强之則曰非補缺不能來。弟想補缺焉有不到任之理,想是藉詞推卸。不得已派朱道滋澤總理,亦南皮意也。此行三閱月,晤南皮約二十餘次,所議公事尚能融洽。論大局,鐵路銀行皆在必成,但鐵廠不得佳煤,最爲可慮。來年如不得煤礦鋼軌,數千萬漏卮只好買外洋之軌矣。湘煤,礦師不能去,土挖如萍鄉見水即止,斷無用處。方丞士鑅,俟來見時當量才位置。復請台安。

〔一‧二三〕 **上李傅相書**七月二十日

中堂夫子鈞前:此次與福禄壽議借款,並與哈華託議合同,皆係朱守一手繙譯。迭奉電諭,公使稅司恐多搖惑。福初至中國,容易活動,鈞處現用繙譯,未知何人,須切屬凡有要言勿稍洩漏。朱守人甚謹飭,可令其在座也。恰克圖展綫事,巴署使告博來,尚欲請總署另給照會,全工來年告竣。答以木料難辦,來年開工必須光緒二十六年一律完工。巴謂續約儘管寫明二十四年告竣,只要開工,之後遲至廿六年,俄國決不催促。據博來電稟,巴署使肯允給函説明不催促。鄙見續約如果訂定二十四年告竣,必致失信,豈有明知失信而又立約之理? 兹特令朱守寶奎會同博來向巴署使説明木料之難。如巴執不從,須求師開導巴續約年限總宜活動,以免日後爲難。該署使給一不催之函,亦宜作公事用,統乞鈞裁諭知朱守,並祈電示爲感。○○謹敏。

〔一‧二四〕 **上翁宫保書**七月二十日

宫保世伯大人座右:奉六月廿八日手諭,敬聆一一。美國不肯專議借款，限至十五，無確信，未便久待。英商呼利等派其董事福祿壽來滬，所議與儀相①電意相符。遵擬草約，十六電呈，十七畫押。所以間不容髮者，匯豐神通廣大，恐其搖惑耳。往返要電，儀相均隨時隨事互商鈞處。惟總署並無公電，想必慮有漏洩，故亦不敢公電總署。茲派員賷送草約到京，除咨呈外，所寄儀相一函鈔呈鈞覽。正約彼擬兩款，似無窒礙。通商銀行大班，係屬英人，彼恐內地課釐洋人不能過問，買票者疑而不信，故欲藉銀行過手以堅買票人之信。至於一月一交，事在中國，本可不必拘定，但開辦之初似宜堅明信約也。此舉得歸通商銀行辦成，將來即爲借華債之權輿，匯豐之怨毒可不必問。福君到京，必有人煽惑。正約能於限內定奪爲妙。夜長夢多不可不防。鈞諭凡舉大政，看到八九分便撒手辦去，以名言爲規訓，良深欽佩。盧漢路總可一氣呵成，惟招股還洋債，非照原奏蘇粵並行，斷不能招鉅股，此即所謂撒手辦去者是也。盧保路土工雖已收好，秋後尚須墊補。黑沙甚多，行潦可慮。已飭工程總辦孫道覆查矣。潞澤煤鐵可暢行，其軌轍必與我路相接，已函詢晉帥一切矣。手敬崇安。世愚姪○○謹肅。

敬再肅者：還洋債須另籌額外之款。近年錢價大漲，州縣大好。言官條陳，以其所餘還諸百姓。其實百姓相沿成習，聚之萬千，散之毫釐，尤恐今日錢貴還之甚易，他日錢跌取之甚難，正供無畫一之規，亦一病也。似不如將此盈餘暫歸公中存儲還債，不居加賦之

---

① 李鴻章，號儀叟。

27

名，僅取中飽之利，飭下各直省督撫核定數目，積五十年當可湊還洋債不少也。此不過一紙文書便可得來。籌款之易莫易於此。姪又叩。

〔一·二五〕 致張殿撰①書 八月廿一日

季直尊兄大人閣下：蘇戡、敬夫兩交手翰，敬聆一一。徐州面談通廠廿五萬已就緒，與尊示符合，將來活本似屬不難。至紗機分裝，曾與湯悟生面商，毫無難處。譬如四萬錠在一門之中，亦可安置兩廠，要在分撥均勻而已。若以大引擎運一半錠子，轉致虧耗。瑞記所稱每日每錠不能包出一磅，此藉端推託之詞。嘗觀滬鄂各廠購機合同，無不包出一磅，而從無能應者，或諉諸工，或諉諸花，於分機何與焉。弟因聞此説頗萌退志。嗣蒙電示，謂新寧②敦促咨文。審思官機久擱，亦屬非計，既承新寧、南皮與公再三之屬，不應遲疑畏沮，遵即如所議正約附約分咨立案。惟商人最怕官場共事，武昌官商合股，一廠甫見成效，官即奪之，滬商引以爲誡。江南雖未必一定紛更，然官事如棋布，却不得不豫爲籌度，以釋商慮。誠能併商歸本，實亦官之幸也。附上咨兩件，會回稿二分，請核正畫諾，就近封發，並乞轉達一切。手復，敬請台安不一。

再：會咨去後，須請南洋核復一牘，以憑集股辦事永遠奉行。至分機繪圖，俟崔君到滬，當派荔孫、敬夫會同酌辦。通廠所須添購各

---

① 張謇，字季直。
② 劉坤一，字峴莊，湖南新寧人，兩江總督。

件,已與敬夫面談,可即開單在滬發標單辦理。如有見委,能幫忙者
罔不盡力,徐州不另泐,統祈致意。

〔一・二六〕 上劉峴帥書

峴帥大公祖大人閣下:前聞政躬小極,至用馳結,比日伏惟起居
健復,式副頌仰。通廠紗機頃與季直殿撰商定辦法,就原定官商合同
增易數字,並與殿撰另訂約款一切,統請殿撰面述,合同約款亦已攜
去呈鑒。茲仍屬鄭丞孝胥偕往,如有須面詢者希傳見爲幸。手肅,敬
請台安。

〔一・二七〕 上劉峴帥書 六月廿一日

大人閣下:雲漢望澤,三日爲霖,四郊承流,含和吐氣,伏維郇膏
所被,生我福人,瞻仰起居,同聲頌禱。中國商務久弛,利權外溢,振
興之道,莫要於以土產敵洋貨,機器紡織所由昉也。自昔年上海織
局被焚,宣奉檄規復,號召華商分設多廠。不料布置苟完,而馬關定
約。星回歲轉,楊樹浦一隅,洋廠已前後相望。彼挾外國輕息之重
貲,來此爭勝。華商力微氣餒,先已畏阻,股分不至,承辦商董,賠墊
日多。且紗價不增,而棉花人工俱因洋廠放價纞長增高,成本益重,
虧耗益甚,各華廠皆力不能支。上年裕晉廠稟請售歸洋商,經宣詳
奉批准。蓋商力方困,既乏維持之方,祇有聽其設法收束,猶可留餘
力以爲他圖。仰見台端洞澈商務消息盈虛之原,操縱因應,不囿故

常,遠近商情,莫不佩仰。現據稽查紡織公所,以華盛廠稟援裕晉成案,議將全廠租與洋商接辦三年。事同一律,不得不爲咨呈冰案,祗候核示。綜觀大局,上海紡織華廠,恐皆不能勉支。竊與各紳商密籌曲突徙薪之策,陰施補救條約之方,惟有勸租賣之廠,即將提出股本,徑赴内地産花之處,分設數廠,力爭上游,猶可保自有之利源。蘇州紗廠,春間晉謁,蒙節下諄諄相屬。通海一廠,張季直殿撰百計經營而未能就緒。宣獎掖衆商皆可擇人分任,迅觀厥成。惟事係大局,必得節下左提右挈,密切上聞,謹擬疏稿,呈備甄采,亦已並達夔帥,如已鑒定,即懇一面電告夔帥,一面電示宣遵辦。特令鄭丞孝胥將函牘賷呈鈴閣,有未盡者望賜傳詢。專肅,祗請勛安,諸祈偉察。 頓首議啓。

〔一·二八〕 **上李傅相書**七月十九日

太傅中堂座右:敬肅。借款一事,屢蒙鈞電往復籌商,幸有就緒。七月十六日已將所訂草約全文電請轉達總署户部,遵於十七日先行畫押。兹特派令英文繙譯朱守寶奎偕同英公司董事福禄壽及律師哈華托於二十日起程入都,先赴鈞處面議一切。原訂八月十七日以前立定正約,因哈華托不肯多留,改早十日。正約曾與言明以上年英德借款合同爲宗旨,此次難在鹽課釐金兩端。外洋新聞報已載明允歸海關兼管,上海匯豐又復多方搖惑之,開導三日,福禄壽始允以稽查催收之責歸於通商銀行,猶恐買票之人惑於洋報所載,或有疑寶,則票不能售,事必翻覆,彼請於正約内加入兩條,另録呈核。其所謂"到期本息不還,則中國國家應即另行設法籌備抵還借款"等語。此英德合同第七款原有之文義稍爲更改。好在到期本息斷無不還之理。至"中國俯允該公司揀定洋員一名,駐紮通商銀行,查核關稅鹽課釐金按月解到數目,以備到期付還借款本息"等語,似亦無關政體。且銀行現擬托彼公司爲倫敦代理,則彼公司派一洋人駐華尤無不合。此人薪水每年約需五百鎊,欲由中國發給,此爲多費。總之鹽課釐金外人所不能過問,以之抵押各國均以爲難。彼僅欲空處着筆,堅人之信,似不能過於拘泥。呼利,詹悟生訪聞確係股實大商,既肯以全權交派福祿壽來華商議,或尚不致蹈虛。但一到京必有人從中蠱動,且恐此二十日内倫敦亦必有惑之者,因匯豐手段實非尋常可比。宣屢被言官指摘,大半皆匯豐所致。項已遵照電屬,切告福祿壽,草約既定,斷不准其翻悔。福謂全權在他一人,儘可放心,但言此來實爲鐵路生意,國債既已實力幫忙,總求以蘇滬鐵路與彼議辦,以全面子。答以只要章程合式,當可由總公司酌議。迭經香帥峴帥商籌,此路本須照原奏借款趕造,以免他人覬覦。俟福祿壽出京再與悉心斟酌,切勿絕其後望,致生枝節也。呈送草約咨文一件,特令朱守轉呈,閱後再行投遞,餘容朱守面稟。肅此敬叩鈞祺。

敬再肅者,此次借款作爲通商銀行經手,福祿壽應允酌送酬勞二毫半,計肆萬鎊。現與商董會議,擬將此四萬鎊充公購辦鑄銀錢機器照奏案在滬開辦,可期逐漸通行,以杜鷹洋漏卮。猶如比國借款許給總公司四萬二千鎊,即以充公,抵作勘路經費,未始非化私爲官以公濟公之意。先此奉達,俟其文到之後再行會商具奏。惟在福祿壽面前,請勿提銀行以此酬勞之款購辦鑄銀錢機器,爲彼族所笑也。再叩勛綏。

〔一·二九〕 **致直隸通永道沈**八月廿三日

子梅仁兄大人閣下:別後甚念,敬想允升吉座福履多綏爲頌。弟勞碌如常,竟無善述。大德油廠所出油餅,銷價甚好。機價自志堯整頓亦漸順手,現截至八月,共用成本六萬六千五百兩,計敝處經手股銀四萬二千兩,尊處經手股銀一萬九千五百兩,已給股票(沈蘭台發九千五百兩,朱志堯發一萬兩,均交尊處)。此外招商局應墊五千兩,乃據施禄生查復,尚欠招商八千兩,想尊處所收之股銀一萬九千五百兩內中,或因尚有三千兩未到(而股票已先發交)暫由商局墊付,除飭志堯稟詢外,現值清釐局廠帳目之際,用特專函奉詢此事。前蒙執事慨然擔承,現今得位乘時,交游較盛,務祈迅速續招股銀八千兩(如有八千兩來,內有三千兩已發股票,只能再掣股票五千兩),將商局墊款歸清爲感。手頌勛祺,兼叩任堯,立候玉復。如弟○○頓首。

〔一·三○〕 **致張香帥函**九月初一日

大人閣下:奉八月十九日電諭,比款續合同昨已補印,比公司必欲俟其駐使蓋印知照該國,合同方能作准。頃已電請譯署將鈞處補印之件到後即送比使,得其覆文,即當電促其總工程司帶領工匠來華辦事。早一日,好一日。各國尚謠傳比款斷難如期應付,惟法人則云必無貽誤。畫押之愛蘭力言,漢瀸發端應歸比公司派人開造。海沙地勘路回滬,已准所請派赴漢口,訂明到漢預籌地料,水涸開工,限六個月。發水之前,先將德租界外至瀸口及瀸口至孝感土石之工築成。並屬錫樂巴與彼會商後即行交代,以免藉口。惟此時江邊買地最關緊要。此係朱道專責,而道府縣亦須幫助之,方能有成。政府來函頗急切,不知通商口岸,買地易於影射,不如北地之易也。去年恭邸面諭,或由襄樊,或由信陽,會商請旨定奪。又譯署奏用雙軌,係出自南海之議。然改已奏之案亦必宜聲明。宣不慮鐵道之不成,但慮鋼軌之不及自造。萍鄉運道不通,洋焦因鋑貴水腳貴需價廿餘兩,湘皖尋礦緩不濟急。事之濟否,以開平為斷。昨開平覆文,種種推諉,意見極深,夔帥無可如何。曾見大人屢次奏章,皆言鄂鐵足供軌料,來年若無佳煤,不能煉佳鋼(萍煤燐重,止能煉次等生鐵,名曰白鐵,可煉熟鐵,可翻砂,不能煉鋼。開平煤不來,便坐此病),比人勢必藉詞全購洋軌,固增二千萬漏卮,與原意不符,鄂廠失此機會,亦恐永無翻身之日。旁觀誤會,不謂開平掣肘,而謂漢廠辦理之不善,並謂冶鐵之本不能用,湘煤之何不早開,大人與宣前言之不應,豈不冤哉。再四籌思,不能不將實在情形預為陳奏,一面派員赴津,稟商夔帥,與張道議訂合同。總須將五槽合用之煤先儘鐵廠購用,又須將唐山唐沽焦炭爐悉歸鐵廠派人自管。開平坐收售煤之利,庶無推諉。此事關係至鉅,能否借重鼎言,函致夔帥,與張道商酌辦理。謹擬一摺三片,乞賜裁削改正,迅速寄下,敝處同日抄寄北洋,亦請改正寄滬,再行繕發。如兩處更改緊要語句,即可電達。至津漢兩局銜名循例奏報,楊

33

道排列其間，似尚不甚著迹，誠如鈞意，事前止用輕筆但求不挑剔，露面之後不難另做文章，此亦時勢使然耳。盧漢大局，總須總監工速到，頭批百萬如期應付，方可放心。目前止將盧保漢孝應用料物應辦工程責成金達、海沙地分頭開辦。宣將滬事認真料理，一俟漢澦水退，即當赴鄂籌商一切。開春親自督同總監工等自漢端勘至京門，即可定先後緩急之序。湘中勘路以勘礦爲名，會稿即辦，惟得人爲難耳。手敬鈞安。

〔一·三一〕　**致王夔帥函**九月初五日

夫子大人賜覽：差弁回，奉八月十二日手諭，敬悉一一。有人自北來，莫不恭詢起居，夏間感冒具已復元，至慰馳系。比約漏印，稍延時日。頃接比使來電，已催該國代催總工師等到華，尚須覆勘測繪，方能核定緩急先後之序。泰西大興作重在圖說，一定而不可復移，斷難草率將事。而都門來信頗以濡滯爲嫌，並謂津盧已成，何盧漢之尚無成效，亦不計其路之遠近，工之難易，時之久暫。或謂必須將籌畫辦法臚陳天聽，然章奏最忌空談，惟取道信陽仍用單軌，及畫比款正約派津漢總辦，皆當入告。造軌需用焦炭，目前止有開平煤合用，得失關係兩千萬之鉅，而咨函懇商張道漠不相關。前蒙函丈詢催楊守，來數較多，其質更碎，到廠不及一半可用，亦不敢再有挑剔，止勘廠中認虧而已。但來年之事，非預爲籌商不可。倘能將五槽生煤，全數先儘售與鐵廠，並由鐵廠自行派人督同煉焦，或可有濟。陳道善言日內過滬，擬與面商訂一合同。陳道精能而顧大局，開平創於粵人，至今粤股較多,陳道雖不願回唐山,似應仍令會辦爲妥。合同陳必不能專主,或由其電商張道,或由其回津定議,但須切求我師設法勸諭張道,顧全大局,此實非一人一家之事也。如開平仍照今年光景,則無法可想,亦非宣一人所能挽回,似須將煉鐵需煤實情預爲聲明。謹擬一摺三片,除寄鄂外,恭呈鈞裁改正寄回繕發,愈速愈好。並將致南皮函抄呈青覽,藉免贅叙。榆路前蒙奏准歸併,論大局則爲開拓遼瀋,論公司則爲聯綴南北。改併津盧而劈分南北之局成矣。事本無足介意,然亦何必如此深謀詭秘。總公司墊還洋債代購材料,兩款甚鉅,不得不催索。張戟門因榆事頗開罪於延陵,來函慄慄畏懼,蓋有鑒於張孫也。黃花農堅辭路差,未始不鑒於此。今戟門復求代替,意中實無可勝任之人。大約此等事華官均無真內行,但求才不如求德,求生不如求熟耳。張函附呈密覽。丹庭可惜,夢陶似亦能任事,孫麟伯與項明鑑皆不可爲人所奪。南中幹才亦不多。今秋洋價大漲,極想乘機行用龍元,乃寄來一萬,每元須少用錢五十文,未必因平色,只爲花紋不同,比較鄂元稍欠光緻,看來暫不能行於南省,昨已電請緩寄矣。手此敬請鈞安。

〔一・三二〕 致奎中丞①函 九月十三日

樂帥中丞大公祖大人閣下:滬江快聆珝誨,欽佩莫名。頃奉鈞函,敬諗吉座允升,勛猷丕煥,允孚臆頌。承示商務公司頭緒紛繁,屬

---

① 奎俊,字樂峯,江蘇巡撫。

於本月望前通盤商酌，不使已成之局中綴，仰見提挈綱領，扼要以圖。宣承乏商務，誼關梓桑，苟能設法補救，多興一分地利，即多塞一分漏卮。惟任事以得人爲要，若不得人，則立法雖嚴密，皆具文也。至於清界限，專責成，籌接濟，補虧累，均非易事。重蒙虛衷下詢，無論心力能否有濟，自當遵示來蘇一行，以備諮度。惟因此間尚有要事羈身，數日之内如能撥冗，即當買舟趨詣鈴轅，作三日暢談也。手復，敬請台安不一。

〔一·三三〕 致總署總辦楊函 九月十六日

虞裳仁兄世大人閣下：昨顧倅攜到手書，備蒙獎注，感慚非分。比約費使蓋印送總署否。總工程司尚未到華。其初次勘路之洋人海沙地已派赴漢口開工。弟月初亦即赴鄂督同辦理。惟部款不能全發，比款未到，尚難放手。一俟比款比匠到後，擬多分段落趕辦，以符五年之限。招股一層，現擬選舉總董，每人認招五十萬，大約六七百萬可得，然必須粵漢開辦方能得此商股，大家眼光南路勝於北路也。聞都人士多有議其遲緩者，無如洋債尚未到手，撥款只敷盧保漢孝淞滬之用，且造橋築堤均須騰出大水時候，任此鉅工，安得不謀定後動。曾湘鄉率師南下，頓兵不動，朝議詰責，湘鄉奏復不欲空言卒收實效，竊願師之。弟與都門士大夫鮮通函牘，既承關愛逾恒，尚乞時惠圭箴，俾廣聞見，是所感禱。顧倅當設法位置，以副尊屬。差便手復，敬請勛安。

再：川賑敝處籌捐五萬，與同人合得十萬。〔嚴〕佑之赴西州來電抄呈台覽。目前年歲開大稔,可紓系念。樵老①今日到滬,想不久即入都。呼利公司押款至今不來,聞倫敦洋報頗以釐金五十年不可恃,多方煽惑,恐有變端也。

〔一·三四〕 致湘撫陳函

佑民中丞大人閣下:敬啓者,上年敝處及黃幼農觀察籌墊湘省賑銀十二萬兩一款,當經台端奏准勸捐歸還,由北洋大臣按月咨部,並奉函示應照部章收兌三成實銀等因,即經遴派向辦賑務之楊守廷杲、李令宗璉,在滬設局刊印實收分投勸辦。時值鄂省開辦賑捐,外辦章程較部章不及一半,湘賑如不援照辦理,勢必無人過問,以致虧耗甚鉅。據楊守等將收支各數開摺呈核前來,除另文咨呈冰案外,查所收之數與原墊之數每萬兩僅能收回三千二百數十兩,實虧六千七百數十兩。敝處原墊五萬兩應虧三萬三千餘兩。黃幼農觀察所墊四萬兩應虧二萬六千兩。爲數太鉅。晚生與幼農籌墊之時,皆在實缺關道任內,故不覺其難,現在後任均不肯代爲彌補,全數捐賠,實屬力有未逮。頃幼農來滬面商再四,不得已擬求尊處將嚴佑之所交賑餘八萬餘元之內,酌提銀二萬六千兩發回,將幼農所欠江海關庫款歸還。此外不足之數當由晚生自行設法彌補。謹特專函奉懇,尚祈俯賜曲諒,准如所請,不勝幸感之至。肅此,敬請勛安,仰候玉復不既。晚生○○○頓首。

---

① 張蔭桓字樵野,廣東南海人。

〔一·三五〕 **再致宋渤生觀察函**九月廿日

再:三姓金礦,邸堂頗重視。接都中來函,極盼成效。執事任此重任,若久無功,恐爲他人所奪。百姓自挖之金,止能抽其釐,斷不能分其成。既已奏設礦局,必應選擇金旺之處,自己開挖一二處,仿照漠觀章程,分成辦理,以符奏案。漠觀所用淘沙之法,比較三姓所用之法如好,似可仿行。但用人最關緊要。聞尊處多用本家親戚,虛糜甚多,而能辦實事者極少。開礦係艱難困苦之事,必須選用切實耐苦之人,本家親戚挂名之人,祇可設法裁汰,切勿代人受過。並請將委員司事銜名隨時移知敝處爲禱。來金適值金價稍跌,朱寶珊請暫緩售,特在銀行先撥四萬兩電匯吉林,以備尊處撥用,但望續寄金來。鄙見擬先付一年官利一萬兩,以安人心,則敝處經手七萬股分止須付銀七千兩,尚屬不難。徐芝生係鉅股,伊等公舉胡訓導抵莊缺即派管收支,伊有切實保人也。姓礦能否望得手,祈詳細告知爲盼。此請台安。

〔一·三六〕 **致浙江藩台惲**九月廿四日

松雲五哥大人閣下:奉八月廿日、九月六日手翰,敬悉——。聞公有疾,正切焦念。詔甄來,細詢起居。據述背脊間起軟塊,不痛而皮鬆,部位頗要緊,幸日子已多,公自知醫,必無關標本,故治事如恒。然吾兄弟自幼年勞苦至於今日,境愈寬,心愈勞,勛德固宜積,精神尤宜惜也。嶺上梅開,爲公介壽,聞有規過一語勝於祝嘏千言之令,遂不敢以尋常屏幛干冒尊嚴矣。小輪一節,戴生昌初欲勾合怡和,故公有命招商局興師對壘之意。顧弟生平立志,祇願與洋商爭勝,不願與華商角力。若使商局籌現銀,領公款,合官商之力,另造小輪十餘艘,專樹一幟,勢必平價以佔先聲,外侮或不至,而與戴商等自相踐踏,必各有虧折,此下策也。領官本五萬,集商本十餘萬,目前祇添造好船兩隻,與戴商等已有之船,合爲内河招商小輪船公司,照常定章行駛,而以不用之官商資本存銀行生息,預備洋商駛輪跌價賠款之需,洋商聞此風聲,或不來嘗試,此中策也。勒令戴商具結,不准與洋商合股,官與招商局均置之不問,此上策也。伍芝孫來,即以此三端託其轉勸戴商,並經穀宜從中介紹。日昨芝孫已來,回復戴商不肯就中策,不欲與招商局合辦,已允不合洋股,具稟大府。芝孫亦言上策爲善,弟復與顧緝庭、唐鳳墀等商酌,皆稱下策斷不可行,冒惡名而賠鉅款,想亦非公之願聞也。尊示蘇浙財賦,全局所關。穀宜亦言洋商小輪入河,則於釐金有礙。弟想蘇杭設關,藩籬已破,華洋小輪稅釐皆係一律章程,且華商冒充洋商曷能禁止。南皮疏稱水路之利洋商共之,陸路之利華商專之。原奏請分造鐵路,淞至滬爲一段,滬至蘇爲一段,蘇至杭爲一段,蘇至鎮爲一段,鎮至寧爲一段,共成五段。保全官民蘇浙兩省之財賦,計無有出於此者。去年奉命設立總公司,原以盧漢孤幹,目前招華股固難,將來還洋債亦難,故以蘇寧、粵漢歸併一總公司,非貪功也。近接虞山①函,謂浙路有電奏不欲總公司預聞,頗疑敝處於浙隔膜。實則弟僅開罪於"雙木"②,因其今春稟集股三百萬請辦蘇路,弟訪知其人空虛,所説皆洋股,且屬不正經之洋人,恐貽口

---

① 翁同龢,江蘇常熟人,故稱虞山。

② 指林崐。

實，故駁之也。城外小路無足論，蘇滬通浙之路在南皮原奏之內，是否亦歸雙木集洋股辦理，便中乞一探穀帥意指所在，因淞滬已成，蘇路即擬議舉也。杭州銀行承公關切。龐萊臣昨來滬，尚未及晤。蘇州已集一千股，即可開張。弟十月初間赴鄂，漢水已退，即可開工。年內返滬，或可至西湖一遊。開春須北上。韶甄已派鄂廠總辦，並爲捐同知、保知府。朱惠之則捐道班。可見人才之竭矣。叩祝崧齡，敬請百事如意。弟○○○頓首。

再：自公開藩後，求屬書者紛然，皆不敢應。妻兄莊殿華，本係浙員，差缺無誤。逮蒞津關，派司常榷，稽核嚴謹。絕無聲氣，爲戚黨所最難。去年隨至滬，鐵路等差轉不便派，恐貽口實，其況難坐守，其才亦可惜。昨自請回浙，原係請假出省，亦無庸咨回，幸隸仁帡，正在整飭官方求才若渴之時，如莊殿華者，或不致於落寞。但其家累頗重，已坐守兩年，亟求優差，恐不易得，必不得已，懇求賞派海運滬局文案，以濟燃眉，則感叨雲情已無既極。儲垣亦已函託，然非公言不濟也。張聯祥已委招商局棧房，差可交卷。舍姪鼎彝蒙派赴桐廬，昨取到桐煤兩三種，皆屬淺處所得之煤，皮鬆而無力，此等煤樣，兩湖甚多，但不知挖到深處如何耳。穀帥謂已有商人認開，此局廠所深願。蓋局廠之求煤如求水火，實因輪船鐵路煉鋼紡紗皆需煤也，非願自己開挖也。所慮土挖資本太薄，不能挖至深處，則永無佳煤，大可惜耳。擬懇尊處速即招商前往開辦，如得佳煤，局廠必照時價購買，庶免遺棄。鼎彝面稟現挖煤者皆無資本則奈何。鱉子門煤船能否出口，並乞飭查示復爲幸。弟又頓首。

〔一·三七〕 致〔翁〕葦齋函十月初九日

拱候數日，台旌不至。漢道水退，急於開工，昨甫成行，胸中許多事欲面談者，只得縷布，究不及面訴之爲快也。

一、借款。呼利公司派福禄受來華，係爲粤漢鐵路。南皮因粤與英法屬地毘連，堅持不可。適儀相來電，以國債一千六百萬鎊，匯豐欲税司干預，農部力持不允，屬與籌商年息相符並可由通商銀行收解，底面均好，乃令入都。及福返滬，要求鐵路，八月十三已電請就此停議。十四儀相轉來羅電云，呼利詹悟生來，面稱，借款與造路並論，必輾轉兩誤，願先辦借款，已有九百萬鎊現成，十一月先交一半，似必不誤，餘亦可湊，五釐息，九五扣，釐半行用；惟借款成，請中堂念其微勞，再令造路，尤感。十七又接轉羅電云，據雷德銀行稱呼利實係股商等語。弟見此兩電益信呼詹而不疑。是日奉樞堂公電，有執事既經發端即不能辭責語。復與福磋磨，改九四扣，仍令入都。越數日，忽來電詢税釐入數，頓欲加息半釐，事出意外，隨即電請儀相迅籌另議。初甚怪呼利荒唐，既做不到，何以不於求加行用之時直捷請加息乎。逮詳詢律師，據稱，初議，公司門内之財主早已首肯；後來各新報徧傳，釐金華官自辦，百弊叢生，斷不可靠，非如粤東六廠悉歸税司，此票斷不可買，呼利即與銀市會議，均以新報所言爲確，將釐金作爲二等押款，利息非加半釐不可。弟早料到此事必爲彼二人所壞，故必欲出其不意成之，庶使華債亦可不由匯豐而辦成也。所惜輾轉延誤，仍爲所乘。此時但求匯豐等處能照五釐九四扣辦成，別無他事要挾，否則入其圈套，心實不甘。或謂釐金交與税司兼管，實有益於公家，弟亦謂可杜中飽，且爲加税去釐之漸。惟於督撫大不便，南皮則言與其將粵漢鐵路交與英法,尚不及釐金交與稅司也。英法現由儀相與議,未便干預,美國尚有人密籌借銀還銀之法,如有好消息,再當密達。此時萬勿洩漏。

一、鐵路。漢水已退,漢端即日開工。現有之款止敷盧保、漢孝、淞滬工用。比國借款,年底應收第一批一百萬鎊。比使已蓋印,而總工程司至今不到。洋報傳言利息太輕,難於籌付,此事大干各國之忌,論理不應變卦,因比國家所與聞也。但恐此次國債如息在五釐以外,則難保不有藉詞,目前觀望之所由來乎。弟惟有照約電促其工程司來華。昨接復電云,已代為選定矣。此路借款一到必不誤五年之約。開春弟當親率工師由楚豫勘至畿疆,到京面陳一切辦法。日前蒙中堂世伯傳諭從速籌辦粵漢,遲到恐被捷足者先得,具徵關懷大局,所見者大。蓋盧漢斷難招股,故去年原議必欲將粵漢、滬寧歸併一公司,庶可招股,非敢貪功。昨南海過滬,有港商何獻墀者欲借洋債承辦粵路,弟即告以何係開大嶼山銀礦倒帳之人,難勝重任。現已糾集粵浙各省十二人,各人集股五十萬,共成六百萬,弟自集股百萬,以七百萬作粵路底本。其餘或借美債,或借德債,銀錢工作悉歸十二人經理,弟特總其成而已。南海亦領之。惟十二人半係劉學詢所招徠,須俟其被誣之案了結方能成議。總之粵漢、蘇寧若不歸入總公司,則盧漢所借洋債必不能還。鄙見何人承辦粵漢,即當以盧漢歸併予之,不敢靳也。

一、銀行。商股已招齊,商董已選定,總行已開設,分行擬先開十處。京城為首善之區,房屋已買定,尚須改造。現租屋先試辦,既稱中國銀行,則中國生意自宜儘先招辦。初開頗不容易,本當悉交商董不再過問,乃各董各股均懇求暫爲主持,姑俟年底結帳後再定久遠章程。夫通商銀行之設,大有益於公家者,一曰招商股,一曰借民債也。然不先有以扶翼之,竊恐得氣之難也。呼利借約能成,則五十年釐金鹽課悉歸該行收付,而扶翼多矣,將來必能由該行經借民債。轉移在此一舉。南海謂不拘借何國何行之款,而我之釐金鹽課仍可按月解赴通商銀行,再易鎊以交外國銀行,不必呼利獨可也。此義關係通商銀行之興衰,亦關係國借民債之權輿,乞中堂世伯即與儀相預爲籌商。此係户部撥款自主之權,不過以通商銀行當作上海道庫而已。雖狡狠如匯豐,亦難禁我不如此也。

以上三端,均關重要,伏乞轉呈中堂世伯察核教訓,俾免隕越,爲感爲禱。手敏台安。

再:劉學詢現充銀行總董,並爲粵漢招股董事,正多倚賴,昨遞節略一扣,所言似有確據。南海過滬時亦道其冤屈。節略乞便中呈閲之,詢南海可得其詳也。(此等人才若不設法保全,恐更無可用之人,況案情均假,黑白宜明。閲後付丙。)

〔一·三八〕 致胡雲楣京兆①函 十月廿日

敬再啓者:京津全路告成,中外頌聲載道,津榆一氣相接,自然之理。即盧漢五年工竣,亦當歸併尊轄,居中馭外,乃合各國規模。弟未老先衰,斷無遠志。敝局造車運料,前懇合肥師相轉達台端,援照

---

① 胡燏棻,字雲楣,順天府尹。

曩日津盧於津榆之例。屢接張道等來函，仰承俯允關垂，胥泯畛域之見。時局艱危，祇此自強一二端。幸有同心，竊願追隨後塵，做一件事盡一分心，榮辱不敢攖諸胸，遑論其他。比國貸款不能速到，部款又不能全撥，南北兩端同時開工，其涸可立而待。榆路代辦數月，墊還怡和、德華銀十三萬八千餘兩，又代購材料銀九萬九千餘兩，曾經咨請撥還，未蒙見復。現因津局需款甚亟，總公司已無可挪騰，伏乞我公，務於年內設法就近撥歸敝津局收用，藉濟急需，無任感禱。將來比款兌到，如尊處有要用，亦不妨暫作通挪也。再榆料皆係金達來單，註有限期，奉文交代後尚有一二批，本當停止。一因購料處標單已發，一因恐誤金達限期，故仍代辦。或將此撥歸盧漢備用，亦無不可商酌也。漢灉水退，現築石堤，工程甚難。尊處展辦何路爲先，可得聞其梗概否？手此再達，敬請台安。

〔一·三九〕 **致張香帥函**十月廿四日子刻

大人閣下：昨復緘度入覽。聞德已毀青島電綫，逐出防營。東撫竟欲開戰，旨嚴飭不准。又聞已獲犯四名。又聞欲請派李伯行充專使赴德商辦教案云。比事費使電復外部後，尚無消息。日來嚴核漢灉路工，買地購石。毫無把握。比工司海沙地昨呈四條，面稟，石少工少，委員皆不得力，似此漢灉廿里工程，五個月斷不能成。聞之萬分焦灼。除與朱道切實面商趕辦外，朱道力言可成，然目擊情形，深恐來年水發而堤路未就，到那時互相埋怨亦已遲矣。此時祇有責成朱道鞭辟入裏，實事求是，勿狗情面，勿托空言，或可望有起色。附呈會札一件,乞閲後鈐發,藉此不過使其手下百餘人知所奮發,宣仍當時常面與斟酌,並非全説官話也。手叩鈞安。

〔一·四○〕 **致張香帥函**十月廿七日

大人閣下:比領事接比電,總工程司已代延定,小票書法亦可有頭緒。一波未平,一波又起。頃接虞山密電,容閎來京在總署呈請辦鎮江至京鐵路,有款千萬,請驗,先以百萬報效,俟路成再報效百萬。邸意頗動,交各堂議:如准,於盧漢事有礙否。宥云,鎮江至京較近,且全係洋股,必先盧漢完工。前日比款動摇,即有粤人在敝處條陳,舍盧漢而先經營清江至京一千數百里,現有公款一千三百萬兩,所少無幾,粤漢擬湊之商股,湊入即可速成。宣以盧漢爲大人原議未便更改復之。然總署若議准,則盧漢工緩而費繁,既落後著,且恐比債難還,商股難招矣。容閎呈内必有粤股易集鎮工速成之説。現今朝廷上下亟盼南北路早通,竊恐邸意必動。加以許、張①皆助容爲力,事必密速定議,況比款宕延,翁、李願助盧漢而亦不敢噢勁。記得大人力關清江一路,專主盧漢。此等章奏電奏未曾見過,乞速檢示,並應如何電復方能破此一著("午長"②議,必議如榆路然)。大約單名電復之外,必須會同北洋公電論其利害,或可挽回。否則盧漢變爲京鎮,此局可撤矣。手敏勛安。

① 指許景澄、張蔭桓。
② "午長"即許、張去偏旁。

〔一‧四一〕　**致張香帥書**十月廿八日

兩沁電誦蒙覽，昨夜奉感電，今早捧讀鈔件，藉知東路前陳十弊已透關極矣。除密復前途，請檢廿一年六月初十日電奏、十一日電旨公閱。惟私電必不能與會議諸公閱看，鈞意既須力阻，則公電總署萬不可緩。日前劉道學詢來鄂，即有比款如罷請先辦清江路之議，似只可借此發端，不著痕迹，前途自必能心照，但有"午長"力助清江之議，誠如鈞旨阻之非力不可。擬呈公電是否可用，即乞改正速發仍示底稿爲禱。今日赴漢陽驗發鋼軌，不及走謁。手敏勛安。○○謹肅。

再：日昨比領事奉其公使電飭來議小票書法，商妥電復該公使，今早已接回電，允可照行，抄單呈覽。刻已電達傅相，諒可允准。比領事又接其公司電代雇總工程師名俞伯德，似此情形不致中輟，堪慰鈞廑。然此事波折太多，頗令人灰心。昨電蘇齋，有"盧保可交京兆，鐵廠可還官辦"等語，不嫌唐突否。然清江興盧漢廢，其勢亦有必然者耳。○又叩。

〔一‧四二〕　**致陳伯嚴**①**書**十月廿八日

伯嚴仁兄大人閣下：滬瀆幸領教言，惜恩恩未盡東道之誼，伏惟侍奉多福爲頌。德國藉教案踞膠澳，竟飛書各國，謂已得該口岸，約立通商碼頭，意似將以香港處之。地有內外不同，或怵於俄法退還。

---

①　陳寶箴子三立，字伯嚴。

然了此案必有條款，中國之大，無兵無餉，讓一步進一步，若不亟圖自強，何以爲國？夫欲自强亦何難，中外有同志十餘人，謀定後動，深固不搖，上必聽下必從，則强矣。鑄鐵日盼湘煤，而煤礦不用機器難得深處佳煤，欲用機器必須設法准令礦師勘度。小花石距湘潭咫尺，小輪一水可駛到，此間有礦師能華服略解華語，特屬譚復翁①赴湘禀商帥座，可否准往一勘以定大局。將來果欲造路，亦須用洋匠。且小花石有定所，不必聽其亂走。乞趨庭時一言及之。餘由復生面述。手頌侍祺，不盡百一。愚弟○○頓首。

〔一·四三〕 致署湖南臬台鹽法長寶道黃②十月廿八日

公度仁兄大人閣下：申江晤別，渴想殊深。陳臬以來，想見觀風易俗，湘靈衡秀，悉入藥籠，可深艷羨。清溪聞爲水灌，此學西法未盡善也。小花石逼近湘江，不用大機器吸水，必難久持。鐵廠望湘煤，如嬰兒之望乳食。小花石聞有肯招股之說，各國煤窰本無官辦者，但集股必遣礦師勘估方有把握，與蔣少穆兄面商，先派譚復生太守赴湘請示右帥與尊處。此礦能否大舉，總以礦師能否往勘爲斷。如礦師不能去則鐵路亦何能爲。湘中自强，遲速之機，似可於此卜之，餘屬復生面告，想卓如③亦已略言矣。手請勛安。愚弟○○頓首。

---

① 譚嗣同，字復生。
② 黃遵憲，字公度。
③ 梁啓超，字卓如，號任公。

〔一·四四〕 致北洋大臣電 十月廿八日亥刻發

急。聞容閎在總署呈請報效百萬造鎮江至京鐵路,先有粵人來鄂議清江至京路,已駁止。蓋清江興工則盧漢必廢,事關大局,擬公電力阻。其文曰:"前有粵人到鄂條陳,有洋商願合股辦鎮江、清江至京鐵路,允報效鉅款,往復會商,查盧漢一路爲各省中權,南可通極邊之粵,北可避近海之津,是以奉旨定議舉辦,中外周知,僉謂得要。若清江別開一路,則東南客貨均爲所奪,盧漢將來斷不能集華股還洋債,盧漢一路必致停廢無成。查光緒二十一年六月初十日之洞遵旨電奏清江造路十弊,有云'一國之內幹路不能多設,創始偏東則近西幹路不能再舉,將來引而加長,如南達湘粵西達川陝均遠'等語,當奉電旨飭籌盧漢如何辦法,是東路不及西路有益,已甚明晰。中國物力異常艱窘,倘屬華商資本,豈能兩路並舉,徒自爭競。似應令該華商併力先辦盧漢,如有真正華款,總公司必當付以事權,決不掣肘。至於報效鉅款,其爲洋股可知,無論何路皆不可准,餌我小利必受大害。除駁止外,但恐洋人既聳華人出頭,必不肯遽止。如有人赴京條陳,可否請發交詔、洞等詳酌議復,再請鈞處核定,免礙盧漢以維大局。文詔、之洞、宣懷謹肅"云。如尊意相同,即請酌改速發。洞、宣勘。

〔一·四五〕 上陳右銘中丞書 十月廿九日

右帥中丞大人閣下:夏間回滬後,奉六月廿三手答,敬聆一一。光陰荏冉,裘葛又更。竊聞尊處學堂大開,五金礦大舉,另闢營制,均從實處下手。丙申受創後言自強者屢矣，而真能由自強求實際工夫，止有尊處而已。德國久欲佔我尺寸土，為將來與俄、英、法共肆蠶食之計。索遼之功，俄、法已得重酬，德有餘憾，乃藉鉅野教案竟踞膠澳。雖借重俄、法牽制，或可改為商埠，然以後教案均援此例，恐天下無完土矣。南北必有梗阻之日，中國之大，用火力機器如此之繁，專恃海濱開平一礦，平時已不足用，苟一梗阻，水陸機力俱停矣。長江無佳煤，東流、彭澤之間，尚無見煤消息。明公處煤礦極盛之區，銳意經營，尚無大效者，不得礦師耳。公曾親歷開平井中布置以及汲水之法，豈能約略而為之。蔡伯浩來函云，只須僱得開平老監工便可蕆事。不知此輩粗人，止能做工，不能測煤層深淺，審水勢高下，雖購機器多不合用。即如蔡道允許鄂廠年內必運到清溪焦炭二千噸，前日運到數十噸，與原樣大不符，竟不能用，已將化學師驗單寄呈礦局。並聞清溪又為水淹，此即不用礦師之明證。鄺榮光前稟小花石近江水力更猛，若不得法，恐誤事機（礦淹傷人也）。原稟呈覽。金銀礦僅能富國，煤鐵礦兼能強兵。側聞鈞意清溪官辦，小花石商辦，氣力較厚，程功較速，無任欽佩。鄙見小花石可集公司，先儘湘中官紳籌款集股（即公款即可併入一律取利），不足再令外省湊股，以便迅速開成大煤礦，惟必須先派一洋礦師到彼測勘數日，方有把握。湘潭一水可達，若由鄂廠派一熟悉中國情形之礦師改裝易服，坐小輪船至小花石，駐勘數日，鄂派一員，湘派一員，並知會湘潭縣暗中派人照料，不必大張旗鼓，似可無虞。湘中風氣已開，礦務尤於民間有益，公威惠並行，湘潭距省較近，宜無窒礙。總之煤礦若不用真正礦師開其始，斷難收效。○○前廿年幾致破家，近即徵諸嶧縣（皖人辦）、江寧（吳述三辦）、長陽（張金生辦）、磁州（葉溶光辦）、延平（池貞銓辦），各煤礦皆用華人，宗西法（吳、張、池皆礦務學生），皆不獲效，虛糜歲月，可惜之至。敬帥①之世兄譚復生太守，年壯才明，在公賞鑑之中，願任小花石之役，特屬馳詣台端，面商一切。除咨呈外，伏乞俯賜妥籌示復。如屬可行，或請復生兄折回鄂中，率同礦師往勘，較爲妥協。尊處如能請少穆觀察赴湘潭一行，必可妥貼。此事關繫至鉅，少穆兄已心喻之。鐵路漢端甫經開工，明年當可趕辦，長沙至武昌能否先舉行，公與香帥當籌之熟矣。然亦不能不用洋工程司。此等人材取諸學堂中，須在六年後也。匆肅，敬請勛安不一。晚生盛○○頓首。

〔一·四六〕　**致右銘中丞再啟**十月廿九日

再：銀行辦有成效，可爲各項公司招股，可爲國家借債，日本已如此，吾華試辦，非十年不見功。承示長沙分行未得辦事之人，只可來年再議。漢行甫於初六開張。頃復朱禹翁函抄呈鈞覽，禹老碩望只應借重主持大綱，另須覓一掌櫃。泰西銀行雖鉅，其呆板方法略與山西幫相似，内地分行衹求穩慎通骨節而已。又頓。

———————

①　譚繼洵，字敬甫，湖南瀏陽人，湖北巡撫。

〔一·四七〕 致蔣道台熊太史函 十月廿九日

少穆、秉三仁兄大人閣下：別後甚念。德人無理取鬧，竟踞膠澳，逐我防軍，告示收稅。聞俄允排解，亦調兵船，甚屬可慮。昨德使派人至鄂與香帥議造鐵路，詢何處華商有未議造者可與彼造，他日難保不向總署要挾。頃商香帥擬將粵漢路即由各紳商聯名具呈總公司先行奏明立案（粵中列名紳士甚多）。湘中二公及復生、季棠（王方伯堂弟）二觀察外，尚有何人可列名，乞電示。一切章程均可續議，止須先立案以免德人向總署饒舌而已。其詳細已屬復生兄面談。此事頃始商定，故佑帥與公度兄各函未詳及也。花石煤礦能否大舉，須於礦師勘度卜之。復生兄慷慨任事，實所難得。但恐官紳再有拘泥，則湘省煤利失之交臂矣。能否設法成斯一礦，在大力左右之耳。銀行事已詳復禹翁，來春開辦猶未遲也。萍鄉煤炭甚多，惜爲路窄，擬自造小軌路，用牲口拖運，自萍至長沙約三百里，只須二三十萬兩，可否？試造皆用華工，亦足開輪路之先聲，乞密籌示復爲幸。手請台安。

〔一·四八〕 上張香帥書 十一月初一日子正

大人閣下：頃接北洋艷申電，已轉電呈覽。比款票式磋磨往復，託法使說項，比使已允電彼國照行，鈔稿呈核。北洋接傅相電，教案果有六條，果有鐵路在內。譯錫樂巴面遞節略，不特息多權重，第五六條欲分餘利，欲六十年後交還鐵路。倘遽就應允，恐礙比國合同。如外間堅持不允，譯署又必爲難，層波叠嶂，何時方能殺出重圍，焦憤曷已。晉省借道勝銀行款。方孝傑不知何人，劉鶚認辦煤鐵礦亦必是洋款,將來弄到無一塊乾淨土。利害相因而至,如何是好？粵路擬先令粵湘人具呈認辦。敬請鈞安。○○謹肅。

〔一·四九〕 致嚴芝眉函十一日

芝眉仁兄大人閣下:聞公回局,忻慰萬分,惟不可過於勞神,但持綱領而已。銀行商局股分八十萬,倚公爲總董。近閲報單拆票二百八十萬之多,如果照外國銀行章程,分作等差,數日一拆,原不足懼。惟恐華大班兼充錢董礙於情面,而又重於救市面,遂致不論好夕放拆,日期稍長,年終歲偪,苟有不測,則銀行全局壞矣。除兩次致函總董諸公設法會議,然總董之内有並無股分者,不甚介意,吾兄乃八十萬之東家,於上海市情尤爲熟悉,務乞到場會商一切。拆票均係陳笙郊兄一人經手,其老成爲弟所佩,且是弟一人所推重,尤望致意,一切迅速示復爲盼。手頌勛祺。愚弟○○頓首。

〔一·五○〕 致鄭觀察①函十一月十一日

陶齋仁兄大人閣下:屢奉手示,敬悉一一。北洋會銜奏留,尚未見明文,頃又電催矣。商局事惟煤爲最難,前年合同,照花農來電,燕謀似已忘却。德事一出,煤價更漲,鐵廠用煤,屢蒙接濟,此間竟無煤到,較焦炭更爲着急。各礦師勘宣城爲好,惜張壽嵩無力,已函商李

---

① 鄭官應,字正翔,號陶齋,廣東香山縣(今中山縣)人。

仲絜兄,能否籌款未可定。王省三願領本三千兩督同張壽嵩試用民
窰,而照谷法亦是救急之計。容與谷商妥再函致省三,當可面達一
切。東流打鑽功夫甚遲,谷云有煤,日盼好消息。彭澤煤必不好,且
有東流何必彭澤。蔡丞處處滋事,聲名甚劣,擬即飭令暫爲停工,未
知尊意何。如袁州煤好而運較易於萍鄉,俟小莊來即派礦師往採,煤
本甚鉅,准照尊意輪廠合辦,將來並須招股也。粵湘路將議奏,問芻
自己不能出面,尊意轉達未置可否,公能另招二三股否? 雨之①回滬
請與商之。〔經〕蓮珊欲提備賑之款,查黃幼農已提付湘賑四萬兩,嚴
佑之提付川賑五萬兩,只有一萬存典生息,似不可拔其根。至於息
款,因十八年以來借放東賑、晉賑、奉賑、川賑、湘賑,一日未得歸本,
即一日未得生息,只有十八年以前息款,已儘數彌補湘賑五萬之短數
矣。(湘賑原借五萬,今年川賑借時只歸三萬餘兩,尚短一萬餘,以息
補之。)蓮珊久病,此皆弟與佑之二人商辦,彼不及知,而疑及鄙人。
容俟文到再行復之。公與至交,望先轉達。匆復,敬請台安。

〔一·五一〕 致楊子萱函 十一月十一日

　　子萱仁兄大人閣下:奉初七日尊電,"銀市板極,現尚平静,到期
之款收下勿再存莊,祇存中國銀行以期妥當"等語,弟即電復,"存莊
固不放心,存銀行利小,存通商銀行仍是存莊。聞華盛、裕源、大純紗
要抵押,每包照市價七折可押銀五十兩,息八釐至一分,總公司可提

---

① 徐潤,字雨之。

53

銀三十萬兩,押紗六千包,既得穩利又救紗市,或交銀行轉押,使其賺二釐亦好"等語。弟查九月往來莊欠七十三萬餘兩,寧波莊收回十萬,各典收回十萬,裕源收回二萬,除匯漢局十萬外,約存現餘八十餘萬。昨朱子文來電,麥加利一個月期肯收存二萬五千鎊之價十七八萬兩,息出長年一分二厘,望即屬致祥照辦。裕源求展期十萬兩,三個月期,按月一分二釐,已允照辦。大約錢莊不可不存四十萬以備急需。此四十萬望閣下與致祥兄妥擇穩實錢莊分開安置爲要。金價忽跌,恐是銀緊之故。弟擬多買金鎊以備買料之用,似此恐押款亦不能卅萬矣。況裕源已展十萬,大純已加押七萬矣,津漢兩局年内尚需二三十萬兩,亦不可不預備。黃靜園又來求典當展票十萬,恐亦只能答應,加作每月一分二釐則必答應,似只可兩個月期。此頌升祺。愚弟○○頓首。

〔一·五二〕 上張香帥書 十一月十二日

大人閣下:昨錫樂巴接海鏡①電詢蘇路借款如何。竊料此舉海鏡不過爲德華、錫樂巴等生色,乘此機勢可要我而已,斷不足抵東案所索之款。若遽允行,徒敗比約。莫如拖宕,視東案如何,再作道理。然不可不使譯署知有此事,已謹遵鈞旨電達兩相國,並由北洋轉電,則夔帥亦可悉其端倪。頃劉彞庭自滬來云,該親王帶兵船二十號來,豈能議條款,且王弟是副提督,亦非議款之官也。手敏鈞安。○○謹肅。

晤周少樸商鄂局遞呈事,頗首肯,如晉見時可與談也。

---

① 德國駐中國公使海靖。

〔一·五三〕 致張道台十一月十四日

戟門仁弟大人閣下：前奉手函，所言路局爲難情形，恐爲忌者中傷，當將原信寄呈仁和師鑒察。兄想津榆已還，前途如所願以償，似不致再起波瀾。時事益棘，仔肩愈輕愈好，所以力任其難者，志在報國而已。執事毅然助我臂力，亦無非患難之交，願同甘苦而已。近聞夢翁頗能和衷共濟，定伯兄與項令均能始終其事，尤深佩慰。惟聞吾弟下午始到局，辦洋務非所宜，尚乞便中回明督帥節應酬以專局事爲要。手布，敬請台安。

〔一·五四〕 湖南陳右銘中丞來電初八日

頃據湘紳前山東布政使湯聘珍，翰林院編修汪詒書、趙啓霖，庶吉士熊希齡、戴展誠，内閣中書黄忠浩，分部郎中曾廣江，江蘇候補道王澧、蔣德鈞、譚嗣同，分省補用道朱恩綬，候選道左孝同，前甘肅寧夏府知府黄自元等呈請創立湘粤鐵路公司，集股開辦，公舉現署臬司長寶道黄道遵憲爲總辦，以將事權而通湘粤之氣，並請轉咨電奏先行立案等因，宜如何會同譚敬帥、盛京堂並絜銜電奏，及電告南北洋，俾得周知之處，伏候鈞裁。該紳録原呈容由驛遞。寶箴叩。庚。

〔一·五五〕 寄諭直鄂兩督准設鐵路總公司

光緒二十二年九月十四日發

上諭。前據王文韶、張之洞會奏，盧漢鐵路另籌辦法，請設鐵路招商公司,並保盛宣懷督辦一摺,當交總理各國事務衙門王大臣查閱。旋據奏稱,遵旨諮詢盛宣懷,據陳一切辦法,均確有見地,請准設鐵路總公司,令盛宣懷督辦,從盧漢辦起,蘇滬、粵漢亦次第擴充,即由公司招商股七百萬兩,借洋款二千萬兩,商借商還,並提撥借款一千萬兩,南北洋存款三百萬兩,以期官商維繫,速成鉅工。並稱盧漢既爲幹路,非雙軌不足爲各路之倡等語,並將盛宣懷所遞説帖抄録呈覽。昨召見盛宣懷,奏對,具有條理,已責成該員實力舉辦,以一事權。仍著王文韶、張之洞督率興作,如勘路購地及設棧造橋等事,條緒極繁,該督等不得因薦舉有人,遂爾稍寬責任。作事謀始,務策萬全,著再詳細考校電商妥協。盛宣懷已開缺以四品京堂候補,此後摺件着一體列銜具奏。欽此。

〔一・五六〕 上香帥書_{冬月廿一日}

大人閣下:十九奉手諭,不及肅復。頃承距省二百四十里賜翰,敬悉。日來僅接三電,均呈覽。膠澳恐難遽還,豈目前不還後來能還耶? 念劬傳諭後,即已密電常熟、南海,略言關係。並謂膠澳不還,則東省鐵路礦務關係尤重,若非給地不可,寗以閩粵島口如金門等島易回膠澳。權其輕重緩急,南北迥不相同。否則啓群雄割裂之漸,於德亦無獨利,膠雖兵口,無力踞守,莫如改作商埠云。匆復,敬叩鈞安。天寒,舟中宜珍衛。○○謹肅。

〔一·五七〕 致徐帳房_{冬月廿一日}

馨齋仁兄大人閣下：高貴來家，寄一函想已入覽。頃京都來信，銀行買京屋撥用湘捐六千兩，望即詢致祥將銀行撥存買屋款_{規銀八千}_{五百兩內}撥出六千兩以收湘捐帳上。並望將帳上所收湘捐鄂捐開單寄下，因即須撥還鐵廠代解湘捐庫平銀一萬兩也。接十月廿三日來函，藉知溫灝解過庫平一萬八千三百六十五兩，未知其中湘鄂分家否。現存款三萬數百兩，昨習齋來函，已付頭批木作銀四千兩，二批想亦不久要付，所有致祥手內應解還上海道湘捐一萬數千兩，弟後來屬咐緩解，未知此款另存否，抑係併在現存款三萬數百兩之內。弟難保不在鄂過年，望將內帳抄一四柱清册截至十一月止，趕緊寄下。茲又有應付時務報館捐款規銀五百兩，請即交何眉翁①轉送。寓中家用甚煩，如何得了。洋價日鬆，隨用隨換甚是。年底洋釐七錢二分之時，似可多多換存，然恐無銀可換也。上海市面情形望附示。此頌近祺。弟○頓首。

〔一·五八〕 致翰林院汪_{十一月廿一日}

淵若仁兄世大人閣下：結思正切，奉十月廿四手翰，敬悉一切。台從度早赴蘇，未刻尚有三卷，俟序例小傳加入，年內即可竣工，至爲慰盼。此編歲久費繁，宇內以先覩爲快，公一手釐訂，當亦必以早完爲樂也。序例小傳尚乞迅賜寄閱。臘鼓將催，總望我公不爽其期，俾

---

① 何嗣焜，字眉生。

弟身上亦可了却一事也。次凝事畢亦必有位置,望先慰之。紹甄先與陶齋稍有芥蒂,並非處之閒散。鐵廠爲造路根本,現已專其事權。胡令日升,惜未觀面。湘鄂現有小輪舟兩日可達,如尚未得缺,或由尊處函屬其來鄂一見,因此間局面無官人之權,心乎利禄者不爲我用也。德佔膠澳,啓群雄裂地之漸,若果不還,俄、法、英、倭相繼而起,時局何堪設想。鐵路學堂收效難速,諸事俱恐來不及,中夜繞牀,焦愁曷已。至於榮辱利鈍,何暇自顧。倘蒙殊恩放歸田里,雖無桃花源,而身不與人家國事,或可留此精神多活數年耳。公開春入都,歲尾年頭,當一握晤。手復,敬請開安。世愚弟○○頓首。

〔一·五九〕 致山東張中丞[①]書十一月廿一日

肅再啓者:承電示膠線事,當即飛飭該局委員學生赴膠修接線端。機器悉被德兵所毁,暫移平度機去,而以萊州機移平度。此委員膽識太小,已另易矣。教案爲常有之事,借端發揮,實因歸遼之功,彼獨缺望,又因俄、法、英、倭於我華域皆有立足之地,德王雄武,久思據一島口,若無東案亦將圖金門島矣。近譯德領事論膠事呈密覽,蓄意如此之深遠,苟膠澳爲所久踞,大局尚可問耶。蓋還膠則鐵路開礦利而已矣,失膠則路礦皆彼所有,直役我而已矣。昔年弟請於醇賢親王、肅毅伯、勤果公,經營膠防,以其地爲水軍第一要口也。爲人所佔則南北洋隔絶矣。公試檢閲當年卷牘圖説,或許其言不謬。昨復電達總署

① 指張汝梅。

力陳要害,膠之得失關係全局,吾力不足守,改爲商埠,藉公共以守之。如必欲酬其勞,饜其欲,甯予以金門島易之,此下策矣。前數年捐賑例有保案,乞援舊案辦理以勵其後。再請勛安。弟○○又頓。

〔一·六〇〕 上香帥書<small>廿三日</small>

大人閣下:復函交來差,諒塵青覽。昨晚接署友密電,俄英俱有舉動。如看好一面,俄竟援助,教案一結,膠兵即退。如看壞一面,俄德互謀,德踞山東,俄踞奉天,海口均爲所奪。此中消息未能預揣。憲台叕看膠地難還,傅相所見略同,則全局危殆,瑜亮復生亦難措手。錢太守傳諭,將危急情形通知當道,而虞山、南海均無回復,不得已將膠澳重大情形徑達總署,固難免張皇之誚,亦深願談笑退大敵而長沙之痛哭爲贅辭也。電稿呈上,手敏鈞安。○○謹肅。

再:神尾先見瞿道、錢守,頃來長談,其意甚深遠,殊難形諸筆墨。好在俱是遠著,不妨竢面譚。所請酌派武備學生赴彼軍操習兵事,似可應允。想瞿道錢守必已詳陳矣。神尾今晚附輪赴秣陵見峴帥,即欲回國。大約蔡道所言尚不致如此之甚也。

〔一·六一〕 致張香帥函<small>臘月十四日</small>

大人閣下:頃奉手諭,謹悉。粵漢鐵路,熊秉三瀕行已屬其叙三省紳商公呈授意爲之。粵湘與名諸人已定,惟鄂紳止有周少樸、鄧萊軒<small>兆南,荆州人,辛卯舉人。</small>二人。已與說明此外何人可以列名,乞大人示知，公呈一到即可敘奏。惟宣懷病後心思枯窘，何眉生又未來，可否求椽筆先發，電奏，續敘會摺，或發長電請北洋主稿奏陳，均乞鈞裁。今日比領事來言，總工程司雖已起程，而中國局勢如此，借款不能照付，應俟總工程司到華察看國事如何，再議付款。告以頭批正月三號到期，不付即算悔議，若另向他國議借，汝願意否。領事云，此時各國動兵，無論何國未必肯借等語。前抄呈比使十二月三十號電報，已露觀望矣。至聯英從商務入手順帶造路二字不過空文，以答峴帥毫無成見。粵漢借款自以美國爲正宗，前已託美國議紳説合，今又觀望。然亦必候各國兵船退後方能着議也。劉大令暫委佛山電局。公文一件乞代附寄爲荷。復請鈞安。

〔一·六二〕 **致翁中堂函**臘月二十日

中堂世伯閣下：前托韋齋兄轉稟各節，並迭次電報，度邀青覽。入冬以來，德國無理取鬧，重煩蓋畫。無兵無餉，折衝樽俎，兩無所用，憂勞夫豈尋常可比。膠澳至重，兩次公電，出於焦憤，不自知其唐突。南北洋與兩湖議聯英日，不約而同，然空言則彼不信，實辦則先失俄歡。現惟就商務結英，抵借國債，造路開礦，並求其加稅。乘其議院願聯中國保護東方商務，若派一專使往議，不僅十六兆借款易成也。俄保之債似不可再借。此次德取膠澳如是之急，皆因聯俄大着痕迹，各國起意分割，懼東方爲俄獨佔，故不欲爲牛後。竊恐膠澳不還，群雄蠭起，無計遏止。上年所陳自强大計疏內，謂邦交不可恃，即指俄也。奪人之地而不折一夫，孰不艷羨。凡自强之策皆來不及，況猶豫牽掣，不及他人謀斷狠摯，恐措置未定，而已小天下矣。即如盧漢鐵路借款，因國家不肯保，一波三折，擔延日期。正月初比國總工程司到滬，尚須海上平靖方能按期付款。彼慮不及完工，黃河以北猝變局面，就路言路，借款無着，非如國家擔保，路無著國有著也。此情勢所必然。更有進焉者，各國所以重鐵路，在兵事也，若無兵可調，何貴鐵路，無兵可練，亦何能保鐵路。無論割裂大小遲速，總非練兵無以自保。蓋無兵則一聽人所欲爲，不如日本矣，又不如土耳其矣，併不如暹羅矣。近與諸帥熟商，擬籌民餉以練民兵，仿西法以合古制，五年造路成則徵兵亦足。所謂籌民餉者，各省就地糧酌加捐輸，仍歸一條鞭，專供本省民兵之餉。東征局湘團初起，即按畝捐資，或略參四川辦法而不居加賦之名，使吾民知土地若歸他國橫斂豈止此乎。所謂練民兵者，不可效招勇聚各省之無賴，今日此軍犯規被革，明日彼軍又收入伍。必須擇各省風氣樸實剛健之郡縣，限年歲而編册，由保甲而選材，本團練之意，訂營伍之規。所謂仿西法者，遴本籍之將，統本籍之兵，以一二萬人爲一鎮，以三年爲一輪，每鎮有武備學堂，鎗砲歸於一式。所謂合古制者，西法寓兵於農，其妙在人人知鎗砲之用，測繪之法，散之爲民，徵之即爲兵。一省定常備預備兵額若干名，即制兵也。有此新練制兵，則陸營可盡裁，官弁可盡改，不致拖沓夾雜。創辦之初，先籌民餉千萬，田捐、印花稅兩項足矣。練民兵十萬。先從沿鐵路鄂、豫、直、粵、湘、江、浙、皖、山東九省試辦，再行推廣。越三年，陸營一律改爲常備預備，當可練成三十萬人。此後鐵路南北俱通，精隊咄嗟可集。有兵則外侮自斂，有兵則中氣不餒。非必戰也，苟有事變，兩國稍可相持，他國乃可排解。否則人有所索，我必應允，雖家有窖藏亦

齎寇糧。且終歲節省之軍需，曾不足抵一舉賠償之費。遲之數年，地
日蹙，民日窮，八表皆強敵窺佔，文武爲他人轄制，欲練兵而不可得
矣。中堂秉國之鈞，孤危支拄，若徒咨嗟太息，憂讒畏譏，杜一時悠悠
之口實易，弭千秋賢者之責備難。天下大政急待變更，何止一端，而
莫急於練兵籌餉。如蒙慨念良藥苦口之利於病，或賜一函一電，姪願
效筆舌之勞，聯合督撫中同志者，酌擬章程，明春由鄂、豫勘工晉京，
爲王大臣切實通籌。總之，提綱挈領宜重樞權，集益廣思宜聯疆吏。
至於鐵路鐵廠及身所肩之事，但須國步坦平，毫無掣肘，竭愚殫慮，不
累知明。若勢變日乘，則成敗非所敢料。歲暮暫旋滬上，以待比工司
面籌一切，專差之便，虔肅敬叩鈞安，恭賀年喜。世愚姪謹肅。

〔一·六三〕 **致張香帥函**臘月廿四丑刻

大人閣下：摺片繕齊，連夾板咨文傳牌即請閱妥填明時刻發遞，
途中即錄會稿咨送摘要，先電北洋，擬稿呈候裁發。蘇戡傳諭，"試開
西牖，準備出路，杜其跳牆"，遵當細思。到九江發電，並抄呈，但人微
言不足重，仍仗宏論闡發耳。俞家河至漑口第三段石堤，仰蒙面屬余
守助成其事，莫名感激。昨晚約余守到局會商，朱道以不僅石工爲
難，土工五萬方亦來不及，尤慮春三雨雪，時促工艱，萬無把握。余守
堅請仍歸朱道一手辦理。今日朱道自武昌回，據稱已由周委員傳命
准其停緩，明日再須謁見。○○正在躊躇，海沙地面禀石料只有一二
成可用，又稱灰沙均不合用，石工甚少難當重任等語。似此通濟門至
俞家河兩段石工，尚屬可慮，遑論三段。是余守所請由朱道併辦，似

難勉强。至改道插標，路僅六里，數日可完，惟工程天地人三者均難，已函請余守酌派切實熟手前往一勘，能否趕辦，一言而決。如有得力好手承當，天下亦無不了之事，如不得其人，亦只可停緩。開正先從灄口動手，索性奏明明年轉運均歸灄口，此亦不得已之極思也。余守來緘呈覽。余守及朱道明日進謁，乞再面詢。苟可趕辦，望賜一電，即辦會札。李令觀濤云，鄂省土工老手，止有曾傳禄、伍紹慶二人，均爲唐心口調去，未知能否調回一員。石工則全在洋人也。倚裝手叩鈞安，並命宗令面稟一切。○○謹上。

光緒二十四年戊戌(一八九八年)
正月至六月

〔二·一〕 **致候補道台蔣**_{新正初十日}

少穆仁兄世大人閣下：奉手復，敬悉吳淞口之蘊草濱南沿江深水之地，除操廠一塊，悉爲洋人所得，鐵路竟無碼頭。現擬造橋過蘊草濱北，水勢皆深，各國公司船皆泊該處，沿浦一百餘畝皆官地，洋人不能買，昨聞將赴總署索取此地爲彼兵船碼頭，值此時勢豈能拒絕。去年鐵路總公司曾咨請南洋撥歸鐵路以作碼頭，未蒙允准，以致鐵路至今尚無碼頭。嗣經弟面與峴帥熟商，謂只須升科便可領用，然迄未奉明文照准。原擬稍緩再辦，今聞英德皆欲佔此地，即不爲鐵路計，亦宜借公司以保守尺寸要隘。況鐵路實非此地不能經營起卸也。天津漢口沿江官地，亦悉歸鐵路，淞口事同一律，如照奏准成案，官地可不給價，如南洋必須給價，其地百數十畝亦可照例給價，但求速賜核准，(頃聞英國水師兵官已函請其公使商辦此地，得失間不容髮矣。)即日轉飭地方官將該地全數劃歸鐵路總公司執業，以杜洋人爭佔。蓋泰西公法律例，鐵路之地不准他人爭奪也。事關緊要，除咨函商請_弟今日赴寧峴帥酌奪外，尚乞代爲面稟一切，因函牘中不及詳盡也。弟一

奉咨准,即擬與地方官商酌提前年月劃歸公司,方可備因應耳。手請
勛安,不再詣送。治世愚弟〇〇〇頓首

再:吳淞若無碼頭鐵路,甚失機勢,弟早料洋人必有此舉動,初因
南洋復文謂爲損官,若非洋人爭佔,殊不願力征經營矣。今處於勢不
得已,若不爲峴帥言之,非公忠也。執事關懷時局,用敢切懇代達,此
地絲毫與盛某無涉也。再頌台祺。弟又頓。

〔二·二〕 致浙江藩台懌 正月十二日

松雲五哥大人閣下:前昨詳布一函,度邀惠覽。頃英國律師哈華
托面稱"杭州高爾伊、陳佩璋與英商福禄壽訂立寧波紹興至錢塘江鐵
路合同,借款計五十五萬鎊,年息五釐五毫,九四扣,以五十年爲期,
前十年付息,第十一年起分八次還本帶息"等語,此事想係奉穀帥飭
令辦理。惟弟處總公司前借盧漢比款年息四釐四毫,現在正值議辦
粵漢及蘇滬鐵路借款,深恐章程兩歧,亦未知如何抵保,給予如何權
柄,可否敬祈台端回明穀帥,可否將所定借款章程抄示爲幸(決不洩
漏)。祇請勛安,鵠俟玉復。如弟〇〇頓首

〔二·三〕 致張香帥函 正月廿日

大人閣下:昨寄晉路合同稿,計邀鈞覽。頃蔣少穆面商製造移局
一節,擬復南洋稟稿,屬寄憲處與常熟、仁和三處察閱。其意在移廠
湘中,專造鎗砲,將來合天下練兵,漢陽一處嫌少,添設湘廠,自較上

海爲宜。上海則有戰事外人力足使我停工也。惟鍊鋼資本需多，漢廠西門、馬丁以及後添罐子鋼，足供兩湖二鎗砲廠之用，似可勸令緩辦。至上海製造局，半係舊式機器，笨重之物，一經搬移，必多廢棄。歲糜數十萬洋稅，無益於器械，誠不如改作公司。惟華商無此魄力，洋商合辦或可招徠。少穆言之最切。此中竅要，稍涉拘墟者，必多疑議。憲台於時局變遷公法生活關鍵，洞若觀火，當必有以折中。宣既有所見，又承少穆之托，敢爲縷陳，伏乞示以準繩，俾得轉復少穆即行具牘也。練兵須從兩湖始，擬約少穆同來。神尾允留。只待比款到日，即可偕俞貝德馳鄂矣。手敏勛祺。

〔二·四〕 致憚方伯函二月四日

松雲五哥大人閣下：奉正月十七還章，敬諗侍福日增，允符臆頌。寧紹鐵路，昨准穀帥來咨，高守爾伊持已訂之合同禀請核定，查其條款未盡妥善，且借款五十五萬鎊之鉅，照章必由總理衙門咨照，英使似不得謂國家無涉。至利息五釐半九扣，較之敝處現議蘇杭路五釐九四扣，相去太多。幸承穀帥見商，雖枝路亦足以牽掣全局，自當設法補綴，妥則仍之不妥則廢之。高等皆喜事而非任事之人，年來赴總公司具禀者紛紛，類皆利欲薰炙，叩其中一無所有也。然時變日乘，路權未可外移，一俟盧漢借款收集，即當進議江浙粵湘各路。屆時弟必親赴杭州面商，一切決不敢遺絲毫之累於浙中。故弟與洋人交涉難上加難，若輩亦恨如切骨。當年病假南還，公若不召我鄂遊，則不落苦海矣。聞穀帥有退志，而海上兵船絡繹，此時恐未便陳情，公宜密止之。茲有切懇者,夏令獻鋆爲芝岑、小陶昆玉,與弟爲兒女親家,需次浙江將及三十年,資格最深,老成練達,惟性情質直,不事營求。浙省釐差向爲最優,該令所不願充,以是清貧如洗,今值中峯與我公講求吏治,激濁揚清,如夏令者誠遺卷中之珠玉也。弟雖與至戚,內舉不避,論資格酌補亦不爲過。如必先試其能,似可先行委署一缺,弟當力保其能勝任。廉士不多得,一經識拔,公道自在人心也。切懇切懇。此君現辦湖州電局,聞日內在省,公可一見之,即知其玉之尚未離璞也。穀帥處弟日內亦將有函薦,簡明履歷附呈台覽。英國前藉借債要求數事,除滇路爲分佔地步,餘皆爲牽制他國,無關輕重。江浙必屬英、倭,目前尚非其時,群雄踵起,皆俄得東三省鐵路以肇其端,誰之咎歟? 手復,敬請勛安。

〔二·五〕 **致蔡二源、翁寅臣函**二月初七日

頃晤周世兄,濱南地係薩鎮冰經手代買,花費每畝八百兩,趙有舊契,初不知爲鐵路應用等語。此係告示所列,而寶山縣署差胥勾同盜賣,印委安得置若罔聞,請即知會沈令迅提賣主查問,追回原價,酌核辦理。此外各地應即多釘界石,設法嚴禁重疊盜賣,如有候查各戶,應即迅速會縣查明勒令領價,否則儘事延宕,難保無相率效尤之弊。總之凡有印文告示之內,收買民地,斷不容絲毫盜匿,致干未便。希尊處即行錄函轉告沈令爲要。專此,敬請勛安。

〔二·六〕 **致陳中丞函**三月三日

　　右帥中丞大人閣下：前奉十二月初九日環函，數月以來，心緒惡劣，專藉電音達愫，諒蒙鑒宥。時局從膠州壞起，曾力請當軸勿允德所要索，斷不致開釁，及以膠予德而各國詫然群起效尤矣。德之所以急於下手者，肇於俄約，膠案初起而猶欲求俄解紛，豈不愚哉。新寧、南皮創聯英之議，署慮激俄怒，而英亦以中國爲不足助。助華拒俄，事之難者，踵俄法而索華利益，事之易者，度亦爲其易而不爲其難矣。沿海邊聽其臠割，庸有停頓之時，甯不爲小天下一籌自守之計乎。自粵東繞湘、鄂、豫，直以至京師，自京師以至晉、秦、兩川，造路開礦以練民兵，皆不可緩者。迺准容閎另造鎮津路，陽爲限制德路，陰實推廣德路，坐使俄亦請由大連灣造至伯都訥，凡路所到之地皆其兵力所到之地也。比債四百萬鎊，中朝堅不認保，今因東路插辦，彼慮盧漢所收之路利不足還其洋債，止肯先借一百四十萬鎊以試之。○○資淺才庸，奚能力挽狂瀾？今何時，而可執意見行賄賂耶？如此好天下，不壞於外患而實壞於内患，可勝痛哉。粵漢必先勘路，詹、鄺不果來，南皮轉示鈞電當一一遵行。敝處擬派羅國瑞，僅能畫圖通英語，使其初勘，可詳告洋工師耳。粵路不長，洋工師赴粵之期，仍須聽華員勘路，約須何時告竣，方可起程。借債招股，莫不待勘估爲首義。不勘估無從着手。而洋工師能否入湘，知公必煩擘畫矣。蔣少穆云，如與黃澤生、熊秉三商辦，必能妥貼。莊心安來商電綫事，難在一省分設公司，各省必效尤，則骨節必阻滯而不通。其實湘中一省斷無厚利。承函示常德紳商極思接設，且當西達貴州，南達廣西，需費亦甚浩繁。鄙見似可援照廣東商綫只以梧州爲止係由潮州、惠州、廣州以迄廣西之梧州。其餘欽、廉、雷、瓊皆屬官綫,湘中商綫即以已奏定之長沙湘潭爲止,其餘常德各處均歸官辦,則各省不能援引,湘中亦可各自爲家矣。龍芝翁侍郎①曾托人願入商股,老商舊票不官讓,亦如鹽票之欲加利耳,其跡似可惡,其情亦可原,因十八年尚未派過餘利也。現值恰克圖造綫添招股分,心安面囑爲湘中留股,以八萬元爲度,當力勸舊商通融,但付款必須在限期之内,未可如銀行掛號在先而付款逾期也。附呈節略一扣,已交心安寄復湘紳矣,尚乞原而示之準。手敏鈞安。

〔二・七〕 **致鐵廠總辦**三月十一日

我彭大姪手覽:接二月十八廿二日手書均悉均悉。比款因國債利重游約,現已加息議定。鐵廠歸併鐵路亦無華款,全在洋債,而洋債移辦鐵廠,全在煤礦。如萍煤能用機器開辦,則或分或合均有取資,是以責令韶甄回萍,而韶甄來電責令吾姪駐廠不應赴茶差,陳明大義,豈骨肉而不及朋僚耶? 叔又不忍使我姪失此美差,記得荔孫初辦華盛甚好,因赴粤而代理人不得法,從此華盛大壞,姪將蹈此危轍耶。承示"閏三月初赴羊樓洞開局作十日往返,宗載爲曾經暫代,或求派令偏勞,較可放心,惟不可使不諳廠務之人爲其棼亂"等語,正與鄙見相合,除札委宗令以提調暫代外,宗令於廠中華洋人等皆熟,吾姪再能開誠布公切實面托,宗令必能妥洽。叔又恐宗令省城有兼差,

---

① 龍湛霖,字芝生,湖南攸縣人,刑部右侍郎。

不能不渡江，衙參無駐廠之人，或有不妥，已懇請徐芝生兄於二十外到廠幫同照料，並以貝色鋼所造鋼軌何以易於壓斷，屬令到廠與工師考究。芝生忠實可靠，與宗令、馮縣丞皆水乳也。施省之能來相助甚好，但初到人事皆生，恐呼應不靈也。手頌勛祺。

〔二·八〕 致翰林院翁 三月二十日

韋齋仁兄世大人閣下：奉去臘手書，因心緒惡劣久未布復，昨電賀，得環電尤欣慰。俄與英、法相繼作難，膠案初發時，兩電總署談言不幸微中。鐵路當今急務，而比債初因國債息扣較重，續求加利，復因容造東路，盧漢所借四百萬鎊，專指路利作保，彼恐路利爲彼分奪不足抵還洋債，力請如何保還之法。比本小國，斤斤本利，固無奪地之志也。獨不解盧漢一道幾費中外通籌而後定，忽又改圖東道。中原祇此財力，南北祇此行人，同時兼營，華股必聞風裹足，將來洋債無可抵還，能不爲國家重累乎？聞前事合肥與南海主之，合肥固直認而不諱，但言其無款。頃知安定來招德商瑞記買辦吳純甫，即吳懋鼎①之胞姪。進京商議路債，想容必與胡合，專爲盧漢敵。弟焦思至再，盧漢路長費重，修養之外誠不敷還債，只得照原議速營粵漢、蘇寧以接盧漢，所謂一不做二不休也。（山東路權已屬德國，容路改由河南，若又用德人、德款，是推廣德路非限制德路也。何一味挾私而誤公耶？）但恨去年誤聽南皮之言，舍美就比，初不料比人毫無信義，雖國勢今昔不

---

① 吳懋鼎原係匯豐買辦，李鴻章委任關內外鐵路局督辦。

同,然其人油滑不顧臉面,實所罕見。比款不成,目前不了,比款成將來亦不了也。茲以粵漢商美、蘇寧商英,將爲借賓定主之計。如能改盧漢與美國,或英國,一手代造,藉可與俄法隔絕,尤於大局有益。此意藏之胸中,從未敢與他人言。恐一漏洩必爲强者所持。前電力言晉路之不可歸俄人造,即此意也。頃知金州之耗,益見密約之不足恃,誤我甚矣。首座病能起否。堂上焦勞可以想見,又何敢以不順之詞瀆。便中乞代稟一二,弟不見一年亦已鬚鬢皆霜矣。手叩侍安。

另示祇悉,吳淞開埠,地價必漸增益,尊處之地已切屬蔡守設法。總之無論橋址如何,斷不能使此地噢虧也(吳淞至今無泊船之地)。淞事一妥即議辦蘇路,江粵督撫恐不能若直鄂之志同道合也。聞文帥[1]尤以洋務爲不當辦,湘中民不易合,粵中官不易合,時局如此,成敗利鈍誠不能料,惟當做一日盡一日心耳。

〔二·九〕 致翰林院惲[2]三月二十日

薇孫仁兄世姻大人閣下:兩奉惠書,備承綺注,敬諗清望日崇,下懷抃慰。膠案開分裂之機,德衅緣俄而起,一國得志,各國效尤,弟曾兩電譯署,談言不幸微中。盧漢南北兩端去年已開工,惟部款不能續撥,洋債正月應付頭批,初因國債息扣較重,致有觀望。嗣又因容純甫議造鎮津鐵路,比國慮其奪利,而盧漢所收之路費不足抵還洋債,力請如何保還之法。比本小國,斤斤於本利,固無奪地之志也。獨不

---

① 譚鍾麟,字雲覲,一字文卿,兩廣總督。
② 惲毓鼎,字薇孫。

解盧漢幾費中外通籌而後定,忽又改圖鎮津。中國衹此財力,南北衹此行人,東西兩道同時兼營,華股必聞風裹足,將來洋債無可抵還,能不為國家重累乎?此意虞山洞知而不肯主持,外間南北洋湖督皆有電奏而無如有人專與南皮作對也。外患如此,尚各存意見,時事尚可問耶?陶誠塤築路二百里,十年前有此條陳,合肥代奏,行江督漕督東撫議中輟,目前欲總公司兼辦甚易,但盧漢三年可成,竊恐國難不僅在海道之梗阻,畿內恐無以自立也。閣下關心時局,建白當更有大於此者。近日都門議論如何情形。恭邸禮邸病如何。嘉定有無高識。旅大予俄後,合肥慈眷如常否。譯署何人當家。條陳時事有無當者。乞便示一二。弟俟各路借款定後擬入都一行。復請台安。

　　此函可密交葆良兄一閱,忙中不及另布。

〔二・一〇〕　致直、鄂[①]三月

　　夫子大人、大人鈞座:比款合同屢變,本應立即廢約。惟時勢今昔迥殊,彼初以國債息扣較重,要求加利,並索管路之權。因思無論何國權利必欲多給,比國底子輕鬆,儘予加優,尚不致如他國之離奇,故忍而與彼磋磨。其派來總監工俞貝德,老成練達,往返電商兩月,擬成續約三條,已訂期畫押。乃於廿一日,比領事法蘭吉送來合同八款,稱係比國寄來,非此不能畫押。並稱中國另造鎮津鐵路,分奪南北路利,盧漢恐不能拔還許多洋債,又無他項作保,比係小國,權力不

---

　　①　直,王文韶;鄂,張之洞。

勝,故不能不借箸於法國。又云,比因不放心,故議先借一百四十萬
鎊先造漢口至信陽一段。當即嚴駁:第一款截出兩段先辦,不應置全
路於不問。第四款不應咨照局外法國公使。第六款不應指定法使判
斷。第七款不應牽涉粵漢路。第八款俞貝德既有電來奉准簽字,何
以又有正合同章程寄來均須簽字。保款五十萬佛郎,亦應交存中國
銀行或律師處。百般詆責。該領事亦言銀行翻覆實出意外,但總因
中國勢弱大不放心,故只肯先造至信陽以觀後來。又據潘譯密探,該
國實係受法國播弄,我若就比而法必出頭干預,我若棄比而法欲索性
接辦。證之所來條款,一曰咨照法使,再曰法使判斷。又證之法使照
會總署款內,有比款係法銀行資本及法使法領事之言,均屬吻合。查
盧漢專借比款,原約訂明只認比公司,比既悔約,原不難立刻廢棄,但
恐法使赴署要求,勢難堅拒。焦思終夜,惟有密籌借賓定主之法,一
面與比人再行磋磨,俟粵漢畫押,美國允定,併辦盧漢,即與比人決
裂。其中間不容髮,必須密速。所慮中國辦事難神速而又易洩漏。
即如美款一經電奏,京城各公使即有電來滬,機事不密則害成也。蘇
寧路現與怡和密商,一月之內當可揭曉。昨以盧漢與之密商,渠以盧
漢必爲鎮津所害,不願接辦。如准蘇寧路至河南與北幹相接,或可有
成。彼族視黃河以北皆非我有,恐美不肯與俄爭,故亦不能不以英爲
後著。臨時祇能密電籌商,恐難詳盡,謹先縷布大略,是否有當,伏乞
俯賜裁度,迅速電示,俾有遵守,是所感禱。惠肅密布,敬叩鈞安。宣
謹肅。

〔二·一一〕　**致伍星使**①**函**四月初三日。五月初七另得一函。

秩庸仁兄大人閣下：閏三月初七奉三月初五日惠函，敬悉一一。承寄合同底稿，甚爲切要。具見執事洋務老手，舉重若輕，深爲慰佩。嗣接三月廿六日尊電酌改行車等事，兼用華員及儘用鄂省材料，有此兩層可弭衆論。至密約包用繳回一節，亦必歸諸總公司，將來一併奏明以示無私。尊處三月初五來電稱係草約，而來稿並無另訂正約之語，將來是否須另訂正約。至專條所載盧漢鐵路一節，比國屢次游約。得閏月初七電云，"美願併辦"，初八日與廢約。初十、十三、十五迭寄三電，欲請先交百萬鎊派人來辦，迄未接復電，想因美日開戰不能辦到。盧漢已奉旨年半，斷難遲緩，深恐美日戰事不能速了。比使迭向總署請再續議，不得已只得再與比公司另議辦法，能否定局，四月內必揭曉。尊函遲遲未復者，職此之故。粵漢開工不妨略遲，總公司所延之美工司李治，目前有事故，請美華公司另派人來勘路。自粵至漢，擬走湖南，藉可練兵開礦，而湖南風氣初開，現先派華工勘繪，大概一面開導民情，洋工司方可續勘，故美人稍緩來華並不要緊。據李治接坎里來函，此次借款，華士賓、坎里皆不在內，未知何故。昨接閣下十三來電，領袖三人皆屬可靠，但未知合同是此三人畫押否，押款十萬元究竟已收到否。此事弟已據尊電奏奉諭旨照准，中外皆知，斷不可游移致貽笑柄。大約何時派人來華續議，議事之人與勘路之工司想是兩人。議事者是否須停戰後再來中國，大約派來是何等人。此次寄來約稿尚在未畫押前，所有改正畫押之華洋文合同，務請即日

①　伍廷芳，字文爵，号秩庸，時任駐美、日、秘魯公使。

各抄一份,咨送敝處,以便轉咨總署及粵湘鄂三省督撫,因其來詢未便以前稿抄咨,恐有錯誤也。淞滬路已完工,滬至江寧路已借定怡和款三百萬鎊,權利與美商相仿,但無五釐用。派分餘利亦是五分之一,但須攤還借本付利及華商購地股利常年六釐之外,再行分派。美國合同所云除借款利息外,所謂借款者想即指借本而言,好在借本分作四十年攤還,亦屬無多。將來定續約時似不難辨明也。華商資本專爲購地之用,數目無多,祇因地係鐵路之根基,不便用洋款購買。以粵漢而論,專招買地股分數百萬,尚辦得到。閣下現爲美、日、秘欽差,粵人在外洋者能否招其股分,俟定章後再行咨請酌辦。弟近來精力迥不如前,閣下三年任滿如願回華,弟必當薦賢自代,以踐舊約。環顧中外可以同心任事者,惟公一人而已。近日各電抄呈備核。此信到日,即行詳晰示復,是爲至盼。敬請勛安。

　　另示一節,重荷關切甚感。但時事方艱,我輩擔負重任,不敢稍存絲毫自利之心,即稍有應酬費用,亦無不可告人之處,故屢電懇請在五釐用內提回一釐,正以備此等用項而已。至美公司所請撥出四十萬鎊,各歸一半支用,斷不可行。上次坎理等來華所費亦屬無多,華公司毫無向其需索,此次如坎理等在內,亦可藉四釐用彌補前費,如不在內,亦其自願,不在內也,於人何尤。故弟即已電復不允字樣矣。比公司以英金二十五萬鎊各得一半之說,並無其事,如果稍有弊端,弟現與廢約必致爲彼告發,亦何能與彼錚錚較量,故任事者不可有絲毫把柄與人,我公素來清廉,爲弟所素佩,用敢直陳,彼此當互相儆戒也。國事自膠州允租後,愈爲各國所輕。俄、法、德合爲一

氣，悉畢①路成，北方恐不爲我有。閣下條陳，中外佩服。鄙見外交
須聯英、日、美，未知美能干預東方否。聯美之法祈詳示。練兵如用
美國教習，其陸軍學堂可靠否。近來都中不肯以京堂與人，呂鏡翁與
弟皆由實缺關道而得京堂，並不便宜。弟若進京，當爲設法放一道
缺，何如，望密示。再頌勛祺。

〔二・一二〕 **致馮砭齋留稿**四月初四日

砭齋仁兄大人閣下：前奉正月十九日手書，敬悉去年所貢一緘，
已塵青覽。公以守分爲要義，即是素位而行，無入不自得之境界，破
除煩惱，雖處極熱鬧之地，亦自從容中道，無任欽佩。弟本無能，遽膺
劇任。比國借款正月應付頭批，乃藉口國債息扣較重，釐課作保悉歸
洋人管理，路債息輕權少僅以路保，而容閎又另造浦口相並之路以奪
漢盧之利，將來必不能還其洋債，以致翻覆。弟即據理與爭。然時局
如斯，比係小國，難免膽怯，當即勒令廢約，一面將粵漢路與美商議
借，蘇寧路與英商議借，尚幸合同已訂定。近日比商見英美已成，轉
向總署轉圜自願俯就。鄙見盧漢仍照原議借美爲妥，無如總署與各
國多事之秋，不欲因此等細故饒舌。比人初爲南皮所信，今亦惡其
翻覆矣。平心而論，以未造成之鐵路借人數千萬之鉅款，祇用總公
司出名，國家不保其必還，則此債自與稅釐抵保不可同日而語。若
使膠、旅、大、威不失，亦不致有此等波折。時事不堪設想，豈僅比約

① 西伯利亞。

76

之不可靠耶。惟部款不能續發,已領之本,盧保、漢灄、淞滬三段工程早已用完,無米之炊憖無巧術。祇盼分裂之機稍作停頓,騰出三五年與我略作布置,能使弟經辦南北幹路數千里成就,一面練兵開礦,得步進步,或可保守中原徐圖恢復,此全在得人而已。復請台安,不盡欲語。

再:承密示商情瞭如指掌,不料我公於此中三折肱,勝於鄙人多矣。弟審度泰西銀行與我山西銀號立法頗相似,而氣局宏大,直併數十百銀號爲一銀行而已。故弟設通商銀行,擬於通商大碼頭用洋人爲總管,於內地各省會用晉人爲總管。因內地分行,不能放帳,僅能通匯票,或寓放帳於匯票之中。公函處處與弟意見相合。惟銀行之外未便另設一號,貽人口實,仍當合爲一氣。如果一時不得許多汾太好手,擬將湖北、湖南、四川、陝西、山西數省,專用西幫,仍懸通商銀行招牌,而悉照西號辦法。即請閣下速將函中所言之平遥巨手,代爲延定。弟前電本擬到京面商,但恐數月之內未必能北上,可否即乞代邀此公,迅速來滬,以便與總行總董商定,即可撥款開辦也。如此人不能來,弟亦決計要用西幫,但訪求殊不易得。公於都中各西號多熟識,望再費神代爲切而求之。武昌、沙市、宜昌、重慶、成都、長沙、常德及各省會皆可次第開張,祇須章程一定,拔茅連茹,其權利自必比尋常銀號高出數十倍。令弟必當設法委派。兹事艱鉅,公若能保薦首領,他日解組歸來,不妨把臂入林,相助爲理。弟但求於事有濟,不欲身親其事也。匆叩台祺,敬俟玉覆。

〔二·一三〕 **致榮中堂**①**函**五月初三日

敬肅者：自役工程，久暌光霽，昨讀邸抄，欣諗恭膺簡命，鎖鑰北門，吉電飛傳，嚮風抃舞。恭維中堂簪纓世胄，柱石元勛，效襄贊於皋夔，功資輔弼，媲分封於周召，望重親賢，九陛恩濃，萬方頌協。○○自蒙栽植，劇任謬膺。盧漢北幹借款游移，屢議屢變。本擬仍宗原議改借美款，是以將粵漢先與美商訂約，爲借賓定主之謀。乃迭奉總署電諭，恐俄法出頭幫助，更難結束，又值美有戰事，盧漢不能停待，不得已再與開議。所加權利已與英美相埒。昨將續約各條電呈鈞核，如果照行，似必須接續前案會同具奏。此後興舉，無不因時局艱危而益形繁重，○○知識庸淺，雖有澄清之志，愧無遠馭之能，今幸中堂領袖畿疆，主持大局，竊喜稟承有自，務求不吝教誨，俾免隕越，實深感禱。謹肅寸丹，虔叩鈞安。伏祈賜鑒。○○謹肅。

〔二·一四〕 **致湖南撫台函**五月初八日

右帥中丞大人閣下：三月三日泐寄一函，詳陳一切，諒邀惠覽。盧漢鐵路，比款散而復合，酌加權利，現已畫押。今日奉上諭催辦盧漢兼及粵漢。現在美款已經伍秩庸星使代立草合同，來電止因美有戰事，工程司略緩來華。此間亦因粵帥尚懷疑慮，湘中華員勘路尚無把握，即使洋工司速來恐有稽延，不如聽其少緩。惟時事如斯，若不乘公與香帥手內辦成，更待何時。香帥來滬面商，擬先由武昌造

---

① 指榮祿。

至長沙,所經湖南州縣不多。亦如電綫由省會入手較易料理。少穆觀察回湘,度已轉告。所惜羅國瑞無此本領,總非上等洋工程司勘路估工不可。如鈞意亦以先通兩省垣爲妥,敝處現有洋工司不難派令勘估,但求尊處迅速籌定保護洋工司之法,此爲第一關鍵。至湘潭萍鄉一段電綫鐵路,已蒙俞允,亟宜開辦。適薛守奉諱旋里,道出申江,知其曾任醴陵,先令設綫,一俟電工告竣,即擬先辦潭萍鐵路,以冀萍煤暢運。且有此枝路,即可爲湘粵幹路之先導。大約萍鄉既用洋礦司,相安無事,造小鐵路,必無爲難。醴潭兩境,購地鋪路,先用馬車拖煤,亦不致駭聽聞。所難者,必須一洋工司勘量路基,在工程爲首務,在地方爲難端。查有德人錫樂巴精於鐵路,熟諳華語,香帥雇用多年,頗有機變。萍潭枝路,擬即派令勘估。湘潭之小花石煤礦,亦必須有洋礦師察度,方能興此大利。公於此事往來胸中久矣,如能責成少穆、秉三兩君,必能設法預籌保護之計,似不外乎用紳士之法也。此次薛守來湘籌辦綫路,務求授以機宜爲禱。手敏勛安。

〔二·一五〕 **致陳右銘中丞再啓**

再:上年湘鄂電綫,仰仗我公德威,暢行無阻。張雨珊兄聯絡團紳,布置周密,久深欽佩。薛守言雨珊兄意須湘股五成,宣初未允行,並非靳利,恐各省援照,化整爲散,爭熱避冷,電政從此敗壞,無以示信於天下。現據薛守面商,擬請雨珊兄備銀一萬五千兩,作爲電局存款,應得息銀即照湘局餘利核算。此後一年一結,湘局如有盈虧,息

款隨同增減,雖係存項,實與湘股無異,不過變換名目以免他省援照。想雨珊兄當以爲然。已屬薛守與彼面商矣。再頌勛祺。○○又啓

〔二·一六〕 致王大司農^①函五月初十日

夫子大人座右:頃王嶤生兄來見,奉四月望日手諭,並詢悉福體近來强健,深慰遠繫。時事孔棘,深宮依賴,非常之責任,即非常之艱難。然旋乾轉坤之明效,未嘗不可於知人善任中得之。鐵路昨奉嚴旨催促,惶悚萬分。比款續約雖已勉强畫押,條款中訂明第一年先付一百四十萬鎊,專造漢口至信陽一段,第二年方能從保定造起。其立意必欲照原合同先擠我一千三百萬爲抵押,牢不可破。細想保定至正定,今秋必須購地墊路,而部款遲早總須撥放,若遲撥徒延工程也。如能趁此英德借款尚有餘剩,先行撥定,免致日後愈益爲難。至目前急須待用之款約計三百萬,不能再少。前領之盧保用五百萬,淞滬、漢灉用二百萬,業已告罄。現在北端亟須造一製造車廠,需銀五六十萬,南北購地皆用自己之款,較免流弊。日内會奏比事,並復奏南北開工各節,擬即奏請酌撥,伏求俯念要工關係遲速,成全始終,是所切禱。此次爲比約周折,虛曠一年,萬分焦灼。今與比總工司俞貝德堅明約束,必須三年全路開車,而黄河橋工緩造,以速補遲。如果部款不發,則北端製造無廠,保、正購地墊土無款,延至一年後,比款續到,方能開辦。萬一屆時再有波折,延誤全局,何堪設想。此次兩摺必當

---

① 王文韶,時任户部尚書。

痛切陳請,然此中艱苦,豈能共喻。若非函丈設法援手,○○盡瘁何補於國事耶。手叩鈞安。

再:通商銀行,試辦一年,略具規模,股分息八釐,存款息五釐,居然做到。外洋刊印鈔票一到即可試用,自應具摺奏復。惟據閩廣各分行來禀,各衙門皆以通商銀行未奉部文爲辭。今京行已開辦,各[惟]各省關,官無匯款,恐貽外人恥笑。擬請由大部咨行各省督撫藩司監督,雖不能盡交銀行,須有得半之數交存匯兌,亦可以壯觀矣。否則於奉旨特開之通商銀行似太落寞。事關局面,不勝感禱。

〔二·一七〕 上香帥書 五月十四日

大人閣下:比續約初七畫押,即奉嚴旨催辦盧漢鐵路,指明勘路購地各事應已辦有端緒。查比款先辦漢口至信陽一段,俞貝德另立信據,如購地等事迅速,可保三年全路完工。然則漷口至武勝關購地,是目前第一要事。林守患病,○○於鄂省官員絕無真知灼見。昨又電請鈞處速賜遴派,管見如府班中有人最合宜,否則州縣亦可酌派,仍令朱守總其成,並請漢陽府遙爲操縱。好在湖北境内仰託埥幪,威信所至,令無不行,似非他省可比。大約洋款代辦,華僅此一事爲喫重,伏乞迅賜定奪,免致遲延,爲彼藉口。附上會札一件,請即飭承填寫銜名速發,此外行知各處可會銜不會印也。俞貝德料理數日仍須回滬商籌一切也。手叩鈞安。○○謹肅。

〔二·一八〕 上李傅相書五月十七日

中堂夫子爵座：去臘柯令帶回手諭，半載以來皆以電稟。月前仲彭兄至，恭詢福躬健固如恒，深慰懸系。傅諭比款一節，尤徵師門關切無渝終始。若僅爲加利及行車之權，原可早允，惟彼斤斤以路息還本爲不足恃，必欲歸到國家身上。其實中國鐵路即國家鐵路也，如果路息不足，路債豈能不還，此理甚明。而此說難伸，紆回曲折，一言難盡。南皮因有法人買票，頗悔主持比議。仁和交卸北洋，只得單銜電達。若非我師主裁，初七不能畫押，初八一見嚴旨，比人恐又要跳上架子矣。此債如一月內能交三十五萬鎊，便不畏其變卦。保定至正定必須先動手，而比人必欲後批借款到日，方肯分造北端，故不得不求續發部款將保正趕造也。乞於南海面前預爲懇托，此直如救命丹耳。怡和、匯豐辦滬寧路最可靠。有德人錫樂巴，在南皮前極言英覬長江，不宜借英債造路，南皮遂搖惑，過金陵與新寧談，遂有用英不如用他國之說。○○答以既看英不可用，何以前主聯英？既想聯英，舍商務何聯之有？兩帥亦無以自解其前後兩岐也。英人勘路將畢，便須議訂正約。怡和來函，商請下通杭甬，上接浦信，並及九龍至廣州，已另函達總署。杭甬路短而人物殷庶，具稟者紛紛。廖帥奏明歸總公司承辦，聞日本頗想代造，似不及歸併怡和，免得另起爐竈。俟奉署復，當與浙商。浦信無多物產，怡和所堅索者，願與盧漢相接，則南北輾轆轉輸，其所獲車利可資還款耳。容純甫鎮津之議，聞德人尚想由清江接至沂州。容議損人不利己，借款未必能成，然滿口招搖，或謂某大僚受其賂，或謂某公子與其合股份，其行用可驚可愕。總公司初擬以粵漢路付之，恐亦非宜。秩庸電，美人六月後來華,所籌三路,擬派大總辦三人,與三國總工程司會同辦事。但其人頗難得。人才處處匱乏,一處不得人,則一處必不合法。手肅敬請鈞安。

〔二·一九〕 **上翁中堂書**四月二十七日(未發)

中堂世伯閣下:臘秒泐稟後,數月以來,屢欲貢函而未果者,因知國事焦勞,不欲以不如意事上煩鈞聽。近聞福體如常安適,萬分繫念。時局自膠衅之後,愈不可爲。比債變卦,由於權利太薄,屢詆責其失信。乃云中俄密約尚如此,況借款耶。不得已爲借賓定主之謀。粵漢借美債,滬寧借英債,雖優給權利尚可自主。比知美約專條可併造盧漢,復挽傅相願刪除數款,請再開議。美與西班牙戰事未已,只得將計就計,允與續議。大約權利必須與怡和相同。所索股票抵完釐稅已切實拒駁。然洋人看盧漢不及粵蘇繁庶,加以容閎爭造鎮津,南北衹此貨客,兩道並行,路利斷不敷還洋債,天下事豈有明示以不能歸還而可以借債者。比自稱小國無力踞我鐵路,但求本利有著而已。聞容閎不過騙得俞旨將此路歸與洋股,設造成否雖未可定,而盧漢因此波折。昨告比以容路不成,止要盧漢兩頭趕造,朝廷斷不爲損礙盧漢利權之事,竭力開導,姑允刪去"抵完釐稅",大約空言路利如果不敷償還本利,應由鐵路大臣兩總督設法另籌補還,此種空好看話,確不能無。平心而論,時局變遷,以數千萬鉅款謀我微利,自不能不慎重出之。姪與熟諳鐵路之洋工司切實考核,總公司現辦三條幹路,通力合作,三四十年撥還洋債,全路爲中國所有,爲國家商民坐得值銀壹萬萬之產業,爲天下立富强之根基,確有把握。惟此三五年間,艱難叢挫,衆謗群疑,意見不同者固顯爲撓阻矣,即意見相同者亦慮騎牆隔壁隱爲牽制。非仗朝廷主持,中堂世伯持護,恐不及收效而蹉跌立見也。粤中兩帥俱守舊,許中丞①尤有意見。粤事甚糟,若不得一好總督,不僅路事難成,地方將見奇禍。九龍鐵路我若不造,英必自造以達省垣,其患不徒在失利。怡和來商歸總公司辦,故未敢拒也。由蘇州至杭州路,穀士中丞②已奏交總公司,擬即議辦。凡此皆路短本輕利厚者,必宜連類而及。怡和草約,原請浦口至信陽,下接寧滬,上接盧漢。如即允造,則三路蟬聯一氣,不患洋債無著。日内當函總署,務乞留意核准,以免將來還債爲難。總之姪年五十五矣,未老先衰,今日經手之借款,若不爲他日預籌歸還之法,貽累國家何所底止,故不敢不就路生發爲挹注之謀也。手敏鈞安。世愚姪宣謹肅。

〔二·二〇〕 **致翁中堂函**(未發)

再:比款續約所索權利,皆時勢使然,並不爲過。所最難者,第一批一百四十萬鎊,止肯先造南端。保定至黄河,先擠我一千三百萬自造爲抵押,牢不可破。總公司堅持欲其南北兼造,雖勉强應允,然亦必須一年後續付二批款到,方能兼顧北端。其立意必欲照原合同先用華本。細想保定至正定工程,今年必須續辦,而部款遲早總須撥

① 指許振褘。
② 指浙撫廖壽豐。

放,若遲撥徒延工程也。如能趁此英德借款尚有餘剩先行撥定,免致日後愈益爲難。至目前急須待用之款,約計三百萬,不能再少。前領之款,盧保用五百萬,淞滬、漢灉用二百萬,早已告罄。現在北端亟須造一製造車廠,需銀五六十萬,保定至正定買地填路購料二百數十萬,皆屬急用。謹先稟商鈞座,擬俟比款續約畫押,灉口至信陽一段定期開工,即當會同兩督奏請酌撥。伏求俯念要工關係遲速,成全始終,是所切禱。此次爲比約周折虛曠半年,萬分焦灼。今與比總工司俞貝德堅明約束,必須三年全路開車,而黃河橋工緩造,以速補遲。再請崇安。

再:銀行試辦一年,股分息八釐,存款息五釐,居然做到。惟各省關均爲私家銀號所把持。嚴信厚①原議願將伊獨開之海關銀號歸併銀行,嗣亦有所扞格。現據閩廣各分行來稟,監督及司局皆以通商銀行未奉部文爲辭。今京行已開辦,若各省關官無匯款,恐貽外人恥笑。今已一年,理應奏報擬請由戶部咨行各省督撫藩司監督,雖不能盡交銀行,須有得半之數交存匯兌,亦可以壯觀矣。否則於奉旨特開之通商銀行,似太落漠。事關局面,不勝感禱。

附　片

再:光緒二十二年九月欽奉寄諭,設立鐵路總公司,令臣督辦,從盧漢辦起,蘇滬、粵漢亦次第擴充,仍著王文韶、張之洞督率興作等因,欽此。伏查直隸爲幹路根本之地,北洋尤中外樞轂所歸,現在王

---

① 嚴信厚字筱舫,浙江慈谿人,大資本家,設各省匯號。

文詔已蒙内召,榮禄以使相接任,公忠閎亮,實副經營八表之望,所有鐵路總公司辦理盧漢寧滬粤漢各路,相應籲懇特派榮禄循案督承籌辦,俾微臣隨時隨事有所咨承,庶得竭其駑鈍,成此鉅工,尤深感幸。謹附片陳請,伏乞聖鑒。謹稟。

〔二·二一〕 致榮中堂

中堂閣下:敬稟者,違侍綸閣,歲珂兩更,白雲在天,龍門不見,依戀之悃,匪言可宣。膠事之起,軒然大波,自冬徂春,宮廷之宵旰,宥地之枝梧,棘手情形,海内憤惋。近來西訊狎至,各國之早作夜思以謀我者,幾皆有迫不及待之機。神州金甌,危齊累卵,食毛踐土,同憂宗周。伏維中堂棟梁華夏,同國休戚,獨居深念,焦勞可知。竊謂滄海橫流之會,被髮纓冠之急,決非安行徐步所能濟事。非有絶大改革,絶大舉措,不足以銷烈燄而挽狂瀾。夫非常之事必待非常之人,今日聖人所眷倚,天下所仰望,咸屬中堂。○○嫠不恤緯,中夜徬徨,熟籌救急之策三端,謹別具説帖,恭呈偉鑒,以備採擇。一德格天,涣維新之大號,元黄手定,易萬國之觀瞻。扶危定傾,非異人任矣。盧漢路事,今年本擬比款交到,分段大舉。自德釁驟開,中國局勢大變,比公徘徊審顧,乃生他議。近以容閎東路之説,比人益以有礙盧保路利,振振有詞。雖其所派總監工已來,而交款未肯即照原議,恐須決裂。俟籌議定局,再當馳陳。國勢不振,商務亦處處荆棘,斯可爲長太息也。專肅密陳,恭叩鈞安。

〔二‧二二〕 **致榮中堂函**六月初三日發

中堂閣下:敬肅者,五月初三日肅呈寸簡,恭敏起居,諒蒙鈞鑒。炎日當空,伏惟整飭紀綱,新猷丕煥,龍門萬丈,中外咸欽。比款續約已將"借款過期本息抵完關稅釐金"一條删除,又將"遇有爭執"一條改爲"總署與比使評斷"。舌敝唇焦,幸已就範。據云,鐵路五釐借款,歐洲售票甚難,又不准其附股,所許酬勞餘利一百分内二十分,尚須在行車開銷之外擬還洋債本息之後,似不過虛與體面,較之晉豫礦務彼得七十五分之餘利,大有軒輊。至於管理行車,照現在津盧、津榆事權亦屬洋人。鹽課釐金抵借國債,尚不能不歸稅務司管理,況車利之厚薄,實由於管理之整懈,故年限之内,不得不酌照海關略予辦事之權,而仍事事預稟總公司核定而後行。猶冀三十年内國勢,或能稍强,其時不妨轉借他款,先還此款。故約以十年後亦可將欠本全還。凡此皆於無可如何之中,鈎心鬥角,設法補苴。惟洋人莫不挾奢望而來,至此並無厚利,因是游移更變。○○心雖焦急而又不得不外示從容。此中艱苦情形,皆在中堂洞鑒之中。接奉五月初四、初七日鈞電,比款可否先行畫押,應候總署覆電遵辦爲妥。仰蒙指示周密,欽感莫名。旋即准署電,事已無可再議,應先與畫押再行會同奏咨等因。當即於初七日在總公司畫押漢文法文合同各三份,除總署及比公司應執兩份已由比領事帶去分別呈請蓋印外,總公司應執一份應由敝處呈請蓋印。昨已由湖廣蓋印咨回,兹謹備文呈請貴衙門即在湖廣加印之上首蓋用直隸總督之印發還總公司備案爲禱。肅此恭叩鈞安,伏祈垂鑒。謹肅。

〔二·二三〕 致王大司農函 六月初三日

夫子大人座右:五月初十日,專呈寸稟,計邀鈞鑒。晤繩伯世兄①敬詢福躬安健,到京後精力更較團聚,提綱挈領,同寅協和,此誠社稷蒼生之福,爲門下士祀禱以求者也。五月初八日,嚴旨催工,責成重大,不勝戰慄。盧漢奉命已久,止因借款翻覆,遲延半載,局外必多謠諑。得此次明發揭明,現在業已籌有的款,使人皆知從前濡滯之故,實由於的款無著,俾得就借款爲難切實覆陳,且嚴其責成,各省大吏可免推諉。戰慄之餘,又不勝感幸。惟保定迤南,比公司總欲挪我自己之款接辦以作抵押,以符合同。若無續撥之款,則北段工程必遲,仍難免延誤大局。且恐晉路早成而不能與接,此罪尤不可勝言。聞京兆已請撥昭信款二百萬,現擬據實會奏,務求俯賜查明原案,設法成全,俾免蹉跌,(裕帥過滬,曾諄切懇求,似甚關切垂諒。)公私之幸。○○一俟南端料理就緒,即須赴津與榮相會晤,親至盧溝橋勘工。既近國門,應否到京請安,藉與總理衙門商籌一切,乞函丈酌示,以便遵行。比約會摺因送鄂津書奏,須候咨回繕遞。此後公事有必須先行請示者,密函密電均擬交馮敫高轉呈。如有吩咐,可否乞諭馮守轉知,電報下款擬署一補字。肅此寸丹,敬請崇安。

〔二·二四〕 致張香帥函 六月初五日

大人閣下:比續約,署已核准照會比使,屈指畫押一月,頭期付款

---

① 王文韶子。

尚無消息，其權因在人不在我也。俞貝德辦事不浮，條理井井，只要款不誤事，成功必速。美國工師李治亦老練，英國工師亦將到，惟總公司每路須派一總辦相與因應，欲於語言文字中求獨當一面之才，殊不易得，藥籠中宜有其選，乞明示。錫樂巴欲就其本國山東路之聘，薪水甚大，初言之，○○切實委留。昨來面辭，以比、美、英三路各有總工程司，必有畛域之見，徒增意見，無益於公，不如姑往山東，如他日有事仍可調來。辭意甚決。旋有稟函抄呈鈞覽。查錫樂巴爲德國工部出身，具有學識，充參贊備顧問最相宜。然照現今所訂三國合同，事權各有所屬，必不容他國人參預。錫亦見得到此。錫愛體面，在總公司與俞貝德、李治等相形之下其何以堪，似只可准其所請，滿灌米湯，俟有德國借款時有總工程司之缺再請前來，彼此相宜。渠又言數年以來，蒙鈞座相待極優，勘吳淞至鎮江路，勘漢口至黃河襄陽各路，造大冶路，造吳淞路，又爲憲台贊襄各事，可否求奏請二等第二寶星以酬其勞勤。答以寶星，大帥必首肯，惟第等須合新章，乞賜一併查復。吳淞路日內即完竣，德匠三四人皆相隨，酌定請即電示，即當遵照批行。手敏勛福。酷暑盼雨如盼款也。　　　謹上。

〔二·二五〕　**致浙江藩台函**六月初十日

松雲五哥大人閣下：昨復詳緘，度邀惠覽。頃奉電屬，江西平糶米減水脚，已飭照行。蘇常已沛甘霖，人心可定。近月以來，上銳意變法，先從學政下手，十餘年後必有人才。惟此時正在絕續之交，內憂外患迭起紛乘，當局不易支柱。盧漢、粵漢、滬寧鐵路，遵旨趕辦，三年可成。昨接李傅相密電，英使赴總署求怡和接造蘇杭、寧紹路，答以須由總公司與浙撫會商。今日怡和洋東即來敝處，言及英使電令至總公司商辦。弟即告以總署雖推至外間，尚未知浙江撫憲之意如何。管見造路非借款不可，英重商務，尚非俄、德、法悍然不顧可比。而英怡和在中國多年，與招商局訂合同辦輪船亦十餘年，尚重信義。彼與匯豐銀行合辦借款，與素不知名之洋行亦復不同。所議利息週年四釐半，以鐵路作抵押，所得車利撥還洋債，本利之外再有餘利提給一百分之二十分。其本項十年之後准我還清，則其代管之洋人盡可撤回，操縱在我，與山西所議章程迥不相同。故浙路不造則已，如欲接造，似用怡和為最相宜。且滬至蘇寧已用怡和，杭路必由蘇接，亦免得另起爐竈。日本總領事亦來商及欲造浙路，弟想咫尺相鄰非所宜也。現今各國來華爭造鐵路，如俄於東三省，法與粵西，德於山東，皆與總署立約歸入交涉，中國不能自主矣。如比於盧漢，美於粵漢，英於滬寧，皆與總公司立約，歸入商務，不過借款代造，悉歸中國自主，實有上下床之別。弟逆知國勢弱難與抵制，故立總公司，歸入商民身上，尚可自持。穀帥洞悉此中艱鉅，並不以弟為門外，奏請浙路歸入總公司，此署與英使問答之所由來也。事關重大，何敢推諉。本應親赴杭州面領機宜，因計將北上，殊難抽暇。特屬芸孫觀察持函先行謁請帥示行止，如何商辦，俟屆時約同怡和來浙，請帥派員紳與彼計議條款，弟亦可赴浙會同商訂也。謹將寄呈帥函密鈔呈覽。乞公將此情節先行稟陳。鵠盼惠復，俾有遵循。敬請台安。如弟○○○頓首。

〔二·二六〕　**致伍欽差函**六月十一日

秩庸仁兄大人閣下：四月初三日、五月初七日兩寄詳函，度邀惠覽。續奉閏三月初三日台函，敬悉一一。展讀合同各件，具費盡籌。粵漢鐵路借款十五條，及繳用扣回一厘專條，刻甫轉送譯署。因英國滬寧借款、比國盧漢借款皆無五釐用錢，故未便先行揭曉，轉使英、比藉口。盧漢因譯署意在調停，散而復合，酌加權利。其頭批三十五萬鎊已經匯到。則美商併辦盧漢專條可置勿議。開礦一條，粵湘督撫多有拘泥，其實晉豫已歸俄、英認辦矣。現奉寄諭催辦鐵路甚急。美日戰事未知何時了結，而勘路購地動需歲月，自應先派人來迅速勘路估價，以便中國派員購地。計算勘購事畢，美日戰事必了，即可開工。五月十二日奉到電示，"暑天勘路難，工師六月中來"，是否係華曆六月中旬由美起程。弟昨已派李治赴廣州起頭處密勘大概，一俟工師到日，即可由粵勘至湘鄂。小田貝面稱比公司可靠，故理亦在其中。但約中所訂押款十萬，究竟已否收到，尊處函電總不提及，若猶未付，則一條空虛，各條均不實。現爲已經奏准成案，如有動搖，我二人皆擔重咎。至勘路後必有詳細條款，美公司於勘路工師之外何時再派人來。昨陳右帥以湘省尚欲添造枝路一條，由永州以通廣西。弟想粵漢既歸美國，不應另與他國謀，未知該公司情願辦理否。又有長沙通江西萍鄉縣煤礦小枝路一條，約二百數十里急須開辦，未知該公司情願代辦否。統祈迅速示復，是所跂禱。容純甫稟經譯署核准，另辦天津至清江鐵路，嗣爲德國所持，又請改辦鎮江至天津鐵路。近日英國又欲從江寧浦口造路與盧漢相接。純甫在京厚許當路報效鉅款，口惠而實不至，衆情恐亦難免變更也。日、秘兩國鐵路章程收到，感謝之至,此請台安。愚弟〇〇〇頓首。

　　再:總公司現與怡和所訂章程,別項皆用借款,惟買地悉用華商
資本,因路地是根本也。蘇杭、紹寧地價想必無多,且此項股本利息
必優,一因地價久必昂貴何止十倍,一因鐵路餘利百分華股應得八
分,則洋商借款千萬僅得二十分,華商股本百萬轉可得八十分,其利
何止十倍。況數十年還清洋債,則鐵路全歸公司,其利又何止百倍。
竊料此項股票,智者必願變產而爲之也。報效國家自不可少,擬俟章
程大定,奏明餘利,提出若干,繳充練兵經費,屆時當與各省大府熟籌
而後定,先以質之我公以爲然否。再頌勛祺。

〔二・二七〕　致鄂督張、湘撫陳函稿六月十二日

　　敬啓者,粵漢鐵路借款,前經函商伍秩庸星使在美國議定草約,當
即摘要電請總署代奏,奉旨允准畫押在案。兹由伍星使函寄草約前
來,似尚結實可靠。惟定約之後,美日交戰,該公司須俟停戰後方能付
款。目前當以勘路購地爲入手第一要義。逮勘購事完,美國必已止戰
矣。此間曾派蔡伯浩觀察赴粵稟商文仙帥,本省迄未委定會勘人員,
湘省亦尚不能遽派洋工師入境,是以伍星使函内所商先派李治勘路,蓋
尚未知境内情形也。但轉眴美國派其工師到華,勢難再事緩延,擬再商
請粵帥先從粵省勘起,照原議由粵入湘,屆時再當電請鈞裁示奪。此
次草約,因正約未定,美國囑爲秘密,故暫不用瀆咨,謹抄呈清摺一扣,
即乞密存察核,並祈教示一切爲禱。肅此,敬請勛安。〇〇〇謹肅。

〔二·二八〕 **致北洋大臣榮函稿**六月十四日

中堂閣下：敬肅者，兩肅蕪緘，度邀鈞鑒。比款頭批三十五萬鎊已經匯到上海。惟比公司以所訂續約尚無奉旨日期，礙難提用。日前總署來電，已照會比使，提明俟會奏入再將奉旨日期知照，並催速奏。查摺稿已擬辦，先經香帥處妥酌畫奏寄回，謹呈台端，伏乞裁定發還，再行繕遞。漯口至信陽南路已派比工師前往插標，照合同即可動用比款。保定至正定，據孫道鍾祥稟復，高粱收割，亦可插標購地填土。已商比公司速派人來分辦。但照合同先需動用部款，經香帥籌商，合同既援總署奏准，自有一千三百萬兩爲造路根本，則應撥之部款六百萬遲早均須撥用，明知帑項支絀，然比國必執原議以是爲抵押，若遲撥則遲成，早撥則早成也。此中急迫情形，不得不於附片中詳陳，想中堂亦以爲然。鐵路爲自強大端，俄辦東三省路，德辦山東路，法辦廣西路，均由總署定議，係歸交涉。比辦盧漢路，美辦粵漢路，英辦滬寧路，均由總公司定議，係歸商務。雖公司所訂章程，較去年比國原約增加不少，然歸入商務，較之歸入交涉尚易操縱。但求中國氣勢不再壞，趕緊練兵開礦，能於十年後陸續歸還洋債，爲朝廷創成萬里軌路，收無窮利益，則此時艱難百折，尚不致空費心機也。惟茲事重大，○○力薄恐不能勝，幸蒙俞允特派使相督率籌辦，俾隨事有所遵循，或不至於隕越。一俟部署妥貼，即當馳赴天津請聆訓誨，以遂年餘依戀之忱。肅修寸丹，恭敏鈞安。○○○謹肅。

〔二·二九〕 致榮中堂再啓_{六月十四日}

謹再肅者:正在封牘間,比領事接比外部電催續約奉旨日期。查畫押已逾一月,鄂中甫將會稿寄回,因奉總署電催速奏,謹將摺片二件清單三件繕齊,並附印花一分,奏事處咨文一分,派弁賫呈中堂,閱後如有更改,即請改正另繕封好,剋日發交摺弁迅速賫京,免得再行寄回上海,致有耽延,實深感禱。再請勛安。○○謹再肅。

光緒三十四年戊申(一九〇八年)
二月至十二月

〔三·一〕 **致稅務大臣那、鐵、梁**二月二十八日

琴軒中堂、寶臣尚書、松生侍郎①閣下:昨奉大咨,萍鄉外銷煤焦出口稅,應由長沙第一關完稅,自應遵照辦理,惟民船零星裝儎,過關停驗,實多窒礙。擬請援案由長沙關派一人駐紮洙州,下車之時查驗完稅,諒蒙俯照。至出井稅已經咨商農工商部□□□□□□□□□□□照奏案除自用免稅□□□□□□□報完與出口稅一律辦理矣。合併附聞。肅此敬請台安。盛〇〇謹肅。

〔三·二〕 **致呂欽差**②二月廿八日

鏡宇仁兄大公祖大人閣下:弟將出京,貴局需用軌料,似宜先定一批,以免臨時飭辦,鋼爐或有接濟不上,致爲洋人藉口。北路最早

---

① 那桐,字琴軒。鐵良,字寶臣。梁敦彥,字崧生。
② 呂海寰,字鏡宇,山東掖縣人。

約須何時取用,祈即傳詢工程司示知。茲特將篋中所帶閩粵定軌合同抄呈台覽。鋼價或照閩粵,或查取定貨時之洋廠價值。有鋼鐵□□□銀可查□□□□□□□□□請工程司派人至廠照章抽驗。郵傳部已准□雇一人爲各路驗料之用。請閣下晤玉蒼尚書①再行催辦以重公事。漢廠現造馬丁鋼軌式一箱板釘式樣俱全,即祈查收,可交工程司驗看。英、德、美、日洋人皆稱此鋼料實爲上等,其中一萬分内只有含燐一二分,勝於京漢多多矣,此請台安。

〔三·三〕　上張中堂②三月初五日

宮保中堂年伯鈞前:午後走謁,未蒙賞見,歉甚。近日因風燥,咳喘較甚,屢欲詣談而未果也。與各駐使晤後,初十邊即擬請訓。前所面奏"内府公股"一節,力籌以公濟公之款,居然得有一百廿六萬兩。姪擬將自己創始股分湊入報效,計可得二百萬元。所有經手零星公款,一概和盤托出,雖於公家無足重輕,而華商公司可入公股,藉開風氣,實於農工商大有裨益。前蒙中堂首贊其成,謹擬疏稿呈鑒,未及面陳,明日邸堂處所留一分,諒可邀核。邸意先行代奏,如慈意許可,再令具摺。尚乞中堂玉成之爲禱。手肅,敬請鈞安。年小姪盛○○謹上。

---

① 陳璧,字玉蒼,郵傳部尚書。
② 張之洞。

〔三·四〕 致袁宮保①三月初五日

慰公宮保大人閣下：午後走謁，值鈞駕公出未晤爲歉。近日因風燥，咳喘加重，屢欲詣談而未果也。與各使會晤後，初十邊即擬請訓，前所面奏"內府公股"一節，力籌廠礦以公濟公之款，居然得有一百廿六萬兩。既難提出現款，莫如改作公股，並擬將自己創始股分十萬兩湊入報效，計可合約二百萬元。雖於公家無足重輕，而華商公司可入公股，藉開風氣，實於農工商大有裨益。惟"皇室經費"名目，確是立憲以後之事，目下未便遽落邊際，故只説"內府公股"而已。今日本攜稿就教，未及面陳，明日邸堂處所留一分，諒可邀覽。邸意先代面奏，如慈意許可，再令具摺。尚乞台端玉成之爲禱。敬請鈞安。盛〇〇謹上。

〔三·五〕 致袁寶山②三月初五日亥刻

寶三仁兄大人閣下：初六日承招敍，因咳甚，至好當心領銘謝。茲送上銀票七張，計公砝京平足銀一萬二千九百六十兩，即請照市價合成規元，即日匯付上海總行顧詠銓查收，並將數目先行開示爲盼。又惲薇生③學士應交敝處洋四千元，刂合公砝京平足銀二千八百八十兩。除二千元收條已交惲處外，茲特送上收條二紙，計洋二千元，即存尊處。一俟該款二千八百八十兩劃到貴行，即請將此收條二紙交付可也。專布，敬請台安。愚弟盛〇〇頓首。

---

① 袁世凱，字慰廷。
② 袁寶山，漢冶萍駐京辦事處負責人。
③ 惲毓鼎，字薇孫，江蘇陽湖人。

〔三·六〕 致呂尚書

鏡宇仁兄大人閣下：頃接漢廠總辦李一琴①部郎來函"廣九鐵路購用鋼軌，所有驗收章程業已訂定。茲將洋文驗軌章程另抄一分寄呈鈞察"等語。查廣九鐵路係英工程司所訂，驗收章程極爲詳細，大約郵傳部所聘之驗料人未到以前，似應責成本路總工程司驗收。茲特將原來洋文驗收章程送呈台核。請即付交工程司帶往漢廠會商擬訂可也。專布，敬請勛安。

〔三·七〕 致澤公爺② 三月廿三日

公爺鈞座：瀕行肅上寸箋，度邀青鑒。廿日車中細閱各省復件，以趙、林③爲最切要。廿一繞道汴梁，廿三抵鄂。擬將州縣收納錢糧，必使官民毫無阻礙，方免他人指摘，容俟多查數省，多覓實證，多資臂助，以期談言微中。但求略緩定議耳。附繳鈔件，乞察收爲禱。敬請崇安。名心叩。

〔三·八〕 致趙制軍④ 三月廿九日

次帥尚書仁兄世大人閣下：昨承偉教慰甚。南皮甚慮幣制定價

---

① 李維格，字一琴。
② 載澤，清宗室，鎮國公。
③ 川督趙爾巽，豫撫林紹年。
④ 趙爾巽，字次珊，漢軍正藍旗人。

民有窒礙。鄙見中外交通、商民交易、官兵俸餉,皆無可慮;惟州縣錢糧須待研究。公匆忙不敢多瀆,此間熟諳錢穀,通達民瘼,何人爲最,請指一二員以便諮訪。喬學丞昨晤談良久,彼已電催費觀察來鄂同閲銅廠。惟定軌一事,弟似未便先提。局外川紳亂發議論,川路全局關係,必仗帥力主持。去年訂軌生息之議,承公電商,季帥①而後允定,旋議還比債、開銀行,三者孰主孰賓,公早洞鑒。在漢廠非加爐不足應各省取求,體公顧全大局協力擴充之美意,已令李郎中及早購辦,需款數百萬。轉眴機料到華,原可改借外債,但川事中變,觀聽所繫,公將入蜀總協理,又值聚會於此。如蒙定斷,似在此時。乞於喬、費二君進見時提議及之。再查向來商務,兩造定貨必有見議之人,可否請總督派一熟悉商務大員會同訂議。凡有原議未甚明晰之處,皆可會商更正,不厭求詳。大約本省軌料先定,示以必成,期以速辦,推己及人,賓主自定。將來川路所需軌橋各料,漢廠自必悉如川意也。手此,敬請台安。世教弟盛〇〇頓首。

　　再:揆初觀察談及,川紳似慮漢廠軌齊而川路未用,即須停息。此是誤會。漢廠交軌時候,必可聽候川中知會,凡此兩面難免誤會。公亦謂川路非總督主持不可,政府意亦相同。此事似即應由總督派一員會訂。如派揆初則纖悉靡遺矣。幣制事如公有見教處,亦可請揆初兄傳諭弟處也。再請鈞安。弟〇又頓。

---

　　① 趙爾豐,字季和,光緒三十三年護理四川總督。

〔三·九〕 上澤公書四月初五日

公爺鈞鑒：奉豔、冬電諭，敬謹聆悉。南、項①所遞説帖是分是合，資政院政務處會議是分是合，約須何日覆陳，均甚懸系。此事兩人所見獨能相同，豈關係國運邪。近日調查鄂、豫兩省民間交納錢糧，如幣有定價，便可聽其銀銅並交。百姓無加減，州縣無賠累。向來傾鎔火耗之費，移作申解平餘之款，不致爲難。再調查數省便有把握。凡立言者必設身處地，説得到做得到，方免後來挑剔，況要地有武斷之權，尤不能不爲大部斟酌盡善。東西洋處此等改革大政，亦必經多番考核而後定，鈞座似宜痛陳宮邸，甯緩毋躁。將來若再反汗，不特貽笑外人，於國計盈虛、民生休戚，所關匪細。且一再失信於天下，何以舉辦新政乎？某衰病餘生，一出國門無心時事，但上承青睞，下顧民瘼，確有不能已於言者。現尚有數事奉詢，另單開呈。伏乞迅賜詳示，以便妥籌。屬稿無任密禱。肅此敬請鈞安。名心叩。

一、上年四月間飭鑄七錢二分銀元之諭旨，請鈔寄。

一、南皮、項城原奏改請一兩銀元之奏件，請鈔寄。

一、度支部所遞之説帖，均請鈔寄。

一、此次南皮、項城所遞之説帖，請鈔寄。

一、此次奉飭資政院、政務處會議之諭旨，請鈔寄。

一、南皮所言外國駐京公使有照會外務，謂中國現鑄之幣，成色不足，有礙交通。此件如度支部無案，請向外務部鈔寄。

---

① 南皮、項城，指張之洞、袁世凱。

一、陸軍部現定餉章，係用何項平色。京外官俸，八旗兵餉，係用何項平色，請查示。

一、各省已鑄銀元、銅元，約計各有若干，請查示。

以上所請鈔寄各件，務求格外秘密，幸勿露出敝處所請爲禱。

〔三·一〇〕 **致郵傳部陳尚書**四月初七日

玉蒼仁兄尚書大人閣下：都門晤叙，重荷關垂，飽德銘心，莫名感戢。別後抵漢，承示湘電，現定駁覆。薛道購地應先下手，幸勿遲疑。一琴又出示尊電，同深欽佩。適薛道來鄂，謁見筱帥①，即將兩電交閱，並即促令回湘，遵照部電辦理。筱帥到任，接湘路局王、余、席電：援美公司合同十七款，不准築造爭奪生意並行之鐵路，爲阻撓之據。不知官商自造，與借款不同。倘欲援引，則第二款訂明湘潭枝路九英里，其核准路線圖内繪明幹路係由易家灣洙洲至淥口直線，以接淥口至萍鄉煤路，而易家灣至湘潭係屬枝路。今部奏據湘公司呈請改用弧線，是以有此一舉。筱帥屬弟條議，並云湘電暫不轉部，一面電邀余參議來鄂面商，鄙見有調處四策：一、部展洙昭四十里内專運萍煤，示明客商概不裝儎，悉歸弧線，免分幹路利益。按原奏將來粤漢商路再築洙洲、易家灣直線，則官築之洙昭應聲明不載他貨等因。兹擬再寬一格，商路即不再築直線，官路亦准不載他客。二、萍煤除昭山下船外，其由昭山逕運粤漢者，仍須原車過入幹路分運。弧線既免擁擠，而接運煤費仍歸商

————————

① 陳夔龍，字筱石，時任湖廣總督。

路。三、此時部員購地即預備雙軌。現造官路，或偏左，或偏右，預留
地步。四、幹路將來餘利充足，願將官路買併，即可照准。有此數端，
似可對付湘人而釋其誤會，朝旨庶無朝更暮改。昨繕芻議十三節，密
交筱帥，以備調停。頃有湘紳蔣道德鈞面稱：開湘省公議，擬舍弧線
而仍造直線，部能否俯允仍歸商造。答以弟雖不敢臆度，但部因湘改
弧線，始有此舉；如湘路公司呈請願歸直線，部似不難另奏，若仍徇一
縣所請而改枝爲幹，定要免強運煤舍直就弧，實欠公允。蔣道極以爲
然，允即回湘開導。兹將芻議録呈鈞鑒，以備採擇。此事公爲煤鐵廠
礦委委曲成全，豈第辦事人之感泐，實爲全局所關係。詎料潭商爭
執，雖公論自在人心，而調處必費唇舌。弟局中局外，焦灼尤深，鄙見
所及，用敢函陳。我公卓識遠見，此等波折，早在意中。若論部中體
制，似應責成督撫妥籌辦理也。肅此敬請台安。

〔三·一一〕　**致陳尚書再啓**四月初七日

　　再：湘人公論，多怪經辦人舍直就弧，係屬一隅之見。潭商雖堅
持改支爲幹，該公司爲此無理之爭執。薛道來電：潭紳匡省吾云，正
紳不敢違旨，伊可仍任購地，惟部不復，撫無示，衹可停待云。蔣少穆
面稱益吾病不問事，堯衢喪生子之妾甚不高興。湘京官已有電公舉
朱道恩綬代袁總理，朱若早到湘任事，必有公理。弟曾電托莊藩司勸
駕，昨接復電，朱道深慮難勝重任，本擬懇辭，今承雅意諄諄，如蒙商
請奏進一級，援例賞三品卿，則必感激圖效等語。伏念粵漢路以湘中
爲最要，若不優加體面，亦難責其成功。用人之際，似應俯察。如公

以爲然,乞面商南皮相國,可否請以三、四品京堂候補。此人心地忠純,任事勇敢,似可爲湘路慶得人也。再請台安。弟又謹啓。

洙昭芻議前七條係述情形,後六條係擬辦法。

一、洙洲至昭山即易家灣直線一段。張中堂任内屢催湘公司趕造,迄未開辦。

二、萍洙鐵路本係部款築造。現因奏明萍礦併歸鐵廠註册商辦,郵傳部奏明鐵路改歸部轄,遂議接展至昭山。

三、郵傳部因湘公司呈請"將幹路由洙洲逕達易家灣直線,改爲繞道湘潭對河以達易家灣弧線",與部議展築洙昭路線不相妨礙,遂准其改用弧線。

四、湘路局聞恐洙昭客商趨便舍湘潭弧線而走洙昭直線,有礙商利。

五、湘路局聞援美國合興公司合同第十七款,有"粵漢幹路及枝路經通界内,不准築造爭奪生意之鐵路,並不准築造與粵漢幹路及枝路同向並行之鐵路,致損利益"。

六、聞郵傳部以部築洙昭枝路係專爲濟益運煤起見。合興公司合同内聲明,煤礦須連造一枝路,實非爭奪生意之鐵路。

七、合興公司合同第二款聲明,湘潭枝路九英里。其圖内幹路係由易家灣洙洲至淥口直線以接萍洙煤路。易家灣至湘潭係屬枝路。今部奏將湘公司請改之湘潭弧線,與郵傳部展築之洙昭直線,同時核准,皆照合興原議變通,一爲振興潭埠商務,一爲接濟鐵廠要工,奏内聲明均爲保全商業起見。

八、湘路局既慮枝路同向並行,致損幹路利益,郵傳部似應聲明此枝路專屬運煤,決不爭奪客商生意。所有客商,除萍洙外,洙洲至昭山四十里之內,如有客商生意,懸示概不裝儎,悉令歸併弧線,免分幹路之利益。

九、湘路局如不欲專造運煤枝路,自洙至昭一段無論弧線直線僅有幹路一條,則部奏每日運煤,當有重車空車二百輛往來於此數十里幹路之上,轉輸輻輳,行車時刻難以騰挪,若與他項客貨車相遇,趨避不及,益屬危險。是以各國大礦恒有專運鐵路,實非另造裝儎客貨同向並行之鐵路可比。

十、湘路局若為爭此洙昭四十里運煤利益,姑為預算此路造價連造煤車約須費銀六十萬兩上下,(薛道面稱,似此爭執,地價恐須多費數萬兩。)每日運煤以二千噸計,照萍洙一百九十里每噸訂收運費規銀八錢之例科算,運費至多二錢,每日所收不過四百兩,以抵造本利息常川修養之費,利益極微。(部中所收利益,在萍昭路每日運二千五百噸煤焦,通扯每噸一兩一錢,[焦一兩二錢煤一兩]每月可收銀六萬六千兩。對於湘路宜言少數。)

十一、萍煤除昭山下船外,查昭山至岳州水勢仍不敷足,將來運漢運粵仍須原車過入幹路分運;但可免每日二百車擁擠之弊,而幹路所收接運煤費不致過少。

十二、聞袁中丞[①]云:湘潭弧線不僅運煤繞遠不便,且恐將來幹路客商亦以繞走為不便,是以部奏有將來粵漢商路再作洙易直線之

---

① 袁樹勳,字海觀,湖南湘陰人,山東巡撫。

語,似應即於此時購備洙昭雙軌之地,現造官路或偏左或偏右,預留商路地步。

十三、粤漢路將來發達不亞京漢,待至商路餘利充足,似亦可將萍昭官路買歸商路。在國家但欲保全商業斷無爭奪商利之意,惟目前不能不兼顧煤鐵運務也。

〔三·一二〕 **致湖南岑撫台**①四月十一日

堯階仁兄大人閣下:別又半載,每懷雲誼,時切馳思,敬惟勛福日增爲頌。弟月前由京抵鄂,整齊廠務,小作稽留,擬於望後赴滬。德約將次開議,尚冀圭箴時錫,俾匡不逮。兹有啓者,敝同鄉袁道仰承青睞總持釐權,其才猷練達早在鑒中。聞勸業道需才甚切,該道雖到省資尚不深,然新政用人,恒論才具,不論資格。如蒙栽植,必孚衆望。該道尤當奮勉圖效也。手請台安。愚弟盛〇〇頓首。

〔三·一三〕 **致湖廣陳制軍**四月十二日

筱帥仁兄大公祖大人閣下:頃奉惠函並抄件,敬悉一一,具見台端與堯帥維持調劑之苦心。弟亦接薛道來電云,岑意非合辦不成。鄙見部中所持在大體,決不在小利。尊電謂"洙昭既有官本,自可剋期興工,與貴部洙昭原奏不相違背"等語,竊料必能允洽。弟刻即加

---

① 岑春蓂,字堯階。

電竭力懇部照辦，明後日渡江再容面談一切。昨日德國駐膠大臣過閱鐵廠，極贊，謂不料中國亦能辦成此一事。現定預算，化鐵爐四座，每日出生鐵一千噸，即可成鋼八百噸。天下鐵路及將造槍造砲造兵船造機器，皆可取給於鄂廠。然煤是煉鐵根本，若非諸公維持運路，曷克臻此。手復，敬請台安。

附呈漢冶萍節略本，乞存覽。

〔三·一四〕 致天津縣張四月十二日

小松仁兄大人閣下：都下瀕行，捧誦手畢，如親丰度，流連三復，什襲藏之。弟三月杪遵陸抵漢，與華洋員預算鋼鐵程度，新舊四爐齊舉，日出生鐵千噸，成精鋼八百噸，目前足供各省鐵路之需，將來造機器造槍砲造兵船皆可無求於人。昨膠州德國大臣遊廠，謂不料中國亦能辦成此一事。承屬留優先股二千元，已將小黃華館收據交存北京辦事處袁寶三查收，請尊處將款交至彼處換票據，陶道與袁君極熟也。費槐卿得兼差，皆仗大力，尤須加以歷練，將來方可出頭。伊兩兄皆以嗜好廢棄，深可惜也。手復敬請台安。

〔三·一五〕 致農工商部大臣溥①再啓四月十二日

仲公尚書再鑒：都下識荊，重蒙厚愛，匆匆叩別，感戀莫名。弟抵漢以來，復將廠礦事務認真考核。據總工程司預算，四爐齊舉，日

---

① 溥頲，字仲路，清宗室，鑲紅旗人。

可化鐵一千噸,即成鋼貨八百噸,足供各省鐵路之用。將來造機器、造槍砲、造輪船均可無求於外人。昨德國駐膠大臣閱廠,極贊"不料中國亦能辦成此事"等語。大約進步可盼年勝一年。鄙見既承註冊,總須成就一完全商辦公司爲天下創,庶不負我公維持之美意。尚冀時賜圭鍼,俾匡不逮,感甚禱甚。兹届花甲大慶,愧不能隨班叩祝,惟有心香遥頌三多,並專差賫賀,手此敬賀鈞安,不盡欲言。弟宣〇謹再肅。

〔三·一六〕 **致世中堂**①四月十一日

中堂鈞覽:都門叩別崇堦,晌將匝月,回憶謙光下逮,青睞優加,力持公道,不棄葑菲,人非木石,私衷感泐,何可名言。宣抵漢以來,復將廠礦事務認真考核,預算四爐齊舉,日可化鐵一千噸,即成鋼貨八百噸,足供各省鐵路之用,將來造機器造槍砲造輪船均可無求於外人。昨德國駐膠大臣過廠遊覽,謂不料中國亦能辦成此事。東西洋注重鋼鐵,宣既蒙天恩,責無旁貸,惟有鞭辟入裏,力求進步,庶不負我公保護維持之德意。月之望日,欣值岳降良辰,不獲隨班樞賀,謹專差附呈羅葛燈扇四件,薄同芹獻,祝效華封,非敢云禮也。肅此,恭叩崧齡,敬請鈞安。宣〇謹肅。

---

① 世續,文淵閣大學士。

〔三·一七〕 上張香帥^①書四月十二日

中堂年伯鈞座：都門叩別慈顏，依依感戀，情不自釋，回念半載追隨，垂青踰格，不以衰庸可棄，委曲裁成，雖終爲他山所不容，完璞以還，已甚難矣。到鄂以來，加意考核，擬定推廣辦法，四爐齊舉，每日化鐵一千噸，煉鋼爐添至十座，鋼貨日成八百噸，足供各省鐵路所需及美日銷售。將來造機器造槍砲造軍艦皆可無求於外人。昨德國駐膠大臣過廠遊覽，謂不料中國亦能辦成此一事。姪忝承付託，責無旁貸，必當鞭辟入裏，成一完全商辦大廠，爲天下創，以期無負維持之德意。洙昭運煤枝路，督撫以官商合辦爲調處之策，似可就此定議。鈔電呈覽。茲乘差便帶上花羅四疋、素紡四疋，電氣燈四盞，又壁燈二盞，風扇兩架，皆爲炎午所需用，非禮物也。手肅敬請鈞安。年小姪○○謹稟。

〔三·一八〕 上倫貝勒^②書四月十二日

彝盦貝勒尊右：叩別以來，時念停雲，略分言情感繁五内。則止抵漢，擬定推廣辦法，四爐齊舉，每日化鐵一千噸，並添鋼爐十座，可成精鋼八百噸，足供各省鐵路所需，將來造機器造槍砲造軍艦皆可無求於外人。昨德國駐膠大臣過廠，謂不料中國亦能辦成此一事，贊美之中意帶譏諷。祗承恩命，責無旁貸，惟當精益求精，鞭辟入裏，成一完備商廠，爲天下創，以期不負厚望。章程股票回滬後辦妥再當賚

---

① 張之洞，字香濤。
② 溥倫。

呈。鋼鐵固爲世界最注重,幣制尤爲行政之要端。側聞慈意折衷資政院以定綱維,此事則止半生奔走四方,略有所見。蓋銀幣爲目下銅幣之母,將來金幣之子。必宜釐定位次,整齊劃一,挽救銅幣之愈跌愈賤,各種生銀平色之紛雜,爲金本位之預備,使紙幣通行而無阻。若鑄庫平足色一兩,止能便於庫收,於放餉已不便,商民萬難通用。聞鄂省試鑄二十萬元,僅能發官員薪水,市不通用,仍即銷毀;迫以朝命,亦不過折五十兩元寶一錠爲五十銀元而已矣。竊料往日各種平色,仍必紛紛照庫平折扣而無可救藥,墨西銀元及各洋元更必盛行於天下。拙見如此以驗後來,鈞座如何會議,必有卓見,可否乞密示一二,以開茅塞,是所盼禱。壽州相國①已銷假否? 在都時亦曾論及此也。手此密布,敬叩崇安。則止謹上。

〔三・一九〕 **復澤公書**四月十八日

公爺鈞右:初五肅呈寸函,度邀青覽。初十日接奉手諭並説帖二件,謹悉一一。尊議設立幣制調查局,寬其期限,詳細考察,以求至當,尤爲慎重辦法。未知此次會議能否稍留宕筆。此間竭力調查,頗有心得,但恐一經決議,則單詞入奏難以挽回。即乞密籌設法緩之。外國於此等重大事,亦必幾經考核而後定,千百年已經濡緩,何爭旦夕。會議如何,尚祈電示,俾定作覆。十二日寄叙齋貝子一函,語甚扼要,晤時請一詢已接到否。專此敬叩鈞安。則止謹上。

---

① 孫家鼐,字燮臣,安徽壽州人,武英殿大學士。

〔三·二〇〕 **復香港電局溫**四月二十日

佐才仁兄大人閣下：三月初一、初七、十一等日，連接尊電，所商電報電話之事，當即與郵部陳尚書再四熟商，無如部中已與政府會議，以電報關係軍國大事，必欲收回全歸官辦，無可挽回。鄙見電報已歸郵部，全是官樣文章，若商人堅執不允，必致用費日多，收數日少，利息短減，資本難以保全，莫如歸官收回，票價較爲穩妥。惟票價一層，尚書初謂股商已獲多年厚利，現在線舊，必須打折，意在給價一百二三十元之譜。經弟再四爭執，始允給價一百五十元，又欲連利息在內。弟又以上海現在票價值洋一百七十元，若連利息，斷難服人。適有滬商胡琪等公呈到部，弟乘機勸説，方有轉機。誠恐口説游移，乃索其咨文爲憑。兹特抄呈台覽。弟月抄回滬，即擬邀集大股商人會議。三江各省商人，多願售出電票，免與部中轇葛。一俟定議，票價即可由弟咨覆郵部，奏明撥款，尅日交兑。粵港電股究有若干，應請閣下會集兩處股商，即將抄件發閲，公舉代表一二人來滬，務於五月初十以前趕到，便可一起會議，遲則不能守候，因陳尚書來電催復，一經奏定價目，便難更改。至電話歸商，弟亦再三懇説，未能允許。如閣下能作代表親自來滬，或可與滬商妥籌，當於股商一面必有益無損。否則弟忝爲本部堂官，勢不能偏於股商，此當可爲同股所共諒也。台從何日起程，務祈先行電示爲禱。肅布敬請勛安。

〔三·二一〕 **致溫佐才再啓**

敬再啓者：奉初七日電示"併合漢鐵萍煤大公司，擬招商，不知章程若何，如係完全商辦，請將章程發下，俾得代招"等語。查漢冶萍煤鐵現已發達，其利之溥必更勝於輪電。現已註冊永歸商辦，以後必能成一完全商辦公司，總協理董事均照商律悉由股商公舉。茲特將奏案章程先行抄寄。現在股分甚爲踴躍。即如電報商人，皆願賣去電票買此漢冶萍股票，目下尚未開招，而紛紛投股，已經收足八百萬元。郵傳部來信有云："電商如慮無可生息，則漢冶萍股票可買。"如得電價一百七十五元，便可買漢冶萍三股半，官利八釐，已可收十四元，只要餘利四釐，便可收二十一元。若照預算表將來二三分利操券可得，即以一百七十元官餘利二分計之，便可得三十四元。比較死守電票，安險厚薄，不待智者可決矣。惟漢冶萍股分不久即可收足，如電商中有意於此，吾兄來滬亦須預定股數也。因尊電詢及用敢附陳，再請台安。弟又頓首。

〔三·二二〕 **致李方伯函**四月廿三日

少東仁兄大人閣下：頃奉公函，以武岳鐵路將次開工，需用鋼軌，應照奏案在漢廠訂購。承示"繪製軌樣，約定噸數，粵漢同一路綫，似須一式方收同軌之益"，莫銘欽佩。查粵漢所訂係八十五磅，所有武昌至羊樓筒華里三百十五里應用鋼軌若干噸以及配用各件，遵已屬李部郎開單送交貴局核定，似可先行議訂，以便照辦。弟因二十四日附輪赴滬，不及再辭。所有定軌之事，即祈貴局面與敝廠總辦李部郎妥商定奪可也。肅復敬請台安不一。愚弟。

111

〔三·二三〕 上澤公書 四月廿四日倚裝泐

公爺鈞座:復電後,廿三日由滬寄到十二日手諭,謹聆一一。據湖北銀幣局稱:曾鑄庫平一兩數十萬,均隨發隨取;分送湘省,亦即退還,仍皆改鑄,徒費工耗,故此時市上無此一種。議者欲藉一紙朝命強迫商民通用,僉謂仍必隨發隨取,官銀行將何以應之。曾詢日本,何以爾國銀幣仿照墨西①。答曰,因商民已慣用,若更改不能稱民意,嗣紙幣通行,現祇須鑄一元以下者補助,滿一元即用紙幣,近考新加坡、香港、越南等處與我毘連者,皆仿墨元製用。樞議,官鑄庫足一兩,仍聽七錢二隨市高下通用,勢必墨元及坡港各元充盈滿市。誠如尊論,"非徒無益"。然中國事雖壞在調停,而勢有不能不調停者。某悉心調查,新得一絕妙調停之法,必使國計民生皆有益,南北各省皆可一律通行,與樞議不致相乖,而要在今日諭旨須預爲將來諭旨留地步,不致反汗。所擬辦法,極爲詳盡,仍不作敷衍騎牆之論,倘非意氣用事,上爲君國,下爲民瘼,似可見許。但以螳臂當車,恐一敗而無後應,致償大局。頃見日報所登,邸意擬添鑄一兩,而舊有龍元生銀仍並存之,然則仍非畫一幣制。鄙見擬索性候此會奏上去,再請畫一辦法。其時三公度可自知天下不能盡用一兩銀幣,亦必自慮兩者並行孰便孰不便,無待智者可決;三鼓竭時,單騎或可制勝。邸座公忠明睿,必能胸有成竹,但不能不委曲調停,以示和衷之義。看來會奏之後,必有明降上諭一道。此事爲中外觀聽所繫,無論如何,總須留一調查局,爲將來辦不動時轉移位子。放一活筆,庶免反汗。鈞座似應迅速

———————————

① 墨西即墨西哥簡稱,下同。

密陳,以盡公恫,此間仍候尊諭再行擬疏,並求秘不洩漏爲禱。手敏
崇安。名心叩。

〔三·二四〕 致吕尚書再啓五月十二日

敬再啓者,別來馳系實深,屢通電訊,未盡欲言。承示路務中外
干預,並接彝兄詳電,似津浦合同不及津鎮九廣多矣。開標漢廠亦或
可得,即不得亦何能[爲]力。所慮洋人驗洋貨必不頂真,從前山白驗
收各路軌,從未有退過者,倘以次貨朦我,則其標價必賤矣,郵傳部果
能延聘一人實驗,彼不能以低鋼充入,彼此比較,我鋼必勝,我價必不
能貴於洋廠。至於多定不如少定,原估今冬所用無多,既不允借款,
雖值鎊貴亦屬無益於公事,應請鈞處先定若干噸數,如何分期交貨,
先請示知。何日開標,當即派員到京遵辦。我廠内已定出五萬噸,所
餘不過萬噸。而北洋十月即涸淺難運。如南路浦口,則年内可交萬
噸,北洋則年内不能交貨。明年新化鐵爐成功,決可陸續供應。鄙見
今冬未必用軌。洋人深悉我廠年内不及,難保不藉此抑制。好在兩
工程司在漢預算單内,至多只要一萬噸,即將此一萬噸讓彼開標,亦
屬甚細,此後斷不少讓。或即先開一萬噸,華商不投,亦無不可,統乞
迅賜示覆爲禱。至於第三化鐵爐、第四鍊鋼爐,需款百數十萬,已另
籌定。前議預支尊處軌價,係爲兩益之事,承公與彝兄及諸同人均屬
意扶持,故有舍遠求近之意。今既爲外人所阻,決不敢使公爲難,請
作罷論,留爲後圖可也。手叩台安。弟宣〇又頓首。

113

〔三・二五〕 致郵傳部公函 五月十二日

仲懌、玉蒼、雨辰①仁兄大人閣下：敬覆者，前於漢口旅次，接奉咨函，備詳收贖電報辦法。弟行抵九江，因閱上海報，載股商已定五月二十日開會聚議，當即電請大部先將胡琪等公呈批發，以期就範。尤恐屆期股商會議人衆難於開導，特於初六日先集在滬大股商二十餘人，並邀電局汪、何、周三觀察一同在座，將所以必須收歸官辦道理，先行曉諭。其中公正紳商首先允行，但詢給何價值。又將部咨發閱，示以一百七十元爲最多之價。該商即執持二十五屆帳略存本銀數，多方計較。弟即命電局總辦汪道等指帳駁論，半日之久，未能遵允。並據聲稱已登報定期開會，勢不能不候會議後再行稟復。弟復再三勸導而後散。初七日，即據股商等將彼等所撰議事録一扣封送前來，核與報紙所載皆同。又據商會文案當日在座所登問答節略一扣，又接廣東商會來電一件，均抄呈台覽。大約各股商一經出示咨文所載批札等件，已曉然於大部歸併收買之議無可違拗。惟收買之法，滬商欲以帳略所載成本爲根據，粵商欲照泰西官收商業辦法，各執一理，而其爭利之心仍無分別。鄙見本月二十日該商等會議之後，必有稟覆，無論成否，即須及時解決。弟恐識淺力孤，不足馭衆，應請大部添派大員會同辦理。因思唐蔚芝侍郎曾任商部，現在滬監督本部學堂，商界學界均甚愛戴，可否即祈電請唐侍郎會同商辦，以期熨貼而杜風潮。除電達外，敬乞俯賜查照，實深跂禱。肅復，敬請台安。

---

① 陳璧，字玉蒼，郵傳部尚書。吳重憙，字仲懌，署左侍郎。沈雲沛，字雨辰，署右侍郎。

謹將五月初六日電報股東議事録鈔呈鈞鑒。

初六日，晨間十時，盛宮保柬邀胡二梅、陳潤夫、蘇葆森、邵琴濤、丁介侯、嚴漁三、吳少珊、朱葆珊、沈松茂、何伯梁、朱煦庭、謝綸輝、吳滌宣諸君，暨電局督辦汪叔苇、總稽查何頌祺、總辦周金箴集議於其行轅。丁君首以光緒三十三年督辦電政大臣袁宮保所刊之"二十五屆賬略"，檢呈盛公察看，又將是屆總結項下數目，另紙開出。查"二十五屆賬略"核存總結項下，共計結存湘平銀三百七十萬六千四百七十兩三錢九分。除各局員保款洋八千四百元合湘平銀五千八百八十四兩外，實存湘平銀三百七十萬零五百九十兩零三分九釐。以湘平七錢作洋一元，應合洋五百二十八萬六千五百五十七元七角一分。按股分二萬二千股攤派，每股應派洋二百四十元二角有奇。盛公即囑楊綬卿君將所開之數另紙録存，並命電局委員張肖岩君按所開之數核復。嗣見核復之數與所開者無甚懸殊，盛公乃將郵部收回電局爲國有之意，詳細宣説，並謂鐵路電報由民有改爲國有，實各國常有之事，故照西法亦應爾爾。胡君即答以西國雖有此辦法，然必須本公司董事議定價值，且必經國會議決方可執行，決無由政府定價不與公司協商之理。盛公云："今日與諸君會議，即此意也。"胡云："郵部每股給價一百七十元之説，是在今日會議以前，今日會議是否即是此意，是所望於宮保。"胡又對衆股東云："我中國政體向稱專制，吾等商人有何能力可與相抗，收回國有之説自不能挽回，然吾等商人身家財產豈竟不可保存乎？商人即無可申辯，郵部批示則必可遵從，按批示內有云，本部爲政府公共之地，並非一人一家之事，無所用其苛刻，亦毋取夫便宜。據此則吾輩當照二十五屆之賬略所載之值，向郵部索償。並請其將二十六屆及本年二十七屆官利餘利公積金,全數加入,則每股應給價三百元左右。"言至此,某君云:"胡君所言,如秋收時賣田,連稻子賣的。"眾皆笑。胡又云:"若郵部並此不允,則批示亦欺人語耳。想堂堂大部必不爲此。吾政府方欲與商民共興實業,並派大臣赴南洋招撫華僑,若果以欺人爲事,豈復有應之者哉?"盛公云:"今郵部給價一百七十元,係照市作價,亦不得謂之抑勒。"胡云:"市上交易,去年本皆值二百元,因郵部有貶價收回官辦之説,人心恐慌,始致跌落。然則電股之跌落,市面之恐慌,實郵部有以致之。朝廷屢言保商,而郵部敗壞市面一至於此,吾不知郵部將何以對朝廷也。"盛公云:"吾從未聞電報股票有價值二百元者。"胡云:"某購進之股即是二百元。"盛公云:"從何處購得?"胡云:"去歲由平正公司購得,宮保可差人去查賬。"蘇葆森君云:"電報股分每年派利二十元,若比照蘇杭路股,以七釐息計之,一已成之局,一未成之局,雖出價三百元購之亦不爲昂,況二百元乎。"胡云:"今因電報賺錢,則郵部乃有收回國有之議。若大虧本,每股不值一錢,則原價一百元之數,郵部能如數發回乎?"盛公微笑不答。嗣云:"吾當將諸君之説函致郵部。"大眾乃散。時已午後二時矣。

各股東問答

各股東問:二十五屆除官利餘利各項報效之費外,實存銀三百七十餘萬兩,合洋有五百二十八萬餘元。二十六屆全年帳略,二十七屆半年帳略,均未刊布,約計至少餘洋一百五十餘萬,除另外再加歷年提開修費推廣綫路應加入資本項內各款尚未核入外,綜計已有六百七十八萬元之譜。以商股二萬二千股攤算,每股應值三百三四十元。如將另提各款再行攤入,尚不止此。再有自置房產、推廣電話等類成本,亦應估計攤入。

電局各總辦答:二十五屆止本項銀三百七十餘萬兩,數目相符。惟內中尚有材料銀十九萬餘兩,非不動產可比。各局保款銀五千餘兩,尚須陸續發還。此兩款應扣除。又電話京、津、粵三處銀五十七萬數千兩,亦已入在三百七十餘萬數內,似不應再行攤入。

盛:收回電股之説,本年二月十二日政務處會議實行,其時即須奏請諭旨。鄙人因係中國第一次官收商股,深望官商兩面辦得允洽,不致有礙華商公司後來進步,因不避嫌疑,擔認回滬勸導,一面並請郵傳部暫緩出奏。票價一層,部議,商人專利二十餘年,且開辦時亦賴官力維持,現因整頓擴充,不得已國家收買。初擬照票面一百元酌量議加,經前督辦楊杏翁侍郎①同體商艱,商量加至每股一百五十元,並無利息在外之説。鄙人倡議從前均派餘利,歸部後獨無,恐無以慰各商之望。其時部中一面電滬調查股票時價,一面適接胡二翁領銜公稟,末次議定,遂以每股連息一百七十元爲至多之數,逾期不售,另有辦法。鄙人詢收股之款何在。云在京漢餘利項下撥給。鄙人旋即出京。比抵漢,又接部文催議此事。此項文函本日已送各公鑒閲。行抵九江,閲報,悉滬上股商將於五月二十日開股東大會,鄙人即電催粵、港各股商屆時迅派代表來滬,與諸君一同公議。因電股港、粵兩處亦居多數也。此事雖有部文專屬鄙人商辦,然宗旨總想和平解決。如實在相持,衹有奉身告退。總之爲收股事,歷年所議不外

———————

① 楊士琦,字杏城。

兩法,一照二十八年諭旨估價,則意在折舊,且路綫如此綿長,估計亦非易易。二按照現在時價。然照諸君見告,本年有陳君出售三十餘股,每股一百七十元,係急待款用,並非正當價值。胡二翁並言上年有以一百九十五元二百元購進電股者,係以週息二分計算。此兩説鄙人亦必一一達部。俟二十日股東大會撰送意見書到,再請諸君來此一談。

廣東商會鄭陶翁[1]等來電五月初八日

電股買價不顧將來利益,商情震駭。粵港商已簽名致滬商會合稟,乞宮保維持咨部查照泰西辦法,大局幸甚。總商會官應等同叩。

廣東商會鄭陶翁諸君去電五月初八日

庚電悉。電報歸官,根於廿八年。今因推廣邊綫,勢難中止。部文規定給價連息一百七十元。初六,滬商先來籌議大概,仍候二十日股東大會議再行決定。弟係首創之人,國計商情,自當兼顧。承示查照泰西辦法,容再酌核代請部示。宣,庚。

〔三‧二六〕 致湖廣陳筱帥再啓五月十三日

武昌小叙,舊雨重歡,別後尤增感戀,迭聽新猷徐布,故人往還,江上亦與有樂焉。鋼鐵薑訂章程,將次宣布。所難在萍煤轉運,湘水

---

① 鄭官應,字正翔,號陶齋。

118

淺涸,山中積貨十數萬噸,擱銀百餘萬,尤恐新爐工竣,煤焦應接不及。目望洙昭路成,庶免此患,若再相持,廠礦即成不了之局。有人獻策開濬淤灘,亦可謂笨伯矣。洙昭官商合辦,部議已允,何以又致杳然?菊尊觀察到鄂,聞午帥①云決不肯就,未知如何籌議。公成竹在胸,必有良策以救之,乞示端倪,斷不洩漏。蘇省多雨,氣候太涼,猶著薄棉。賤恙粗可支持。西泠之遊,秋以爲期,當再繪圖呈閱。手此敬請筱翁尚書仁我兄大人台安。弟宣頓首。

〔三·二七〕 致郵傳部 五月十五日

雨蒼、仲懌、雨人仁兄大人閣下:奉四月二十八日賜書,以漢廠應補正太軌價每噸二十七佛郎,久未籌還,屬照時價合銀匯京,以清款目等因,敬承種切。查此項先定後退漢軌三千噸,蒙大部上年七月函勸云:"每噸加價二十七佛郎,照算亦不過二萬餘兩。"弟亦力勸漢廠不必再與埃士評理,竟遵部示以二萬餘兩了事。一切具載八月十九日復函之中。籌款艱難,至今未補,弟等實深歉抱。比者金價步漲,以彼此函定之二萬餘兩責廠賠補,廠尚屢請展緩,若照時價再認鎊虧,廠必以力難籌措爲詞,拖至金價極賤之時,再行奉繳,是欲了事反慮誤事,殊非仰體台端爲彼爲此之意。查鐵廠去年結帳,已照八月銀行報價,每規銀一兩合三佛郎八一。以三千噸每噸補二十七佛郎計算,共合規銀二萬一千二百五十九兩八錢四分,核入盈虧帳內,實與

---

① 端方,字午橋,號陶齋。

鈞處去年七月來函約數相符。茲由駐滬廠礦總公司查明原帳,代廠籌墊,交明上海交通銀行匯解貴部投納,款到務祈兌收賜覆,藉資結束,至紉公誼。肅復敬請台安。愚弟盛○○頓首。

〔三・二八〕　**致周郁山**①五月十九日

郁山仁兄大人閣下:正月十九日,寄上一函,度邀青覽。旋晤輯之②世兄敬詢起居,欣知福躬頤養健勝,忭慰曷任。頃晤楚寶觀察,談及尊處函詢電股一事。政府定議收贖,係動用京漢鐵路餘利。昨接部咨,連上屆利息每股給價一百七十元。近日滬、粵、港股商,物議沸騰。初則不願歸官,經部批行駁斥,已允領價;但計較價值,或指帳冊存資本銀三百七十餘萬兩(計合洋五百三十萬元),按股分二百廿萬元科派,每股應分二百四十元,或指票價每年派利二十元,以長年七釐計算,須作票價二百九十元。其有和平之論,則謂照上年票價每股二百元,萬不可再減。此股商之眾議也。郵傳部則以商人收利已久,自應減價報效,是以酌中定價一百五十元,加去年息洋廿元,合成一百七十元一股,已屬優待。官商相持而不能下。如敝處老股原本一百元者,決無他説;如尊處後來照時價所購之新股,將及二百元者,實有觖望。即以我兩人而論,可想見商民執股難免煩言。弟若為商股請益必有嫌疑,如竟照一七奏定,迹近抑勒,實於朝廷興商之美意稍有窒礙。本月廿二日上海股商開會,聞有公呈,弟亦不

① 周馥,字玉山。
② 周學熙,字緝之。

能不爲之轉達。南皮有言，"部可爭權，不可爭利"，似政府毫無成見。惟電政歸官，根於項城廿八年原議，此次似非項城開口，終不能加至二百元。弟所處之境不可多言，頃商楚兄因公有函詢，用故密布詳情，可否請公電致項城，請其力持大局，以杜風潮而保商政，將來歸官之後，利益無窮。華商創造數十年，初無餘利，今日正如種地纔見收成，即發還票價二百元亦不爲優。若得項城一言必無不成，但切不可提及弟之所言以致僨事耳。手請台安。如弟盛〇〇頓首。

〔三·二九〕 **致兩江端午帥再啓**五月廿日

陶齋大帥再覽：白門話別，感戀交縈，惜太匆匆，太華三寶未及與公並几一觀，秋間當再圖良叙。此間擬鈎刻惲字爲甄香館之續。尊藏南田真蹟，昔在燕謀①處見過，擬屬耿吾就近覓鈎手借鈎鑴石，以惠後之鑑賞家，未知得蒙俯允否。頃晤韓古農，述及開埠受屈。伊近攻內典，甚能安命，惟窮無飯吃，欲求一差使，言下極感垂青，不敢自求，可否乞念其末路人尚勤，能派一薪水之事，同深感盼。許牧正詩去年辦賑知其才能，聞公甚賞識(曾咨請記功委署)，可否委署一缺，或釐差，必知感奮。手叩勛安。治愚弟盛〇〇再頓。

---

① 張翼，字燕謀。

121

〔三·三〇〕 **致竹樓**五月廿六日

竹樓仁兄大人閣下：別後正念，奉手書敬諗興居休暢爲慰。方今銅元爲患，商民受其害，州縣亦帶累。幣制整齊劃一，載在新約，應如何設法實行，似非內外通籌全局難以挽回。承示樞、部意見相左，此時不能措議。蓮帥①擬俟衝突稍定再行酌議，確係老成持重之見，莫名欽佩。閣下單見時請代致鄙忱。日本人聞有手器私鑄，北洋已曾查明有無此事，當以何法禁除，亦是目前急務。弟宿病未瘳，百事俱廢，所冀時惠圭箴，匡所不逮。手復，敬請禮安。

〔三·三一〕 **致袁太史**②六月初八日

珏孫仁兄世大人閣下：茲乘夏令敬業赴引之便，帶上第一批字畫八件，共計估價公砝平足銀貳百拾六兩。即祈查收代爲銷售，不能分拆，此係有人轉託也。如回示後即有續寄，敬請台安。世愚弟盛頓首。

第一批估價洋三百元，合公砝平足銀二百十六兩：翟子厚春雲出岫圖卷、文五峯桃源圖卷、鷹阿山樵山水卷、沈石田赤壁圖卷、趙文度山水卷、米襄陽山水真蹟軸、無款神功晉爵山水軸、黃易鐵山圖一張（未裝裱），共計八件。

---

① 楊士驤，字萍石，號蓮甫，安徽泗洲人，直隸總督。
② 袁勵準，字珏孫，江蘇武進人，大興籍。

〔三·三二〕 **致郵傳部左侍郎吳**①五月廿七日

仲懌仁我兄大人再覽:都門一別,馳念甚深,每欲布函,輒以事阻。近想百度臻吉,頤養沖龢,時殷神往。此間天氣寒暖不時,早起尚著夾衣,北方雨澤沾足否? 時局民窮財盡,年歲豐歉大有關係。廠礦已定出鋼軌五萬噸。津浦則東萊②竭誠相助,迫於英德公司,轉不能如九廣認定半軌。幸所出鋼鐵料不患無銷場,來年大爐告成,日可出鐵六七百噸。所盼洙昭路成,方能濟運。筱帥來函,湘公司堅持官商合辦,又已罷議。此項工程須八個月,如新爐成時煤不能濟,無異豢馬而芻豆不足也。似只可部中放鬆一著。目前部先代造,俟工竣後,不拘何時,准湘公司備款歸部,劃併商辦,部中仍止收萍洙煤費,而以洙昭煤費讓與商收。其實洙昭四十里煤利無多,惟洙昭接通,則萍洙二百五里,煤利四倍今日。因今只運五六百噸,通後可運二三千噸,非藉洙昭四十里發達。蓋按里計費,如萍洙每噸得一兩,洙昭每噸僅得二錢。前聞部覆湘鄂電,今閱湘遞察院呈,似皆重視此二錢煤費,似有誤會。可否請台端詳晰言之。否則薛道不能開工,廠礦必大吃虧苦,欲速反遲,不勝懊惱。電事愈議愈遠,實因風氣使然。蘇、杭、甬戰勝朝廷,彼等驕盈日甚,動輒開會。局中之爭較,皆從局外之橫議激之。近來報紙皆謂收贖發端於弟,而部電欲我先交先領,商界自聞此信,深疑敝處見好於官,從此無人過我門矣。兩面受擠,只得退避三舍。旋接閩縣③覆電,業已上聞,勢難反覆。屢請另派丞參到

---

① 吳郁生。
② 指呂海寰。
③ 陳璧,字玉蒼,閩縣人。

滬調處，均不許可。弟向來辦事不肯因難畏縮，現擬酌中遵照奏案核定票價，先請部示，再行集商勸導，必須付弟全權，方能當機立斷。弟初六日照咨文邀公正大股東開導，氣尚和平，祇奉部電屬令堅持勿動，以致坐失事機。及彼等廿二聚議，已形激烈，若再不趕緊結束，俟其正式會成，各省會不論有股無股，皆發憤論，恐非照帳略計算不能買矣。鍾紫垣面稱日本收買商家鐵路，極爲優待，部款艱難豈易籌措。鄙見力勸按票價評論，至多不過照發利之前二百元連利在內，而已省許多葛藤。官家買回，不要官利，不要報效，北洋年年餘利必有可觀。若併郵政儲蓄，合爲一店，開銷省而利益宏，平心而論，買斷商股斷不損虧。弟戚屬所執九百股，若不先聲明提開，決不請益，嫌疑所在，何敢贊一辭。今雖酌中加價，而弟經手者仍只領一七，庶可以對部對商而毫無避忌。日內即當據實電陳，乞我公先達玉老雨老。或可或否，可否詳示以定行止。敬請台安。治小弟盛○○頓首。

〔三·三三〕 **致翰林院侍講吳**[①] 六月初六日

絅齋仁長兄大人閣下：都門小駐，祇因多病，未獲多親教益。然愛我之深，至今感戀。弟歸來痰恙稍減，專心辦理煤鐵廠礦，竭力催令添爐。目下每日應出鐵二百數十噸，局面太小，不足濟用。第三新爐來年告成，則每日應可出六七百噸。第四爐可出一千噸。餘利乃厚。此可計日以待，所慮洙昭展路，湘公司既不遵旨，又不自造，屆時

————————

① 吳士鑑，字絅齋，浙江錢塘人。

運道若不通暢,煤不能濟鐵之用,爐成亦只能停工。弟力勸玉蒼尚書略讓湘人,然湘實無款,衹可官代墊款,造成之後准湘公司贖回,庶可應急。玉老又謂官路無商贖之例,此誠無可如何矣。電報官收,大起風潮,如能照其票值收買,當可勉強。蓋東西洋國家收買商產,莫不價值之外另有優給,今則股商持定近五年分利一百廿元,以八釐計之,每股值洋三百元。即市面交易,每股二百元,人多爭購,孤兒寡婦善堂莊墊多購以爲恒產。郵傳部僅給價洋一百七十元,弟言之再四,允另給十元,尚欲執股者賠貼二十元,誠難免抑勒苛刻之消,於將來商務大受影響。即如銅元鑄明當十,而各省所用愈趨愈下,圜法不定,小民受害日深。聞樞、部各執意見,未知近日會議如何,究竟作何定計,伏乞詳示端倪。弟奉諭條陳,至今未敢具奏,須俟樞、部意見稍融也。手叩台安。姻世弟盛○○頓首。

〔三·三四〕 **致袁太史**七月初十日

珏孫仁兄世大人閣下:夏令敬業帶上一函並字畫各件,計已收到,昨奉六月十六日手書,敬悉端午後尊體又患外瘍,幸已全癒。壯年雖易復元,終恐濕温蘊蒸,常留餘孽,總宜趁病好後一律肅清,勿大意也。弟歸來咳稍緩而濕氣下行,時有苦惱。收贖電報,大起風潮,皆因定價既比票值短少,又將上年利息扣除不付,商情大爲不平。漢冶萍外股迄未開招,而已得八百餘萬元,擬收足千萬暫作停頓。所有股票現甫籌定發印,一俟印妥,即將商辦章程八十八條分寄各處,凡有股分者皆應各抒所見。大約得手總在來年,每日出鋼鐵五百噸,便

125

有可觀。承示正金押款八月到期，弟想必可轉押，屆時當爲函致該商使其放心轉票，如果不能，再作別法，因通商銀行利息恐須增於洋行耳，如實不能，屆時再代設法。茲乘董少卿回京之便，帶上香光滕王閣序全堂，弟去年在萍鄉所購，計值二百六十元，今只要售百金，乞代爲銷售爲感。此請台安。

〔三·三五〕　**致山東袁中丞①函**七月十一日

　　海帥仁兄大公祖大人：京華一別，常切馳思，迭聽新猷，倍深欽仰。山東財政艱難，公裁汰各局員薪，力任勞怨，將來漸事整頓，必有可觀。銅元私鑄能否設法嚴禁，州縣受錢價之虧如何方能補救。贊帥②片奏，欲定一元爲一千文，確是整齊畫一之法，其奈銅元不值何。此間收贖電報定價一百八十元，未發去年利息，以致稍有爭論，煞費調停。現已繳股過半。漢冶萍招股本擬讓過此風。近日收電股而來入廠礦約有十之三四，當與一琴、渭臣諸君商定，以一千萬元爲優先股老商居三百萬元，新商居七百萬元以示招徠。昨日截算已得八百餘萬元，大約容易招足。開春新爐告成，再行續招壹千萬爲普通股。並擬公舉顧晴川兄爲查帳員。卅三年底止帳目已齊全，新鋼廠資本皆在去年帳內。晴川未知何日能赴滬漢，章程票式俟印齊再呈台覽。弟返滬後舊恙較好，知念附陳。敬請尊安。

　　———————————

　　①　袁樹勳，見上。
　　②　林紹年，字贊虞，時任河南巡撫。

〔三·三六〕　致袁中丞再啓

敬再啓者:嫡堂姪盛津頤在東多年,調補茌平,弟在京時曾面求栽植。昨來稟以該缺歲需賠墊四五千金,從前歷任受虧已多不了,欲求賞派長差而不願赴任。又據另稟,館陶任內有一上控案,可否仰乞察度曲予成全之處,則感泐雲情,實無既極。敬請台安。弟又頓。

附呈原稟兩紙,乞閲後付丙。

再密啓者:湖廣館承面屬之事,回里後即告内子到處物色,有一小家碧玉,正擬議價,適接李近之密函,藉知尊齋已得添香人。吾輩老年,不可無一,不能有二,故已另爲擇配矣。附此以聞,幸勿責我忘却也。弟又頓。

〔三·三七〕　致京都寶興隆金店袁七月十一日

寶三仁兄大人閣下:昨接復電,所有九百股之款,已於初十日由上海交通銀行交到,費神甚感。電報股東會至七月初一日已屆付利之期,會中人多口雜,有擬托洋人出名者,有擬另集鉅款收買零股者,有擬赴都察院遞呈者,紛紛不絶。弟於六月廿九日在洋務局按照廿八日部電,飭令商會傳諭各股東均赴洋務局會議,竭力勸導,遵照部定一百八十元繳票領價,毋庸計較利息。衆皆請我電奏爲商民請命。弟與商會總董及上海道密商,如不允所請,該會終必相持。若一發利,每股十六元,未必即能繳票領價,不如允其電奏,代乞天恩,於繳

127

票之後酌給三年津貼以補其乏。如蒙俞允，固可順商情而於別樣商
務稍好。如不能准，亦可使其斷絕他念，不作別想。初一發電後，立
將奏稿持示該會，勸令奉旨之日即行散會，一面將電奏全文，請連方
伯抄送陳尚書閱看，請其與樞廷商辦。初二夜即奉部電，所議辦法作
爲罷論。是日又派商會總董持部電前往該會聲明，盛電奏且不能准，
更有何用，且部章已准取利附股，自可趁此下台，毋傷感情。該會居
然於初三日自行登報散會。初四後，繳股甚鉅，然尚有願附股而希冀
後來利益者，故初七後繳股甚少。弟因將前奉部函有"勸令電商改入
漢冶萍股分"等語，於初九日作一公函，布告股商，重申前説。日來赴
電局繳股極衆，其中有到漢冶萍公司，即以其洋款附入煤鐵廠礦者，
約居三四成。似此看來，電報股分或可全數繳清。蓋此種舉動若於
七月初一日以前斷不能提，因各股商皆謂收贖之舉出於鄙人，而專論
票值毋庸估價，以及先由香港入手，皆出於鄙人，故格格不入。及至
初一電奏之後，方能説話。或曰散會由於電奏，故能一傳部檄而即
定，今又勸其不附電股而附礦股，亦由於電奏，故能一見弟函而皆繳。
惟代商乞恩之舉，不先咨而遽奏，難免得罪於本部堂官，尚幸尚書知
我，此事不能不用劼著。倘弟全欲偏袒股商，則電奏亦何必先告尚書
耶。但求收贖之事了得干淨，則商辦創之於弟者，官收亦不留餘波，
一切疑謗聽之而已。附上報載致電股東書，即祈轉呈尚書閱看，並請
送交北京報館一登。又附上節略告白一紙，此已登過北京報者，毋庸
另登矣。專此，敬請台安。愚弟盛○○頓首。

　　附粘報二件

〔三·三八〕 **致郵傳部公函**七月廿日

玉蒼、仲懌、雨辰仁兄大人閣下:前奉大咨,以電報商股係敝處一手招集,創辦多年,屬即"查照在滬與公正最大股東酌中核擬發還股價數目,尅日見覆,以便具奏",並准函開"股商或以所執股票已獲二十餘年利息,一旦收回別營他業,恐難如此穩厚,現在漢冶萍煤鐵廠礦已奉諭旨註册,實爲完全之商辦公司,衆商儘可收回票價轉購漢冶萍股票,一轉移間受益甚多",仰見碩畫周詳,所以爲股商謀者實已無微不至。弟深維兩局情形,似尚不難就範,故敢一力擔當。孰料到滬之前,報紙先已播傳,均謂收贖之議倡自鄙人,群言詆毀。繼又堅持票值以爲標准,聲明本部財政艱難,不能步武東西洋優待辦法。從前以爲舊股皆弟所招致,當有感情,現在接晤諸商新股居多,即屬舊股,亦必聲稱重價所購。其初次會議,因原奏不言價值,愈增希望。及至六月初四奉部示加價十元作爲優待,乃不爭票價而爭利息矣。弟明知部議斷不能再加,祇因迫於物議,不得不再爲商人請命,此苦衷也。逮電奏發後,股商乃始甘心,爭無可爭。所謂三鼓而竭。初二後繳股甚爲踴躍。初六、七忽又淹滯,並有人赴局取利不取本,局員竭力推宕,終非長策。弟因將前奉公函有"勒令電商改入漢冶萍股分"之説,作一長函,布告股商,語甚痛澈,遂有到門問詢者。十日之內,遠近赴局繳股已有一萬數千股之多。其中有到漢冶萍公司以其洋元附入廠礦者,亦屬不少。大約限期之內,大宗可望交齊。其或窮陬僻壤海客嫠婦,難保一無落後,決無關乎大局。蓋此種舉動若於七月初一以前斷不能提,因各股商皆謂收贖專票值勿庸估價,以及先由香港股少之處入手,皆出於鄙人,故格格不入。且將謂勒令收贖係爲漢冶萍招股而起也。及至據情電奏,做到最後一著,方能剴切言之。故初三日一傳批旨而即散會,初九日再布長函而皆繳股。非弟之用力前後有不同,實商人之思想有不期然而然者矣。惟代商乞恩,操縱之機出於倉猝,不及咨商而遽奏,此中不得已之情形,其能告無罪乎? 除咨復外,肅此敬請台安。

附呈抄函一件

盛宮保致電報大股東書

前閱郵傳部公電,"近據鍾道等電稟,有'收贖電報影響商業'等語。查歐日各國電報皆爲國有,故本部不得已權爲收贖。至完全商業性質如招商局煤鐵礦廠等,即各國之郵船會社、礦業公司,皆非官辦,絕不至影響及此。仰即宣布以釋群疑"等因,具見部意專爲國際收贖電報,斷不旁及他事。敝處又接本部公函,以"漢冶萍已爲完全商辦性質之公司,預算將來利益,比較電報殆有過之。眾商得此機會,儘可收回票價,轉購漢冶萍股票,一轉移間受益實多"等語。在日本收買商家鐵路,即勸商移本以充東三省營業。部意亦爲吾商設法。而鄙人未敢以爲言者,因股商珍重電股,初若必求仍准附股,並請照商律舉董事而後已;嗣見部示雖准附股,而商所要求董事會仍未復允,竊恐電利縱使優渥,既歸收贖,何能強求。況電報自開辦以來,並未遵律註冊,亦未實行董事會股東會,以致如此。今蒙部示聲明漢冶萍已爲完全商辦性質公司,奏准註冊,銷除"官督商辦"字樣。現已議定八十八條,公舉總協理,遵照商律,實行董事會、股東會,以後辦事均可各盡股東之責任,誠如本部宣布,足釋群疑。至於預算利益過於電報，除將總工程司總礦司所籌預算約略登記，該廠礦所出鋼鐵煤焦，歐美皆稱巨擘，得天獨厚，仍在人為。回念從前創辦輪電兩局，皆以一股化成兩股，公積產業倍蓰原本，故得分利加厚，票價騰漲。今電股歸官，雖國家限於財力，未能如外洋之優厚，而酌中比照票值，除新買股票外，亦過得去。今鋼鐵亦可為吾華專利之公司，殫我數年精力，未必不能造乎高深。現在股分並未續招，而已收新舊各股銀元八百餘萬圓，公議優先股以一千萬元為止。前昨兩日有人陸續來買漢冶萍二千餘股。據云：“係收回電報每股一百八十元，加洋二十元來買。廠礦四股計票本二百元，即可穩收官利十六元，與本年電股利已相埒，加以餘利並優先紅利，合併何止廿元。票價亦可盼望如輪電必有一股作兩股之日，且屬註冊實行商辦公司，非同昔年官督商辦之局，可得股東會議選舉董事查賬之權，似勝於勉強附股於電政多矣。”其言如此，乃命總公司收支員金菊蓀逐一收款掣發優先股收條而去。似此看來，尚蒙諸紳商念及鄙人勞苦一生，創辦實業，歷有效果，期望彌深，不勝愧對。即如敝戚屬所執電股九百分，亦皆移入廠礦，絕不願作附股之舉也。既承厚愛，敢布腹心。

〔三·三九〕 致陳尚書函

玉蒼仁兄尚書大人閣下：張令回，奉惠函，並承電示一一。收贖聞已過八成，尚有旬日可期結束，此皆我公卓識毅力堅定不搖有以

131

致之。弟曾謂天下事但求了結即是止謗之法。此次贖股稍有爲難，因弟在漢廠稽留匝月，上海先多謠諑，局中固斤斤計較票價，局外且謂不應有此一舉，甚或謂官辦後海疆啓釁，綫必難通，此亦口頭語也。至於票價實難在去年利息□□內□□三十三年七月初一後，買票者虧失本項二十元，又息十六元。其先買者上屆已收息廿元，不過虧失今屆之息，恐其在老股無所虧損，故爭較者皆新商也。其或謂敝處戚友脫售在前者不止一人，亦毋庸諱。總之弟辦理不能順手，致煩藎畫，幸告厥成，先難後易，已屬萬幸。至輪船招商局本屬商辦性質，雖爲本部管轄之一端，將來祇當擴充航路，保持商業，似無官收之理。漢冶萍已經註册，商辦各省路局應用軌料，尚蒙提倡而卵翼之。□□暫借給官用，毋庸收贖，但華商提議輒皆引以爲憂。公此次結束電案，可否即將所覆鍾道等電諭各該公司可無影響之意，奏請綸音特沛，使海內外咸知電報收贖實係不得已之舉動，庶於題前題後均有益處，非弟一人之私臆也。公具隻眼，諒以爲然。敬請台安。

〔三·四〇〕　復大清銀行黎監督七月廿四日

　　玉屏仁兄世大人閣下：兩奉手書，敬承一一。粵省無庸急振，自可無須動用墊款。尊擬辦法，已與商會面籌，不謀而合。黃岡得馮曉青、韓仲萬詳電，所論甚確。此二君皆工振老手，弟擬即函商筱帥請其檄委二君照辦。所需十萬之數，即儘數動用墊款，由鄂省咨送實收核獎歸墊，滿一萬兩者仍咨鄂督奏辦，不患無著。皖災亦重，擬公請劉蘭堦前往。如劉允行,亦應撥墊十萬,照鄂辦理。原擬五省大舉,改減兩省,似不可再少。向來地方官於振撫一事,動多牽掣,百萬鴻嗷,不能目覯,非助其興,皆餓莩矣。潘令誦捷爲弟同鄉,已切實電覆,請其實心照料矣。手覆敬請台安。世愚弟盛○○頓首。

〔三‧四一〕 致熊秉三函 七月廿五日

秉三仁兄世大人閣下:前承惠教,即趨答,以値赴寧甚歉。頃奉十二日手書,敬悉一一。湘款集款已達二百萬,現擬仿蜀路議行租捐。每年常款當出二百萬金。此最直捷了當。路成則土貨必暢出,利在民生。今取之於民者歲若干,他日還之於民者必不止此數。弟春暮過汴,與贊帥議洛潼接軌,力勸租捐,但不可如蜀省辦工之遲鈍耳。洙昭八月竣工,聞之不勝忭慰。在漢冶萍但求此路之速成,決無官造商造之歧視。部中亦因湘議改枝爲幹,故有另造洙昭枝綫之奏,今聞湘局仍宗粵漢原議,以洙昭爲幹綫,且可剋期告成,則理足神完,部臣疆臣似不難合疏辦理也。廠礦所出鋼鐵,外人豔羨不已,銷路亦可愈推愈廣。所宜人力以通者,洙昭節軌大別一洞耳。股分已得八百數十萬,擬補足一千萬,即開股東大會選舉董事,附章奏牘章程十份,乞於貴友中量爲分致。湘中入股甚少,兩頭毗連,甚願其多也。是在我公提倡而輔翼之耳。朱世兄必當留意。手復敬請台安。世愚弟盛　頓首。

〔三·四二〕 **致盛我彭函**七月廿五日

我彭大姪手覽:連接手書均悉。

一、姚已來見,沈即應揭曉,乃聞善記乾租沈有應繳之款八百餘元,將來上海面繳,恐一撤換此款無著。昨特電詢尚□復,如不礙事當即布告。

一、葛既有司帳之責,須來見一次,以後方有責成。

一、周深巷屋爲志書局公所甚好。

一、錢紹翁租東邊一所,已面訂定,要租不要典(每月五十元只比來信加二元),並不定年限,總歸一年之後彼此如要退,先三個月知照。

一、修理須先支一年房租六百元(切勿借用莊款;如借用不認還),儘此收拾,能趁姪在家修理最好。但孫未搬出,能否動工,即酌定胡姓頂首,我當籌退,免得將來光景難時退不出,頂首屋歸他人有也。

一、棲流所普濟堂售出電股悉改漢冶萍股分,長年八釐,□屬可觀,姪屬冶開所取之款亦應歸併爲是。

一、鄂災以黃岡爲重,曉卿、仲萬往勘,所定辦法,急振歸滬漢籌十萬兩,專派韓仲萬往振。我處認捐六數已匯漢,堤工歸官辦,均由我函商筱帥辦理。

姪於工振最肯用心,惜乎振已來不及,工則漢由督帥酌派,如能早去,我當切實函致,藉此做些聲光,免得在省坐候,但未知姪經手事何日可了,甚爲系念。我准初七赴日本就醫,初一到蘇秋祭(卅日到初一早祭),即去陽歧掃墓,如能到蘇面商一切更好。香爵同來。此頌升祉。（鎮江煤事，金故早有幫辦接手，顧太遠斷難兼，顧堂全接辦能認真否？）叔杏孫手泐。

再：沈煥之善記一事，去年田租陳福云當老姨太太已取過百元，其餘應令續繳，諒不能錯。所云八百元者，必有贖回之款在内。其款不收到不能取單契似亦無礙。我你既要出門，更換司莊，勢難擱緩。特給諭單一紙，請姪先行飭令繳出善記田租，再行發表，爲要。如姪意須緩，亦可暫擱，汝自酌之。叔又頓首。

常州義莊亟宜按照莊規認真整頓，以免廢弛。司莊沈煥之不能常駐，應即裁撤，所遺司莊一缺，即派姚大椿接管。戊申八月初一日起，莊務責成姚大椿辦理，以專責成。此諭。戊申年七月二十六日掌莊盛泐。

〔三·四三〕 **致湖廣總督部堂陳函稿**七月廿八日

筱帥仁兄大公祖大人閣下：兩奉六月十九、廿二日手教，敬諗勛猷篤祐，允愜頌私。洙昭鐵路，但求速成以通煤運，敝處決無官造商造之歧視。前因湘路改弧爲幹，部中始有接修洙昭枝路之疏。昨熊秉三觀察來言，湘已議定，仍循粵漢原奏以湘潭爲枝路，則洙昭便屬幹綫，且聞八個月可以剋期告成。如果此議確鑿，尊處與冰相①玉翁②電商，諒即可會奏照辦矣。轉瞬新爐告成，尤慮煤焦不濟。務求

---

① 指張之洞。
② 指陳璧。

鼎力與堯帥①趕緊核定。弟於冰相、玉翁兩處通函，無不力求速定，誠如卓論，徒爭一時意氣何益之有。電報歸國有亦係名正言順，惟將股商應得之利息蠲除，輿論頗多怨懟耳。天下事持平最好，而持平亦最難，執兩用中，舜所以稱大知也。令親丁令來晤兩次，甚爲安詳，漢廠用人較繁，因遵函諭派往萍礦材料處，月薪大衍②，並函令林道照料。舍弟蒙委局差，感泐之至，已傳諭謹慎勤奮，不負栽培之雅意乎。手此敬請台安。治愚弟盛宣懷頓首。

〔三・四四〕 致陳筱帥再啓廿九日

筱石仁兄尚書再覽：漢冶萍廠礦案牘章程附呈兩套，祈存覽。此項鋼鐵出產宏富，烹鍊精純，銷路廣闊，只須得人經理，造就必在輪電之上。現付官息八厘，轉眴新化鐵爐告成，餘利紅利必然優厚，預算諒不至虛。所集商股已逾八百萬，優先股所存無多，弟瀕行時曾與我公有約，謹以奉聞。如尊處及親友中有願入此股者，祈將堂名記號早日示知，不爲外人道也。手此再請台安。弟宣又頓首。

〔三・四五〕 致鄂督陳制台函八月初六日

筱帥仁兄大公祖大人閣下：前聞黃岡被災甚重，當即電令盧道洪

---

① 指岑春蓂。
② 五十之數。

昶、馮道嘉錫、韓令景垚查明,非辦十萬兩義振不能拯救。因與上海同人籌墊六萬兩,漢口籌四萬兩,公舉韓令前往查收。韓令即去年派辦蕭縣宿州義振最爲得力之員,公在撫蘇,亦甚以義振查户專放極貧爲真可靠。韓令素長工振,且服官鄂省。此人去年屢塵蓋聰,祈即傳見賜一委札。(去年江北辦災雖是按照義振辦法,亦是督憲札委。)該道等公電録呈鈞核,其宗旨"振則辦義振,工則辦官工"此二語似扼要。該處非辦堤工不能除遠患,且非工程亦不易融銷。俊卿①廉訪於此事最有閲歷,(在北洋即辦此,去年清江所以能得力也。)乞與商之。敝處墊款六萬兩恐無可勸捐,已由蔡伯浩、黎玉屏諸公電函商,請廉訪准其辦獎歸補,已接廉訪復允所請。弟認墊三萬已由户部銀行匯去,其餘三萬亦可續匯。即係玉屏在部行籌墊皆必須籌還。雖要核獎,究竟稍替官力,於百姓一面更可早得實官。公真心愛民,當不致責其多事。伯浩之意,恐實收核獎折扣,鄂中融銷不易,莫如招幾個一萬兩捐户,奏賞實官,較爲爽快,其言良是。望與俊翁酌之,徑覆玉屏、伯浩諸君,弟不及與聞矣。專叩勛安。治愚弟盛〇〇頓首。

〔三·四六〕 **致袁太史函**八月初六日

珏生仁兄世大人閣下:頃奉七月十二日手書,敬悉。未知何以前後兩函並所寄字畫兩次,仍未收到(夏令來禀云,已交到),殊甚系念。南田翁字册兩本極真,惜霉迹太深,竟無洗刷之法,亦難付石印。毛

---

① 楊文鼎,字俊卿,湖北按察使。

詩一部可謂市駿骨矣。除函致袁寶三兄代付外，祈台駕便中赴袁處
憑信取付爲荷。漢冶萍股票已交商務印書館刷印，一俟印好，即將所
發收條照原名原號寄京辦事處憑條換給，來年三月即可付利，屆時正
金當可堅信中國股票全以利息爲進退，漢冶萍從前十年不付息，故雖
發旺仍難免觀望，然已收到八百餘萬元，並未認真開招也。弟赴日本
就醫，已蒙俞允。兩月返滬即可開會矣。附上刊章兩本，乞存覽。悅
古由黃印章三方。如一百五十元請代買覓便寄下，再貴不必買。其
餘書畫得暇再寄。恭邸處不去甚佩。自北京寄信東京，五日可到，望
勤寄函示至盼。手請台安。弟頓。

〔三·四七〕 致吳太史函<small>八月初六日</small>

絅齋仁兄姻大人閣下：奉七月十日手書，敬悉一一。弟因舊恙經
冬輒發，聞日本有專門醫肺病者，已請假，仰蒙俞允，明日附輪即行，
約兩月回滬。漢冶萍股分已收八百餘萬，現擬招足一千萬即行開會
投筒舉董。股票已議定格式，交商務印書館刷印，約兩月內辦妥，即
行登報憑條換票。來年三月即付官利。年內定出鋼貨五萬數千噸，
竟至交貨不及，尚須加添爐座。出鐵愈多，獲利愈厚，此定理也。附
呈章程十套，祈存覽。如有願入股者，請即送交通商銀行即漢冶萍駐
京辦事處袁寶三兌收掣發收據，以速爲妙。二等優先亦所剩無多也。
電報收贖，祗因扣息不給，未免怨聲，爲公中所省無幾，而於將來商界
交涉不無影響也。手復敬頌台安。姻世愚弟頓首。

〔三·四八〕 **致候選道宗**八月初七日

耿吾仁兄大人閣下：奉示敬悉。承抄密件，凌空數語，不特身受者感泐，讀者莫不傾心以爲公道尚在人間也。此等事銘之肺腑，決不爲外人道，乞於便中達到。仍兄來晤之日，府主有電，惜彝卿放缺之日，何陸即如淵若説項，已允在先，商約限於經費，每月只支千餘兩，故以彝薪分而爲之，未免貽笑，好在仍兄意不在酒，彼此相好下去留爲後圖可也。憚卷暇時再函懇。倚裝手復，敬請台安。弟止叟頓首。

〔三·四九〕 **致候選道宗再啓**

再：漢冶萍擬招足千萬，歸來即可開會，現已集有八百餘萬。秣陵地大物博，如有相好願入此股，尚可得優，先請即匯交大小兒，伊處已留公司收據，可隨到隨填也。附上新章程十本，祈察入。府主前請代呈一部，計二本。弟又頓首。

〔三·五○〕 **致前寧紹台道喻**八月初六日

庶三仁兄大人純孝：頃奉惠覆，敬悉。台駕何日過滬，弟日内赴東瀛就醫，恐致相左，不能一晤也。萍礦爲珂鄉之大利，七八年來糜款數百萬，除機器洋薪外，皆用在本地，因民所利而利之，歐美所以重開礦也。所惜公司股分在江甚少，前晤周扶九欲入鉅股，然尚非萍籍。公若有意於此，宜趁此時優先股額尚未滿時猶及入林。附上案牘章程二部,祈存覽。敬請禮安。愚弟盛〇〇頓首。

〔三·五一〕 致江蘇左廉訪再啓八月初六日

再:承面屬洙昭路事,在蘇已詳電北京南皮、閩縣兩處,原稿呈
覽。此事大約諒可合龍,但望我公於貴同鄉諸君通函時,切勸早日開
工,如期行車,爲湘路先聲,將來招股較易,豈僅運煤之利益乎? 至漢
冶萍廠礦章程,附呈二本,乞存覽。如要入股(可交蘇州和豐錢莊掣
取收據,隨後到滬換股票,可將堂齋出名),須趁此時。優先止有千萬
元之額,現已集八百數十萬,只剩一百餘萬元。大約弟日本回來即可
開會矣。珂鄉距廠礦較近,年年取利較易也。素抱知己,用敢附陳。
敬請台安。弟宣〇又頓。

〔三·五二〕 復度支部紹侍郎①八月初六日

越千仁仲大人閣下:頃奉惠書並鈔件,敬悉一一。貴部覆奏已得
旨依議,想必政務處資政院即須議覆,樞中不知仍有異議否? 大約一
兩斷辦不通,商界尚慮七錢二分易銅元百枚爲不值,又謂銅元雖停官
鑄而不能停私鑄,愈鑄愈壞,須效法外國禁除私鑄之法。鄙見主幣總
須通用紙幣,則雖七錢二分亦可毋庸多鑄,稍重亦屬無妨。此中理解
不厭求詳,屢蒙尚書公虛衷下詢,擬俟東渡後再加研究,即以所見所

————————
① 紹英,字越千。

聞據實上達。大約贊老提其大綱,鄙人擬撮其細目。現於初七日首途,政務處資政院會摺如何,乞速抄轉寄胡馨吾處擲下爲盼。手復敬請台安。如仲盛〇〇頓首。

〔三·五三〕 致紹侍郎再啓

再:漢冶萍鋼廠年内定出鋼軌五萬噸之多,現又加造新鋼爐兩座,不患銷路不暢。故擬優先股添足一千萬元爲度,已得八百餘萬,歸時可望額滿。兹特附上章程兩本,乞察閲,如有人願入此股,可請就近交明通商銀行駐京總辦袁寔三代收,即可擎發收據。自收到之日起,按八釐付息,其餘利紅利尚在其外,凡我至契不敢不告也。再頌勛祺。兄宣又頓。

〔三·五四〕 致蔡、王、周、李公函 八月廿三日東京發

伯浩、子展、金篯、雲書仁兄大人閣下:瀕行尚承枉駕河干,至以爲感。弟中秋行抵東京,一路患瀉痢,到此尚未能出遊,延請北里、青山兩名醫診治,俟新病治癒方能消除痰飲。據云肺疾不深,知念附慰。近日鄂皖振務有無續信,鄂省黄岡義振十萬,馮曉卿、韓仲萬來電已經開辦,筱帥想已加札除。漢口商會認籌四萬外,弟墊三萬已電請驗資,其餘三萬,銀行黎玉翁已允墊付,想可不致搖動。皖省大湖潛山一帶,經劉蘭垿往勘,大概想已早有回信。若照末次會議,滬上墊款亦以六萬兩爲度。鄙見初議五省大振,縮至兩省,且衹縮至十二

萬兩墊款，實亦不能再少。記得在敝寓會議諸公皆以爲然。所有認

墊之數，只須減半，便可交卷。敝處應交五萬兩，除已匯鄂三萬以外，

尚應墊交貳萬兩，或交鄂省馮、韓，或交皖省劉、柳（蘭埐轉薦竹山未

知定否），即請子展觀察轉屬顧詠銓在通商銀行代付，並祈示知一切，

以慰懸懸。彩票兩萬元已撥何處？江浙年歲好否，米價花價如何？

東京天氣已著薄棉矣。手頌台安。愚弟。

　　仲仙中丞、玉屛京卿乞道念。

〔三·五五〕 致吕尚書_{九月十五日}

　　鏡宇仁兄親家大人閣下：頃奉十一日尊電，敬諗星軺安抵濟南，

月抄回京，想必乘便榮旋珂里一行。鐵路公事，諒可順手。大疏請派

慕韓京卿①幫辦，此公心地磊落光明，足資臂助。彝卿赴任，參議一

席尚補缺否？藹滄②來函，屬爲伊弟琬慶轉請更派，乞即酌覆。青島

鋼軌六百噸交齊，承覆電擬照春間原議伍拾貳兩付價，以杜外人口

實，且便將來兜售，頃已覆請即照各省每噸漢口洋例銀兌付交通銀

行，轉交漢廠，所用配件另加，（魚片板螺絲釘板釘等項工價較增，此

大例也。）已飭李部郎照各省定價，由廠電稟。廠中商務艱難，各省皆

預付款，津浦已先交貨，所請速爲兌款，諒蒙俯諒。以後兜售生意如

何，章程尚祈詳示，俾便飭遵。現在德國買軌聞用貝色麻，送到天津

每噸何價，便知。明年開標如何優絀，大約漢廠貨價，驟難再減，一切

---

①　孫寶琦，字慕韓。
②　沈瑜慶，字愛蒼。

務懇格外心照爲禱。弟因宿恙請假赴東就醫，現請北里、青山兩博士診治。據云，尚非痼疾，如能多住數月，可期全愈。商約並無開議日期，轉眴假滿或須續請，尚未可定。台駕月杪回京，如有當道詢及，乞轉述之。弟因此來就醫，故不拜客，連使館馨吾、柳溪二公亦未往謁，惟於圖林書肆中消遣而已。手敬勛安。

敬再啓者：舍姪盛津頤係調補茌平縣知縣，前在館陶縣任内有一上控案，實因事主情願和平了結。今爲該任孫令通詳。頃得海帥手函，決不行文催查，惟司中上詳則難著手等語。少桐方伯本屬世交，今夏過滬，未及晤面。廉訪尚未通函，且亦未便徑行函懇。幸值我公在東，謹將原函附上，敬求密覽（便中仍請附還），乞於薇柏兩垣①前代爲轉達。倘能略迹原心，壓不上達，則成全大德感謝曷已。舍姪歷任官聲尚好，而虧累甚重，若一下台，全家不了，此誠危急存亡之秋也。再請台安。弟〇又頓。

照録山東袁中丞來函

敬再啓者：我公旋滬，精力如常，快慰無似。令姪館陶任内政聲尚好，惟後任孫令稟揭諱盜諱命各案，一律通詳，此事頗有關係。前次接見，已詳詢案情，似非無因。此事非由兩司壓不上詳，無可爲力。敝處決不行文催查，祇好以不了了之。若兩司上詳，則難著手，祈公設法於臬司處疏通，最爲得力。既承雅屬，當

---

① 指布政、按察兩使司。

以直陳。勛正在設法整頓，又不便授意兩司，此等苦衷，望公見亮。顧晴川兄來東，小住數日早已旋滬，查帳一節能否勝任，尚不敢必，祈就近傳詢可也。此間困難情形，筆難盡述。近日督撫非有真識力深通新舊兩學者，萬不可一日居，勛自知其短，擬過年後決計求退以讓賢者，我公愛我必爲然也。專此，再叩台安。勛又啓。

另箋感感。李令現辦密電甚好，並慰拳拳。

〔三·五六〕 致郵電部陳尚書_{十月十九日泐於須磨}

玉蒼仁兄尚書閣下：迭奉鈞電，洙昭路事，數月來往返互商，設法轉圜，並蒙垂念易家灣河流漲落，沙岸高低，設立碼頭灣泊船隻是否合宜，究應至暮至易，屬令熟籌電復，倘須至暮，則九曲黃河取綫仍由礦廠與湘人商議等因。仰見顧全礦廠始終不渝，尤深感佩。惟湘撫①復電，以萍路展築如能另取一直綫，將原勘地位給湘路興築，即兩無妨礙等語，似係明知該處不能另取直綫，此出難題。復按伯平中丞②九月杪來電，有相持不決遷延時日非萍之利等語。又接筱石制軍函云，現提議全路官商合辦，可望和平完結。而漢省新化鐵爐來年春夏間開煉，所用焦煤不止加倍，此次弟到東就醫，日本鐵廠船廠、美洲銅礦，議買萍焦爲數甚鉅，又爲吾華增一出口貨。並查明焦炭中可煉出許多雜料，須待運道通利，方能擴充加煉。猶憶今春在京面議咨

---

① 指岑春蓂。
② 陳啓泰，字伯平，江蘇巡撫。

請展辦此路，深盼年內工竣。如果湘人撓阻，不能買地開工，則廠礦大不得了，故弟復庚電，擬請電詢薛道，如難另取直綫，似可准湘公司呈請更正。在幹綫既可官商合辦，此一小節將來必造雙軌，乃利交通。昨又奉文電現"經定議展至易家灣，前商碼頭一節可毋庸議，嗣後應與湘人如何交涉由部酌奪"等因，尤爲感慰。易家灣雖不及暮雲寺，究竟於運道有益，既已定議，務求飭令迅速開工。冬令購地，最爲合宜，如能照原議八個月完工，弟即當諭令公司預備一切。我公任事堅忍到底，真足令人五體投地。萍洙路文案，夏間因電務稽擱，秋中匆促東行，未及料理，現已電奏力疾銷假，一俟考察各廠礦事竣，月初旋滬，即日咨送。所重在地契一項，如已封河，當由火車專送。弟在東京晤周道萬鵬，累知所議東約於奉綫頗屬艱難，尚幸該道於電政交涉素有歷練，東人雖甚狡展，得以和平就範。伏念電歸國有，上海總局自應移併京都，惟大東北兩公司攤算洋帳及各國洋綫交涉，向在滬局，似宜留一大員專司其事，周道最爲熟悉，若以留滬悉仍舊規，弟可保其勝任無虞。吾華電局海綫無多，得以坐收出洋海綫之攤費，歲有數十萬鉅款，此弟從前力排群議煞費心血而得之者也。公暇時縱覽其前後合同奏咨各案，當亦憐其苦心孤詣，可與公今日毅然收歸國有先後同揆。側聞部借英鎊五百萬收京漢路，自較公債商股直截痛快。回念此路自借比法款，中外驚怪，斷難收贖，魂夢不安，誹謗莫辨，至此或可消釋，且可使別幹曉然於借款無所礙也。敬請台安。

蔚、雨翁兩公均此，不及另布。

〔三·五七〕 與湖廣陳制軍 十月十九日

筱石仁兄大公祖制帥閣下：奉九月朔手答，敬諗勛履百福，至深慰頌。弟赴日東就醫兩月有餘，據醫云尚非肺疾，只須在温暖之地過冬自可無恙。現已電奏銷假，赴彼廠礦考察，月杪即回上海。彼邦極以鋼鐵爲重，該廠糜款六千萬圓，冶鐵與我相埒，而地廣十倍於我，工師不用外人。大阪製造如林，講求工藝，故能養水陸軍如此之多。吾國僅一漢冶萍廠，支持薄力，幸托帡幪。開山一事，我公既許奏後方能鄭重辦理。弟擬俟新化鐵爐告竣有期，即將推廣布置情形入奏，屆時帶叙數語，庶有憑藉而無痕迹，卓見以爲然否？川湘幹路皆非官督不成，京漢收贖以杜人口，實冰相所擬。官商合辦，未知官一面如何籌款。洙昭一節湘中既願舍弧就直，部案似易轉圜。弟力請更正仍歸湘辦，昨接郵部覆電似仍不爲然。豈湘人因全路已定官商合辦宗旨，區區數十里可不再爭論乎，抑官商各造一綫乎？總之，無論分合，但求今冬購定地盤，明春開工，實不可再遲，乞鼎力周全，公私同感。手肅布臆，敬請台安。

〔三·五八〕 致陳制軍再啓

筱公尚書再覽：頃電傳醇邸攝政，宮中恐有變故，曷勝焦念。此間耽耽虎視，中心寧静，外感自不能入。我公居天下上游，鎮懾人心，仔肩愈重。湖上宜林和靖一流所佔，范文公先憂後樂，不可無此志，不能有此事也。別莊基址，有一極好風景處，容遇便即檢寄。漢冶萍優先股代留二百股，只須墨銀一萬元。此行覓得美日買焦炭主顧,歲增百萬進口款,發達約在新爐告成之後也。股票弟回滬即寄,書何堂名,乞示知爲盼。其款可俟票到再交,來年三月即派利也。再叩台安。

〔三·五九〕 **致陳伯帥再啓**十一月十六日

伯帥再鑒:昨廣仁堂董事鄭恩照來見,出示鈞批,知貧兒院基地已蒙核准。頃已飭令赴縣更換該地印照。弟此行親歷日本貧兒院教養兼施,實堪豔羨。現已將上海一院趕緊辦妥,以作吳門矜式。尊恙近日好否? 據東醫云,若不治愈,元氣大傷。青山醫博士今秋爲井上侯醫治得手,名譽益隆,如欲延請來華,須趁此時。外國過年須醫金日洋一萬元,(來此旬餘已有把握,洋藥向來不甚更動,即如弟服北里咳嗽藥只有兩方,帶回常服,可勿更易。)陶帥願出一半,我公如能出一半中之一半(即二千五百元),便可發電請來。其隨帶幫手醫學士亦是好手,看病後可多留日子也。竚盼示覆,再請台安。

〔三·六○〕 **致奎樂峯①尚書再啓**十二月朔

敬再啓者:春暮瀕行,承面談漢冶萍股分,願入銀元一萬五千圓,當將樂記三百股收條計十張面交收執。是日因榮慶客多,訂明款另續寄,翌日匆匆南旋,未及領取。茲查該公司優先股一千萬已經收

---

① 奎俊,字樂峯,滿洲正白旗人。

集,股票均已印刷齊全,特將樂記應執股票十張寄交驟馬市大街寶興隆金店內漢冶萍廠礦駐京辦事處袁寶三收存,即請尊處付給刂銀元一萬五千圓,弟已函令袁保三於收股之日填明票據,立即呈上,所有弟在京時預先面交之收條,並乞代爲塗銷,併給袁寶三寄滬爲禱。附呈該公司案牘章程,敬祈察閱。弟此次赴日東考察廠礦,該國實以煤鐵爲富强根本,然其地質不及萍冶之佳,而人才勝於我,資本亦多於我。惟冀各省鐵路齊興,煤鐵銷路愈推愈廣,則厚利必在輪電之上,素蒙摯愛,決無虛言。如鈞意不以爲然,亦乞示復,僅將收條擲還,有人頂替也。手敏台綏。小弟　　謹再啓。

〔三·六一〕 致南書房翰林袁

珏生仁兄世大人閣下：八月初六日一緘,度邀惠覽。三月有餘未奉賜答,兩次所寄書畫□無收到之信,不勝系念。弟東遊就醫,舊恙稍愈,假滿返滬,仍畏風寒,惟有慎起居節飲食以冀逐漸奏功,知關遠注,用敢附陳。南齋僝直事稍簡否。前承尊處附入雙玉堂股分,現在優先股票已備齊,寄存寶興隆金店內漢冶萍廠礦辦事董袁寶三處,即祈尊處將收條送交更換股票爲要。附上奏牘章程兩分,希察閱。該廠礦只待來年新爐告成,即可發達,將來豐利可期,必在輪電之上也。但恐過好之時難保不爲國有。目前查帳估價已逾加倍。將來如果官欲買此產業,亦必照東西洋官歸商業優待辦法,其時股商得值不止倍蓗也。董事會議宜另招零星股分以結商民團體,故現已收足一千萬之外,不妨廣收小股,雖一二股不嫌其瑣碎也。質之高明,當以爲然。

所寄字畫如已出售，望示知以便續寄。敬請台安。

〔三·六二〕 **致倫貝子再啓**十二月初四日

謹再肅者：前在京時，承附入漢冶萍優先股十萬元，曾將收條面呈鈞右。現在該公司章程均已刊定，股票刷印齊全，除押款三萬元已由通商銀行將股收條換去外，其餘七萬元股票息單計一千四百股，業經彙總寄存寶興隆金店漢冶萍駐京辦事員袁寶三處，敬乞鈞處檢出收條，派人持往該處更換票單存執，以便來年三月内憑單取利，是所跂禱。○○此次赴日本就醫，順道考察該國製鐵所，係屬官辦，專供陸軍部之用。規模雖大，所出鋼鐵，不過與我相埒。現亦添爐開拓，已費官本六千萬之鉅。我廠連煤鐵兩礦祇用過銀二千餘萬，天生料質，遠勝東瀛。明年第三爐告成，須做一小結束，可期漸有餘利。如能續籌鉅款，自可再事擴充。中國地大物博而實業程度太低，當此國困民窮，舍實業何以裕國用，何以養民生？所冀宏謨廣運，庶使天下有所率從。○○衰朽餘年，祇能將此鋼鐵廠礦盡力經營，以副期望於萬一耳。肅此，再叩福綏，伏祈崇鑒。○○謹又叩。

〔三·六三〕 **致湖廣陳制軍**十二月初九日

筱帥仁兄大公祖大人閣下：昨奉手教，敬悉一一。舍姪春頤過滬，就諗禔躬多福，政事順平，一切舉重若輕，尤爲欽佩。黃岡等縣振款，承屬加籌二萬兩，雖爲數不多，而年關甚迫，殊難勸辦，經電懇先餉司局暫墊，俟寄到實收即行勸捐歸墊。一念鴻嗷凍餒，刻不容緩，萬望早日餉撥，尤深感禱。襄河堤工，從前弟接辦鐵廠，甚以地勢險阻爲慮。冰相奏准章程，大修經費歸善後局開支，砲廠鐵廠如果目覩險工當隨時禀報，由善後局派員修理等因。據李郎中面禀，白鱔廟以下險工甚鉅，亟須搶修□詳晰電陳，蒙委蔡道會估，神速之至。李郎中邀公鑒賞，惜其精力，恐難兼顧。金令騂聞工程尚熟悉，閱其估單未免疏略。查前案冰相係委張道雲錦督修，此次亦必須尊處遴派廉能諳練堤工人員督修，以昭慎重。頃復一電，仍祈鈞酌。弟東遊往返三閱月，咳痰舊疾稍愈，嚴寒仍覺畏風，祗當慎起居飲食以衛生爲却病之術，知荷愛注，用敢附告。帶上牙章兩方，花瓶一對，新會橙蜜橘六桶，祈哂收。另件已交舍姪帶呈矣。敬請台安。

〔三·六四〕 致湖廣陳制軍十二月初十日

筱石仁兄大公祖大人：昨復寸緘，度邀台覽。漢冶近隸岍嶸，諸蒙兼顧，公誼私情，銘諸肺腑。弟此次東遊，該國民窮餉絀，全賴廠礦實業，經營不遺餘力。與彼當國伊藤、松方、桂太郎等面談，東方大局，鋼鐵實爲富強第一關係。日本製造漸拓，每年鋼鐵進口價款溢出歐洲四五千萬之鉅，其豔羨吾國鑛產之盛，發於言表。故欲保守權利，以有易無，尤非推廣冶煉不可。弟旋滬，適值南北錢荒，招股未便下手，據全司禀報尚未滿九百萬元。擬收足一千萬即行截數，照律開會。來年預算，新添大化鐵爐一座、煉鋼爐兩座、漢陽碼頭一處、漢口碼頭棧房一處、岳州易家灣碼頭各一處，即可作一小結束，俟有餘利再行擴充。弟咳病稍痊，仍畏風寒，開春放暖，當來漢上小住，藉親教益。茲附呈松壽堂股分票單一百股，敬祈查收，如有可勸集之處，尚乞鼎言於有意無意中代爲招徠。蓮帥、午帥均有集來鉅款，大府登高一呼，究異恒徑，況漢廠冶礦均在目前，其發達氣象較易查考。前經咨送章程，係屬官樣文章，轉行司局，無濟於事。聞午帥見有力官紳，盛稱鋼鐵之大利，李維格辦事可靠，故稍感動，漸有所集。我公關愛尤切，故敢奉懇。然此事須有水到渠成之效，非可以勢力致也。鄙見總以股多債少爲本旨，想我公遠見必以爲然。嫡堂姪春頤在鄂多年，由丞守洊升道員，歷充軍械茶釐局差無誤，旋在漢廠代辦數年，其時商股不來，萍煤難用，獨力支撐，更難於今日，乙巳丁憂回籍，即舉李郎中以代。茲服闋回省，尚未奉差委，來滬述謐鈞座推愛優容，頗不以俗人相待，今仍令回鄂，可否仰懇加意提攜？此子心地忠實，辦事肯任勞怨，其長處能有知人之明，短處不能委曲調停耳。如蒙任以局差，可保其勝任，他日教誨而煦育之，尤所感禱。手布，敬請台安。

〔三・六五〕 **致吳仲懌中丞**[①]**再啓**十二月十五日

敬再啓者：昨在何芝老喪次晤令孫世兄，詢悉起居安吉，至深慰系。孫世兄英才犖犖，將來克繩祖式，可以預卜，曷任健羨。漢冶萍優先股票已刊印齊備，尊處收條例應更換，以便明年三月憑單取利。除電致外，即祈查照。能趁孫世兄在南持以取易更妙。弟此次赴東，確見日本製鐵廠已用款六千萬，而程度不過與我相埒。其所産鐵質

---

① 吳重憙，字仲懌（仲怡），山東海豐人，時任河南巡撫。

151

皆不如我。惟彼國中製造各廠林立,自己鋼鐵決不敷用,每年購買歐洲鋼鐵歲數千萬,其甚贊漢鋼精美,願購我鋼貨,惜吾爐座太少,僅敷各省鋼軌之用,尚待集款添爐,則出貨愈多,取盈愈厚。弟當拼此精神,宏兹實業。股分因大衆皆要優先,故開創老股三百萬之外,公議添足七百萬,既已收得九百餘萬,尚剩卅餘萬以待當道。年底爲止,開春即行截止矣。尊處或司道相好中如有願得優股者,務祈速示。朝局變遷如是之速,可勝浩歎。汴中諸事聞甚熨貼,洛潼鐵路商股如何?能速成否?念甚。敬請台安。治小弟〇〇又頓首。

〔三·六六〕 致前江西藩台沈藹昌方伯①再啓十二月十五日

別久思深,想彼此有同情也。朝局變遷如此之速,時論惜之,吾獨爲項城福。報載各公使頗不滿意。此後措施新政,全仗南皮,我公宏謨夙抱,必有以匡濟之矣。士夫有貞幹者不願聞某去後廟政有不若也。弟衰病餘年,日以讀書教子爲消遣,所喜漢冶萍鋼鐵漸入佳境,輪船電報鐵路之外,惟此足以報答朝廷。昨覩日東國困民窮悉賴實業以資國用,卅年前惟合肥師相②與文肅公③許我助我,不料敗於項城之手。商務之毀棄,人皆視爲敝屣,誰之過歟?竊願藉漢冶萍鋼鐵以挽回實業,集千萬裘以成團體,附上節略數紙,擬爲公留數十股,示我同志而已。(年内截數,僅空卅萬之額,以待知交,每股

① 沈瑜慶,字藹昌(愛蒼)。
② 指李鴻章。
③ 沈葆楨,謚文肅。

洋五十元,數不在多,在乎名譽而已。)祈酌覆,手布,敬請台安。世小弟○○再啓。

〔三·六七〕 上張香相書 十二月十九日

宮太保中堂年伯大人鈞鑒:郵電頻通,斗山在望,戀忱感悃,積日如年,伏維杖履頤穌,祜憑綏福。恭溯大事而後,宮府蕭謐,海寓晏然。凡茲定傾扶危之功,實賴旋乾轉坤之力。元公負扆,召奭陳謨,勷相勤施,曷勝景嚮。○○秋間東渡,醫藥之外,略資考察。彼都自戰後軍餉民財實形困乏,惟國家財政以及商務實業,竭力經營皆得其法,故能支撐勉爲强國。吾華地大物博,倘能仿而行之,由富而致强,似不難超而上之也。專肅寸稟,敬叩勛安。年愚姪盛○○謹稟。

〔三·六八〕 致張中堂再啓

敬再稟者:日來洋電紛傳,未知情形何似,聞六如在外鼓動不遺餘力,附呈清摺二扣,伏祈密覽即付丙丁。此後如有要事,寄信太遲,官電密碼,部中皆得知之,十餘年前所存東電密本,恐已遺失,茲特寄呈一本,以備緊要之用。賤恙除畏寒外,精神飲食如常,堪紓慈厪,手叩鈞安。姪名心謹稟。

〔三·六九〕 致陳瑶圃^①侍郎再啓

敬再啓者,漢冶萍廠礦股票息單已寄至驛馬市大街通商銀行辦事處,交袁寶三收存,所有尊處股分,請即派妥人持收據前往更換,明年三月底即可在保三處取利。昨漢廠總辦李一琴部郎、萍礦總辦林虎侯觀察來滬,已命將來年預算開單復核。所添造之化鐵煉鋼新爐數月後即可告成,出貨愈多則利息愈厚,如粤漢川漢借款成議一氣開工,不患無銷路。此次東遊,目覩該國廠礦林立,均用本國工師,按其國用民財,實亦困乏,全賴商務暢旺,堪以立國。吾華僅此一鋼鐵廠,所幸天生美質,取用不竭。一俟明春開股東大會,即有全體賬目報告。大約將來餘利總在輪船電報之上。此後弊絕風清,當不致再有攪亂之人。近日股分頗見踴躍,所存優股卅餘萬,當不難於截數也。手布,再請台安。

〔三·七〇〕 致惲薇孫學士_{十二月廿日}

澄齋仁兄大人閣下:別後曾布一緘,計邀惠察。近維致履綏和,以頌以慰。弟東遊問醫,體氣較好。亦因旅客他邦,掃除俗事,大□衛生之道以身心無事爲第一,勝於人參多矣。歸來又復忙亂異常,問其所忙何事,則又別無可指。朝局變遷,古今一轍,長安罕通音問,竟不知所以然。漢冶萍股票息單已悉數寄存袁寶三兄處,即祈尊處便中持收條前往更換。明年三月杪即可到彼處憑單取息,以免寄滬周

---

① 陳邦瑞,字瑶圃。

折。倘粵漢川漢南幹路並舉，又可多一銷路。總之，此局發達將來必在輪電局之上也。歲事將闌，尚憶去年在京時光景，徒增感慨。手此，敬請台安。

〔三·七一〕 致吳絅齋侍讀學士函 十二月廿日

敬再啓者：漢冶萍股票息單已專差悉數送交驛馬市大街通商銀行辦事處袁寶三收存，即請尊處並知會朱艾翁、鄭叔翁派人持前收條即往換票，來年三月底即持息單赴該處取利，免得託人到滬漢轉折。此次股票之遲延，初因電政收股，商界不無影響，繼因弟赴日東，以致稽滯，尚乞鑒原。昨漢萍兩總辦來見，明年新爐告竣，出貨較多，粵漢川漢兩幹路同時並舉，又增銷路，轉瞬發達必在輪船電報之上。日來附股者陸續而來，千萬即可截數。開春股東大會，必預先知照尊處。如有續至小股尚可代收，即交袁寶三處先掣收條可也。附上章程五分，祈查收。敬請台安。姻小弟宣懷頓。

〔三·七二〕 致吳蔚若侍郎函[①] 十二月廿日

敬再啓者：漢冶萍股票息單，已專差悉數送交驛馬市大街通商銀行辦事處袁寶三收存，即請尊處派妥人持收條前往換票，來年三月杪，即可持息單赴該處取利，免得託人到滬漢轉折。此次股票之遲

---

① 吳郁生，字蔚若，江蘇元和人。

延,初因電政收股,商界不無影響,繼因弟赴日東以致就擱,尚乞鑒諒。昨漢萍爾總辦來見,明年新爐告竣,出貨較多,粵漢川漢兩幹路同時並舉,又增銷路。將來發達,當在輪電之上。日來附股者較前踴躍,千萬即可截數。開春股東大會,必先知照尊處,如有續至小股尚可代收,即交袁寶三先擘收條可也。附上章程,祈查閱。敬請台安。姻小弟宣懷又頓。

〔三·七三〕 致陸鳳石尚書①再啓 十二月二十日

敬再啓者,漢冶萍廠礦稍受電政影響。姪東遊時僅集八百餘萬,國喪以來,南中市面□受驚□銀號錢莊紛紛倒閉,更可恍然於大實業可靠矣。歸來不多日,又集一百餘萬。准擬開春正月底二月初開股東大會,實行商辦。天若不再生攪局之人,中國商務當有興旺之日。否則上下俱困,中間不從,工商着想如何得了。漢冶萍公司股票息單均已寄至通商銀行公司辦事處袁寶三收存,即講尊處派妥人持股單前往更換可也。敬請台安。

〔三·七四〕 致王繩伯觀察函 十二月二十五日

繩伯仁兄世大人閣下:昨復緘計已入覽。文勤公諡法之外尚有

---

① 陸潤庠,字鳳石。

他典否？前寄南皮兩電皆不接復。明春何時開弔，便中示知，天氣稍暖即赴杭也。頃奉電詢姻事，弟意甚定，内子迷信命相，必欲回常州覓相熟之瞽者卜之。前月日東返滬因□病未行，亦因國恤百日之内未便行聘，以故遲遲。今已定於正月初五後即赴常卜定，即當奉聞。前悉慕翁眷屬航海而回，未知現由何路到京，祈探明示覆。照相如寄到，亦祈附寄爲盼。敬請禮安。世愚弟盛〇〇頓首。

〔三·七五〕 雜件一

今因詳細合同第二十六款、行車合同第七款所載中比兩公司爭執情事内，有係爲比國借款本利無著而設者，是以本大臣允照總理衙門電准具函言明，第三位公正人屆時當商請分賣借票之國之駐京大臣評斷。

〔三·七六〕 雜件二

來函已悉。查粵漢鐵路借款，前在美京業已訂有草約，此後萬一美國借款中裂，自當先問比公司是否願承其乏接辦此項工程。且言明以上所言儘先商辦之權止給比公司，按照武昌合同第十四款辦理，不准比公司以絲毫利權分與他國公司。

（光緒二十四年五月初一日督辦鐵路大臣盛　留稿）

157

〔三·七七〕 雜件三

本年續借英德商款，係一千六百萬鎊，八三扣，實收一千三百二十八萬鎊。付還日本兵費七百二十五萬兩，又威海軍費五十萬兩，二共英金一千二百萬零八百五十七鎊零（照現在鎊價原不及此數，乃此係前定准之價，現鎊價日增，計吃虧千餘萬），下餘一百二十七萬一千一百四十三鎊，內坐扣本年上半年應付本款本利四十一萬餘鎊，淨存八十五萬數千鎊（現存倫敦柏林兩銀行），就現在市價約合銀六百數十萬兩，近胡京兆請於此款借撥京榆路費二百萬兩照認本息，戶部已將議准。

〔三·七八〕 雜件四

一月底止收利二十二萬八千九百八十四兩六十萬元

共收撥款七百萬兩

四月止存一百八十九萬二千八百兩

共用去五百十一萬

計鐵廠撥一百九十萬

　上年收回四十七萬五千九百餘兩（四月底一百二十二萬）

　盧保經費一百○五萬

　漢濔經費四十五萬

　　購料四十二萬四千九百餘兩

　　又買地二萬四千八百六十兩

　淞滬經費二十二萬二千八百餘兩

購料已付二十六萬七千八百餘兩未付二萬一千兩

外洋購料已付一百六十萬零八百餘兩

未付英金四萬零五百卅鎊約卅二萬

又規元六千六百兩

〔三·七九〕 雜件五

京户部：蒸電謹悉。鐵路，盧溝橋至保定，去春開工，購地墊道已完工，良鄉已開車，軌料橋料已齊備，只候橋工完竣便可通行。漢口至孝感，去冬開工，購地墊道築堤至灄口已完工。吳淞至上海，去春開工，購地墊道造橋均已完工，下月即可開車。此工程已辦之情形也。領款七百萬兩，又未用之款暫存息銀十三萬餘兩，計付款盧保原估四百萬，又運費四十萬，現因鐵價船價鎊價無不加昂，又因運石另造琉璃河周口店枝路卅里亦已完工，逾估共計用銀伍百餘萬。近計料價已付十之七八。漢灄已用購地購料填土五十八萬零，淞滬原估五十萬，現已用至七十餘萬，撥湖北鐵廠料價一百九十萬，除扣回已繳料值五十餘萬，約存一百四十萬。目前款已告罄，否則保定至□□、灄口至信陽，早已派員購地，本可接續開工。無奈□□延宕難以展拓。至款未用之先，分存生息，確有五釐，但時日甚短，悉數扯算，只有拾叁萬餘兩。曾以息銀總數電送北洋。又南洋咨所撥之二百五十萬之息，一年計須拾貳萬五千兩，本應以息抵息，無如公司之款業經借用，此領款不敷之情形也。除遵旨再行具摺奏覆外，乞代奏嚴辦。宣懷肅。真。

〔三·八〇〕 雜件六

盧保前年□□原估四百萬,又津局估中國轉運各用費約四十萬,

又加琉璃河至周口店枝路三十里原估十七萬兩,

　因鐵價鎊價船價均昂貴均須逾估,已用五百餘萬,

漢瀦購地開工已〔用〕五十萬。

〔三·八一〕 雜件七

收部撥元四百萬兩

收南洋元二百五十萬兩

收北洋、粵關撥元五十萬兩

收扣回鐵廠料價元四十七萬五千兩

收息款廿二萬八千九百八十四兩六錢八分一釐

　共收元七百七十萬零三千九百八十四兩六錢八分一釐

付鐵廠元一百九十萬兩

付津局經費元一百零五萬兩

付漢局經費元四十五萬兩

付淞滬局經費元廿二萬二千八百兩

付津局料價元一百七十二萬六千五百兩

付漢局料價元七萬一千九百兩

付淞滬料價元四十二萬四千九百兩

付淞滬地價元二萬四千八百六十兩

付淞滬洋薪元二萬四千九百兩

付華洋勘路川資元八千七百兩

付洋泰議薪水元七千四百八十兩

付華薪元三萬二千一百五十兩

付用物、房捐、電燈、腳力、報資、火食、節敬、雜用元七千九百七十兩

付換洋各項用款元三萬三千一百兩

　共付元五百九十八萬五千二百六十兩

存元一百七十一萬八千七百廿四兩六錢八分一釐

宣統元年己酉（一九〇九年）正月至十二月

〔四·一〕 致出使日本國大臣胡①正月廿二日

馨吾仁兄大人閣下：新年奉覆寸簡，計登籤掌，近想春氣融和，因時篤祜爲頌。弟嚴寒咳嗽，遞進青山、北里治咳之藥，均不復見效，所望春暖後登臨山水，或可得清氣以除塵痼，青山所謂天氣病也。聞澤公銳意整頓財政。弟已在滬設立東文譯書會，以丁福保、劉成志主之。現將弟所帶回之《明治財政史》付譯，聘學生八人趕緊分譯。亟須另購一部爲校對之用。昨日電懇尊處代購《明治財政史》一部，計已仰邀台察。頃又據譯書館請添購法律、經濟、字典等書，皆爲該館所應用者。又聞大隈伯新編《明治開國五十年全史》一厚本，均乞閣下代購，迅速寄下。《明治財政史》尤爲立候應用之書，如他書不齊全，可勿等候也。茲先寄上日金一百圓，即祈查收，將來不能無託買之物，請轉託所司代爲應付。瑣瑣奉求，不安之至。手懇敬請台安。愚弟盛〇〇頓首。

明治財政史   九善株式會社

法律經濟辭典   田邊慶彌

---

① 胡維德，字馨吾。

法律辭典	上野貞正
法律辭書	梅謙次郎
商業大辭書	同文館
經濟大辭典	大西林五郎石垣正誠
太陽雜誌	全年
國民經濟雜誌	全年
東京朝日新聞	全年
報知新聞	全年

明治開國五十年全史一大本

〔四·二〕 致大學士第王正月廿八日

繩伯仁兄世大人閣下：承示孫慕翁詢及姻事一節，深爲感泐。孫大小姐名門淑媛，兼通三國語言文字，弟實愛慕之不暇，必欲得此佳婦而後快。況弟與慕翁多年至契，相好如手足，兩家朱陳，更無疑義。惟弟有五子而繼室所生僅此一子，長次均已析居，現在内子親理中饋，近亦多病，故擇婦尤嚴，性情才具皆欲合格。去年九月在日東接尊示，慕翁將攜眷由滬赴杭，内子極想與孫夫人會面，彼此出見兒女，彼此願而後可，所謂文明之至者也。昨閱所寄路程單，俱由悉畢里鐵道回京矣。既不能宗文明辦法，不得已仍取決於陰陽，乃有不宜不葉等字樣。蓋常州本有俗説。女長三則相宜，女長四則不宜，此皆流俗極謬之説，弟最不信，而爲閫内所最信。弟遲遲未覆，尚擬夏間入都，攜兒子登孫氏之庭，商文明之會。頃奉示一再催促，想必有因，寒門

163

無福，悵惘久之。年庚影照一併寄還，他日如有小兒女年相若，尚宜續此一段良緣也。手覆敬請禮安。世愚弟盛○○頓首。

〔四·三〕 致河南撫台吳①再啓二月初二日

再：孫世兄來晤，英姿卓犖，他日必爲國家之棟，欣羨奚似。鐵道實爲裕民第一端，洛陽既已集股四十萬，似可就此發越，一面籌款，一面開工。天下事若必待款足而後行，則無事可辦矣。漢冶萍十年以來，純是扶牆抹壁，得步進步，現在居然集成真實商股一千萬以作基礎。此外擬專集小股自一千元至一百元五十元者，愈小愈好，恨不得十八省百姓個個有股分。所以欲收小股者，結吾民之團體，方足以防外人之覬覦，亦以見一二人創獲之大利，公諸千萬人，亦足以禦衆人之口實，不致利欲薰蒸，爲權貴所攘奪，庶幾在弟總理任內樹不動之基。承公轉託，海帆觀察亦爲弟平日所欽佩，循是以謀，須在小數著力積土壤爲山耳。乞公致意，海帆兄明事理者，當必許可也。桑梓遺書，已屬小珊續爲收刻。汴梁好醬油妥便祈賜少許。鏡老函來，路事亦頗難辦。春日方長，渴思舊雨。敬請台安。弟宣又頓首。

〔四·四〕 致張望屺二月初六日

望屺仁兄大人閣下：別來將及一年，每懷風度，時切馳思，近惟台

---

① 指吳重憙。

履勝恒爲念。弟客秋東遊，就醫兩閱月，咳痰稍愈，即赴各該廠礦察看。該國地狹民窮，而於財政上不遺餘力，講求實業，處處維持工商，不似吾家空文敷衍。倘能起而學之，擇善而行，地大物博，富强指日可造。伊藤謂立憲必先辦交通，京漢幸已贖還，粤漢、川漢等路自可直捷，以圖速成。聞合同已定，只須交度支部覆核即可畫押。此由部省財政作保，不以路保，一切事權當可我自爲政。前因路工軌料，請中堂於借款合同内載明，須儘漢廠自造，免致蹈津浦合同須由洋廠開標。吕尚書雖欲爲漢廠爭此利權而不可得，去年北路均購德料，彼以欠色鋼低貨來爭，李一琴不得已舍之，恐與德人淘氣。此事竊料中堂必肯幫助鐵廠，即不助鐵廠，亦當塞此漏卮。究竟合同能否鈎勒清楚，敝處杳無消息，乞閣下查明借款議據，將此一條録示，至深感禱。賤恙春寒閉户，不能出門，俟稍暖即赴鄂廠催督新爐工程。此廠興衰，總以土貨多寡爲衡也。兹趁蘭泉回京之便，肅布數行，聊伸别惘。敬請台安。鄉愚弟盛〇〇頓首。

〔四·五〕 致王繩伯觀察函 二月十二日

繩伯仁兄世大人禮次：寄還哀啓稿，想收覽。孫宅事正月廿九已泐一函，遲遲未發，因鄙意至好結親，生平快事，不應以年庚拘泥。惟弟年已六十有六矣，拙荆年僅四十四，内政要在姑嫜，不得不由彼做主。日來内子去年所患冬温已全癒，復將此事提議，渠意必欲親自一見方能定奪。蓋其本意以爲慕老必攜眷過滬，彼此世交不難覿面，則性情才具德貌言工，皆可知悉。今而後只有候慕老外放，或弟

165

內召，方能如願以償。弟想尊處屢奉慕老函催，自難再緩，不得已仍將前泐復函寄上，即祈婉達。瑣事費神，不安之至。敬請台安。世愚弟盛　頓首。

〔四·六〕　致呂尚書函二月廿九日

鏡宇仁兄親家大人閣下：兩奉手書，敬悉一一。因春陰寒暖不時，舊恙常作，致稽答覆爲歉。漢廠馬丁爐已有四座，雖工匠生手居多，不免作輟，大約本年總可出鋼貨七萬噸。粤漢、川漢借款未定，全盼津浦爲大宗。幸羅岳生極顧大局，昨已議定頭批七千噸。北路李觀察聞與德人有舊。慕公①來電，又向德廠續購七千五百噸，雖允下次可許漢廠開標，但恐總辦有心衵外，未必能塞此漏巵。弟去臘電達台端，來年開標必當報效（係指己酉年事）。究竟北軌有無把握，李君有無成見，尚祈預示。如果無此生意，須改煉鋼板也。漢冶萍三月杪付官利八釐，屆時可就近向袁寶三辦事處照付。紅十字會事，弟自日東歸滬，任、施、沈三君迄未晤面。聞剩款在施處，故無人敢問津，既承諄囑，容俟稍愈詳詢逢辛，或能悉其梗概也。閩縣遺缺理應公補，所以塞翁失馬必爲津浦所累。尚憶去春弟曾力勸公辭此差，過來人吃其虧苦不小，吾儕老年，詎堪轉折若此乎！冰相借款何又翻異。近來公與相見精神興致如何。慕公何尚不補缺，想亦爲路差所累矣。晤時乞先致拳拳。手復敬請台安。治姻愚弟〇〇頓首。

---

① 韓寶琦，字慕韓。

〔四·七〕 致吳蔚若函閏二月初五日

蔚若仁兄姻大人閣下：奉二月廿日、廿七日手書，敬悉前緘已邀青覽。部務甚繁，公抱匡時遠略，近年復眼光四射，磨厲以須，現於路電僅小試其端，猶肯虛衷下問，益深欽佩。鐵道推廣實不可緩，粵漢、川漢兩幹能成，氣象必為一變。冰老持重，聞將延潛老①相助，果爾必收速效。洙昭區區數十里，湘中把持而仍難免延捱，公允許時時催促，實深感謝。尤重在會奏摺中要以八個月期限，否則以後部中雖下催符，余席必置之不理。漢萍命根實係乎此。昨李一琴來云，如果粵漢早成，漢萍早收大效矣。股商每念及此，莫不同聲傷感。電政歸官，本屬正辦，只因出於強迫，遂致各色商務多受影響。輪船本是商辦性格，各國郵船會公家恒有津貼，而北洋轉索其捐輸。從前餘利頗多，故捐之不覺其苛，近則年年賠本，尚欲追呼。且總會辦派至六七人，徒增糜費。華商學問程度資財魄力均尚不足，然計較是非輒形扞格，現在物議紛紛，總說商輪斷無官辦之理。查其清帳，確是大好局面，已變為虧本公司矣。弟曾為西林②閩縣③論此事與電政不同也。公可查考東西洋商輪歸於郵船會社如何章程，自能曉然其中關鍵，目下理財急務，在於畫一幣制。弟自面奉懿旨飭令條陳研究將及一載，不得已略抒管見，尤以引證冰老曩年原奏為和平解扣要著。承電覆月杪寄函，濡筆以待，今日尚未見到，而報載初二日政務處又會議幣制不日即須定局，弟此篇文字已難免抱佛腳，只得於今日專差趕發。

---

① 陳寶琛，字伯潛。
② 岑春煊，廣西西林人。
③ 陳璧，福建閩縣人。

劉張會奏之件已覓到彙入矣。計日閣下必可入覽。摺弁回滬需時，批指如何，政府意見如何，尚乞賜電密示，將來歸案。會議有無可採之處，尤盼詳函示悉，是所跂禱。

再：耶松股票現價八十餘兩，聞其生意不甚好。弟又托人探其底蘊能否有起色，再當奉聞。周道萬鵬以美學生隨弟多年，從前爲朱子文之副，而操守勝之，電務始末最所熟悉，於各國交涉電綫近亦諳練無出其右。去冬弟曾函達部中，以此人留滬最爲相宜，昨聞上海一面已專責該道，仰見知人之明，但其性情稍欠圓到耳。

〔四·八〕 致外部尚書那琴軒函稿閏二月初五日

肅再啓者：側聞我中堂福體違和，又值萱堂棄養，萬分馳念。頃接京友來函，欣諗調治得手，爲之大慰。惟聞步履尚未復元，伏念中堂精氣充實，必非虧症，但素來體胖濕重，近日内政外交集於一身，朝廷倚畀愈隆，用心未免愈甚，節哀節勞，必能指日霍然也。敝處去年咨調留學進士謝天寶一員，醫道頗好，彝盦貝勒①令其調理，頗有效驗。如台端需用謝主事，候電示即當飭令赴京，以資商榷。宣〇去冬赴東就醫，服藥頗效，逮返滬適值嚴寒，舊恙仍發。陶齋制軍屬聘東醫診治，效不效亦未揭曉。宣現擬集刊衛生叢編，乃喟然於大丈夫有精神方能有事業，何可輕視軀躬乎！質之明公以爲然否。手叩鈞安。弟盛〇〇謹啓。

---

① 溥倫。

〔四·九〕 致度支部陳侍郎閏二月初五日

瑤圃仁兄大人閣下：前寄寸緘，度邀惠覽，近想宏猷楙布爲頌無量。去年九月頒制改鑄一兩銀幣，是不過折元寶而五十之，僅爲上庫則可，商民通用未見其可。尚書前曾囑令剴切疏論，亦因弟閱歷商務數十年，或不致説隔靴搔癢話。弟尚以一元易銅百枚，不合輿情，以致遲擱，非有所畏也。茲將東遊所考各節詳晰臚陳，並咨貴部，另有詳覆尚書公一函（因去年有兩函未覆），想公必可閱及，效不效關乎國家財運，即或因此干忌受譴亦不暇顧。摺上如何發落，貴部如何議論，差旋尚祈詳示爲禱爲感。手此敬請台安。

〔四·一〇〕 致鄭陶齋函閏二月初六日

尊論招商局事，甚爲確實。北洋專爲剥削，總會辦人多尚是糜費小處，今年結帳又虧本數十萬，只得在自保船險項下撥補，郵傳部又有收回之意，誠如來示，無異淵魚叢爵。現在滬上股商准擬呈請註册改歸商辦，但恐粤商又有誤會。大約立憲既能預備，豈有輪船會社反願官辦之理。惟局中人總不欲開股東會耳（一開會便不能發財）。粤路股東會動輒齟齬，確亦可怕，全在董事得人，似不當因噎廢食。鄙見姑集股東數十人赴商部遞呈，一面登報，必無不以爲然者。港多徐黨，或願放棄商權。即如電股，郵部本已允寬給票價，亦壞在港商立異，致令經手人從中播弄，部受惡名，實非愛人以德。吾兄爲商務耆舊，既尚有心扶持大局，應請擇同志同股（與其同股而非同志，不及同志而非同股者。因股分之有無，甚活動也。）願列名公呈者，多則十餘人，少則五六人，剋日密寄敝處，以便湊集四五十人，即可辦理。到京謁見商部，須有體面熟悉商務大員（輔佐者已有人）前往。弟意請公三月間來滬，以便偕弟北上，機不可失，務望速覆爲盼。再頌台祺。

〔四·一一〕 **致陸尚書再啓**閏二月初十日

敬再啓者：前肅覆寸緘，度邀鈞鑒。袁寶三來函，知尊處股票均已換訖，現定三月杪付利，屆時必登北京報，可就近向袁寶三處憑單支取。股分現已收足一千萬，准擬三月十五日在上海開股東會選舉董事，照章另有函致尊處，或即派王新三兄就近赴會，或另派人均可。茲事繁重，營業固爲莫大之基，而用人實屬最難之事。總公司稽核廠礦出入銀貨，尤關緊要。前經公舉浙人朱道士林精細勤幹，實爲公司不可多得之員，現司總稽核，不避勞怨，置之營業中是好手，若做官亦是能員。前在粵當幕府，未免太紅，西林附參，殊爲人才惜。今值恩旨起用廢員，倘蒙栽植，其人精力彌滿，必不負所知也。手此再叩勛福。

再：閏二月初五日拜發一摺，係爲畫一幣制，必須與中央銀行相爲維繫，請交度支部會同政務處資政院核議。摺甚略，清單甚詳，附片專爲南皮脱卸，未知朝論以爲如何。請鑄一元五角者，以代庫平一兩之用，此層南皮意見不致堅持前説否，乞長者便中密示爲感。再頌福綏。

〔四·一二〕 **致臬台左**閏二月廿六日

子異四哥大公祖姻世大人閣下：日前得聆雅教，藉抒別悃。
昨自江陰掃墓回園，就誂枉駕西郊，失迓爲歉。貧兒院已集款二
萬金，擬一面開工一面會議章程，呈請批定。頃復中丞函已略言
大概。秉三觀察旋蘇，乞代轉致，趁其手內照章應由農工商局給
一印契發院執守，弟已另函致託矣。手布敬請台安。治世姻愚弟
盛〇〇頓。

敬再啓者：頃舍親張部郎履謙面稱，上年九月因金匱縣屬契買秦
姓棧房住宅一所，賣主惡詐無休，據情呈請鈞案批縣押遷，弟曾代爲
介言，至今感激。惟尚有一人出入自由，非飭縣嚴辦不可。茲特由該
郎中另具公呈外，此等刁風實爲梓桑之害，用敢奉求嚴檄辦結，尤深
銘泐。再請勛安。弟又頓。

〔四·一三〕 **致總辦農工商局熊**閏二月廿六日

秉三仁兄大公祖大人閣下：昨抵蘇趨教，據司閽云，駕赴秣陵，須
月杪歸，恐不及晤，甚悵。蘇州貧兒院已集款二萬兩，擬即一面開工
建造號舍，先立基礎，一面勸捐常年經費。會議章程呈請撫院批定入
奏。此事頗關教養，正欲就商碩畫以期妥善，適聞內召，潘遼大局需
人，鄉邦無福長倚使君，即區區貧兒院亦大失所望。前承面示該處地
契應由農工商局印發。查現今操場所有河南之地契，已飭善堂繳案，
則此項撥換之地已奉院批准，自應由堂呈請貴局迅賜核發，是所感

171

禱。敬想台端教養爲懷，必能一手辦成也。手布祇請勛安。治世愚弟盛〇〇頓首。

〔四·一四〕　**致呂尚書函**三月初七日

鏡宇仁兄親家大人閣下：奉閏月十四、十七手書，敬聆一一。陳媽回，復承厚賜，不遺在遠，感謝莫名，昨蒙電詢行期，弟以病軀仍難北上，但未知蓮帥有何事，便中請試探之。賤恙入春以來，咳痰不止，精神興致亦不如前。商約事，唐專使赴德國，未知曾否提議。如果再無消息，擬公函商請外務部歸併部中辦理，以節經費，尊意以爲然否？漢廠新爐下半年告竣，則出鋼可以加倍。川漢、粵漢用軌尚早，不得不仰望於津浦。承示李子元毫無意見，已設法留北路兩萬噸，甚爲感慰。約於何時需用，何時開標，祈預爲示及。南路先定鋼軌七千噸，價五十二兩，魚尾片五百十五噸，價六十六兩，鉤釘一百五十三噸，價九十六兩，訂定西五月內先交一部分。又續定鋼軌一萬噸，價六鎊二先令五本士，魚尾片七百三十六噸，價八鎊，共價英金六萬七千九十六鎊六先令八本士，訂定西曆一千九百十年三月以前交齊。以上兩批，漢廠承接後即已預備開造，決不延誤。並接李一琴電稱“津浦此次定軌萬噸，以金鎊開標，共合英金六萬七千餘鎊。明年交貨時恐金價跌賤，擬請電商鈞處將鎊匯華，存息在路局，存銀於滬，得息較多，而廠不冒險，一舉兩得”等語，弟頃與慕翁面商，去年漢廠擬預借軌價二百萬，爲彼公司所阻，係未經開標，恐不着實。現已開標定價，慕翁亦云與前空議不同，在敝廠祇因膽小不願擔此鎊價之險，故預

請尊處將鎊匯華易銀,即照現在鎊價核計銀兩若干以給敝廠。此一
琴之所求者也。弟又進一說,與其易銀存於銀行,不如預付鐵廠,可
照年息七釐立一票據。何日交軌若干,即停止軌價若干之息,貴局
既可多得息銀,敝廠又可早收借用。此尤弟之所求者也。慕翁云,
現在存華之款本有六七十萬。伯岩兄云,交通銀行存銀二十五萬
兩,本係借付軌價息僅四釐。鄙見如能指明南路軌價,另提六萬七
千鎊匯華易銀,固屬正辦。若該公司斤斤於此,不能另提,惟有請於
原存華款之內爲挖彼注茲之舉。務乞公與慕翁熟籌俯允所請,是所
至禱。手頌台安。

〔四·一五〕　致宗子戴函 三月初十日

子戴仁兄大人閣下:別後三奉手書,祇悉一一。劉、張公電,託人
由政務處抄來,大約是南皮之稿,力主七錢二分。此間奏中則據變法
摺內摘敘,幸荷指示詳明。摺片清單刷印甫畢,寄呈台覽。陶帥宗旨
不甚合,故不敢呈政。漢冶萍商股已招一千零十四萬元,三月杪發
利,既已註冊,不得不按照商律開股東會選舉董事。執事精於會計,
似可在選舉之列。惟照章必須有自己股分五百股以上者方能合格,
除尊處經招各股附上廣告入場券外,茲特將外埠商股五萬七千元計
一千一百四十股花名字號抄單附上,屆期即請台駕來滬,並請就近
邀數人到會以便投筒。此間揆臣經手,各股皆可心領神會也。附呈
陶帥一函,亦因此事,即希轉呈。陶記股分自亦可歸閣下代表。俞
令親亦祈尊處代爲轉致。如台從廿六日抵滬,可先一晤,尤爲盼禱。

丁梅軒①准令赴寧考試，總在開會之後矣。手復敬請勛安。

頭等優先股

鳳華公司	六十股	綏　記	六十股
玉　記	六十股	文　記	六十股
章　記	六十股	桂　記	六十股
蘭　記	六十股	梅　記	六十股
陳　記	六十股	永　記	六十股
遠　記	三十股	常　記	三十股
雙　記	三十股	慶　記	三十股
富　記	三十股	全　記	三十股

號起號止吉林記二十股共十八票，每票二十股共三百六十股

總共一千一百四十股

〔四·一六〕　致總辦農工商局熊　三月十三日

秉三仁兄世大人閣下：頃奉手答，敬聆一一。貧兒院地基就照承允由局墊發，甚爲感泐。此事總求公手内辦妥，以便弟即回蘇，會商官紳，一面擬章程呈准，一面趕緊開工。大約華洋房兼造，由漸而來，至少五百人爲額，並擬將弟自己所積漢冶萍優先股捐助數萬爲倡始。

———————

①　丁福保，字梅軒。

饍養費公查有一款與此名義相符,乞示知。趁子翼方伯任内發可商榷,此即公之留惠吳中也。漢冶萍已集股千餘萬,定於本月二十七日開股東大會,未知公惠然肯來見教一切否。蔣星翁已允充董事,使我江南不致落寞,甚以爲幸,然必須事前一晤方妥。星翁寓何處,弟不妨便衣先往,祈速示知,因總董必須由股東公舉,廿七開會即須實行,期甚促矣。手比敬請台安。世愚弟盛〇〇頓首。

附上公啓一分,入場券一分。

〔四·一七〕 致前岳常醴韓道台 三月十六日

古農仁弟大人閣下:昨承大教,感慰奚如。《心經》《三字經》兩序,容拜讀後徑交妙參刊印,並當助以刊印之費也。人之所以異於禽獸也幾希,心而已矣。我欲仁,斯仁至矣,心之謂也。孔孟得十六字之心傳,運心於實處則爲事功,運心於虛處則爲性道。三教本屬一源,其源之所在,未知何處著手耳。漢冶萍爲東方傑出之一事,震動歐亞,鄙人將老於此矣。至契如公,不可不知其原委。奉上優先二股,哂存以貽吾姪輩,將來不止十倍其值也。手此敬請台安。如兄盛

〔四·一八〕 致王繩伯函 四月初一日

繩伯仁兄世大人閣下:昨奉手復,敬詢文勤師①移殯,因雨改期,

---

① 王文韶,謚文勤。

廿七天氣甚好,乃鄙人以漢冶萍開會訂期在前,竟未能隨班執紳,徒抱心喪,殊甚罪歉。開會事甫完,招商局近因改隸郵部,滬粵股商已禀准部示亦須遵照商律開會舉董。聞執事將有太倉之行,屆時如過滬可一談也。匿名信殊屬可奇。現今各省造路俱借款,況昔日滬寧、杭甬係奉命議借,本已置議,丁未死灰復燃,項城主之。弟赴召摺上,尚招項城之怨謗,所謂兩面不討好。庚子保護東南,本無浙省在內,弟與惲松帥①力擔其任。若非鄙人竭力與爭,衢州戕殺教士大案,洋兵將下全衢矣。此皆有鑿鑿可據之案。浙人士如此舉動,可謂以怨報德。然弟平生置毀譽於度外,但求無愧於心而已。承公知會中丞,萬分感泐。敬請台安。

再:祠堂縱火尤奇,經已呈報錢塘勘驗,後自應花費修葺。沈正甫司事不能位祠,特添派朱弇榮貴前往看守,尚祈就近有以教之。再頌台祺。

鳳林寺水陸道場,請即擇日開壇,與停雲館相近也。

〔四·一九〕 致陳中丞②再啟 四月初三日

再:熊道來言,孤兒院事極蒙關切,甚感於懷。日來謠傳公有退志,果爾,何吾吳之不幸耶。弟擬到蘇詣台端一談,未識閣下見客否,乞示知。金令如可栽培,感甚禱甚,載請勛安。弟宣懷又頓。

---

① 惲祖翼,字薱耘,時任浙江巡撫。
② 陳啓泰,字伯元,湖南長沙人,江蘇巡撫。

〔四·二〇〕 **致兩江端制台** 四月初五日

陶齋尚書閣下：耿吾來，奉手諭，敬悉。漢冶萍第一次股東大會，到者將及五百人。選舉董事九員、查帳二員。演說單張議呈台覽。鋼鐵爲世界必需，吾華製造未興，鐵路其大宗耳。尤幸美日來購生鐵，歲需多數。近日奧大利亦來議購，因奧素用英鐵，不及中奧回空水脚之賤耳。以此看來，竟是出口土貨，以黑鐵換黃金，豈僅公司之幸，抑亦國家之福也。我公聞之得毋掀髯一笑否？承賜保險箱、吉金錄、嘯亭雜錄，拜登，感謝。公收藏金石美富，爲本朝所未有，尚憶數年前彼此矢志公諸天下後世，以解造物之忌，誠達論也，幸勿錯過，手復敬請台安。治小弟盛宣懷頓首。

〔四·二一〕 **致端制台再啓**

再：丁生福保赴寧考驗歸來，甚感德誼。渠擬東遊研求醫藥，弟原有聘東醫爲教習之意，丁生頗肯留心，可乘便往商青山、北里，悉可自備資斧，但求台端給一咨札以壯行色。如可行，乞寄下轉發爲盼。再叩勛福。弟又頓首。

〔四·二二〕 **致吏部尚書陸再啓** 四月初四日

敬再啓者：漢冶萍現有日本、美國太平洋兩處派人來議買生鐵，每年各廿萬噸之多。如可成議，須在大冶添造四爐，獲利奚啻十倍，似必在銀行自來水各公司之上也。姪所上幣制條陳，政府必不以爲然，極言紙幣流弊，尤中鄂寧數省之忌。好在姪志上進，咳恙纏綿衰老已極，但求平生所辦實業數端保全不敝，差足以報朝廷恩遇。而近在上海集資建廣仁堂，以免義振中輟。兹又在蘇郊捐助貧兒院，擬教養數百貧孤以工藝爲養生計，吾吳能增土貨以易現錢，是爲要著。開辦之資也由姪獨力捐助，不欲遺子孫。常年經費，以五百人計，每年須至少三萬元，可否乞公約蘇州同鄉京官數人，函致端午帥、陳伯帥，於振餘款內略撥數萬生息，以資補助而垂久遠。除公函奉達外，手此布達，敬請台安。姻小姪宣〇又叩。

〔四·二三〕 **致蘇撫陳伯帥函**四月初八日

伯平仁兄大公祖大人閣下：日前泐函計登籤掌。貧兒院基地前經台端批准，即囑農工商局辦理。旋據熊道函覆，已照會勘丈，並移交後任，昨因蘇屬陸紳稟請將圈用荒地給還管業，當即侃切批示"此後或可息爭"等語。按其批示雖指陳列館勸工場，而貧兒院自可類推。兹接勘丈公所潘紳祖謙函稱，因該地有潘誦錕等八户呈驗契據，是以呈送總局請示遵行，一俟覆到即當照辦云云。查該院已照現有之地繪圖估工，留養千人，學堂工廠住屋操場併計，尚嫌其窄。潘誦錕等即係潘紳之族人，在潘紳情不可却，故不得不請示總局，並非必爭之事。況事隔數十年，所呈之契亦難保不指鹿爲馬。潘姓若准其承認，何以對陸紳，更恐他姓紛紛效尤，轉致多事。除電達外，伏乞剴切批駁，並請飭令局縣迅速遵照前飭，給發該地印照，以便剋日興工,呈請入奏,使他省群相效法,何莫非使君提倡之功。聞京都亦將建設,南京亦有此意,如閣下以爲然,似宜早奏爲是也。手此敬請台安。

〔四·二四〕 致吳蔚若函 四月初十日

蔚若仁兄姻大人閣下:奉閏月十三日手翰,敬悉一一。郵部正資臂畫,惜爲日無多,不及敷布。東西國商船直隸郵信,我之郵部,船列四政之一,改歸部轄,自是正辦。北洋接管以來,攬儀日壞,取利日減,洋船之勢力日熾。泗州①駐滬時,遇有要事尚來面商,辦事不致離譜。旋派滬寧鐵路之總辦鍾道文耀兼綜商局,尸位素餐,無弊不作。最可詫者,少川調出洋時,即於數日內購買東洋煤八九萬噸之多,價極貴而煤極劣。本局會辦絕不知曉。只因臨去欲得大批佣錢,遂置局中利害於不問。此公在滬寧路局縱容洋工程司,虛糜鉅款,不當用而用者,不知凡幾。弟督辦時,曾與工程司約定權限,不得逾額。後來三藏②接手,一事不管,悉聽終南③揮霍,試將滬寧用款與京漢比較,自知其花費多矣。且於各大埠車站夥開攬儀行,不入其行者車價特重,局有奧援,故不之察。承公垂詢路電人才,用人實爲辦事利鈍關鍵,但不知城北尚書④於用人一道能否加意察看。公能否微言以

① 楊士琦,安徽泗洲人。
② 指唐紹儀。
③ 指鍾文耀。
④ 指徐世昌。

挽頹波。招商局奉尊示歸部管,則一切以商權爲主,且除官派多數總會辦之例,藉以聯絡商情,振興航業,要無所利於其間,讀之莫名敬佩。部文初下,因有郵部會同度支部奏銷一語,又有員司以下均須部札一語,閱者誤會,頗多疑義,報紙且登此事爲我公發端,即有人來探消息,弟乃抄錄閏二月十三日尊函所論數語分給閱看,不特無憾,同深感激。及奉部覆電招商局本係完全商股,准商律辦理,一時歡聲雷動。弟即告以該商局得到此境,全賴閣下大力暗中主持,甚至欲供長生祿位。其恪遵近日股票增價十餘兩,買者多,售者少,可見人心向背。不特此也,漢冶萍開會之後,股分亦甚踴躍。蓋自電報國有之後,華商多以官奪商業爲懼,是招商局准照商律辦理,所議事件隨時呈報郵部,豈僅輪船可期復見天日,大清商務尚可爲也。鄙見辦事總董將來仍可稟請部中加札,但切不可再派作弊之人。公雖離部,此事收回部管,係公主持,似可直言規勸,但不可説是鄙人之言,是所至禱。月如分部或郵傳或農工商,務求酌示,擬即同緝如北上也。手請台安。

〔四・二五〕　**致宗觀察函**五月十八日

　耿吾仁兄姻大人閣下:奉五月四日手書,尚稽作答,頃接十七日電示,敬悉。今早覆電,錄呈校對。陶帥爲東南福星,萬户去思,歷任兩江絕無僅有,弟尤承青眼,私衷感戀,頗想赴寧謁送,故屬福開森先達此意,豈料陶帥亦有此心。惟據陳蓮舫云,天氣不好,賤恙初癒尚不結實,耳後兩瘡口尚未收復,力勸不可出門。正擬修緘,欲言不盡,帥節由滬由漢尚未定見，如果過滬，必可作半日暢譚，若徑赴漢，此願終虛，可否即請台從來滬一行，或可將彼此所欲言者託公傳述，雖不及面談之詳盡，亦勝於函布也。代達後希先電示爲盼。手復敬請勛安。姻愚弟盛〇〇頓首。

［附電文］

江寧督署宗子戴觀察：承詢賤恙，已瘥，本欲赴寧謁送帥節，醫云，病初癒不宜舟車勞動，而感戀之私彌縈五内，正欲修緘，又難盡言。如帥節過滬，必可作半日談，祈代達。宣。嘯。（十八日）

前函淘就，既慮陶帥不過滬，又恐台從不能來，漫書管見密譚三紙，代呈帥閱。帥任南洋總督味道不過如此，上爲中央所困，下爲諮議紛撓，何能以一方而斡旋大局，去就之間，似無疑義。吾爲大局計，亦未始不爲帥計也。　　弟又頓。

管 見 密 譚

戊戌庚子後，各國耽耽虎視，所幸新政速行，氣機略轉，人皆謂南皮、項城之功居多，吾謂陶帥提倡之誘披之，心最苦功最鉅也。監國束身寡過，求治心切，承平之世，必臻郅治，此際強鄰四偪，邊疆海口與彼已有相共之勢，陸軍海部在我尚無兼營之力，所可望者憲政耳，新學耳。竊慮名多實少，緩不濟急，若不先講求財政，上下俱困，其奈之何。從前京部雖無多儲，外庫尚不盡乏，國用雖不充盈，民間頗有蓋藏。今則不然，搜索外銷能有幾何，窮而損下民生益蹙。吾不知當軸何以務名而不求實，務緩而不先急。要之中外歷史不有良輔弼何能造乎富強。自項城去位,識者莫不謂中樞之少人也。側聞琴相①步履稍艱,願爲疆帥。陶帥入覲,監國知人,留贊密勿,是中權得人,則八部廿二省斷不患無人也。吾料有項城之毅力,無項城之私心,東伊西俾,敢爲斯人頌之。倘斯人不喜兼外部,因之稍有畏難,管見不以爲然。人生百年耳,處今之世,不做則已,做則何所退讓。外交久無賢者,若有賢者任之,且不難藉外交以助內政,是在人左右之耳。止叟漫書。

〔四·二六〕 致湖廣督部堂陳 五月十九日

筱石仁兄大公祖大人閣下:久疏音訊,馳系正深,閱報紙敬知前月政躬違和,遽萌退志。朝廷倚畀方隆,溫公正當强盛之年,豈僅江漢干城非公莫屬,鋼鐵廠近在咫尺,尤賴關垂。入夏霪雨,工程不無耽擱,襄堤幸已趕成矣。弟初夏新感舊疾又鬧兼旬,雖已全癒,衰朽愈甚。孤山家祠已完工,秋間擬作湖上之遊,舊約不知何日能踐。茲有同人議及雲林名勝爲聖主巡幸行宮之一。假使此種勝蹟,在外洋無不十分點綴,既爲湖山生色,亦可藉收遊資惠及窮黎。因是發願集資數萬緡建復大殿,除長大柱木已赴美國購辦外,所需各種木料約估價在一萬兩以外,特公請常州天寧寺方丈冶開,約同熟悉司事,馳赴漢口購買,以期早日開造。惟捐款係資集腋,木價尚不能敷,所有此項木植,關係修復勝地行宮,應完釐稅,公懇豁免。如蒙慨允,擬由敝

---

① 那桐,字琴軒。

處據發起人公啟咨商尊處，庶可行局照辦。伏念我公冲懷淡遠，當不責鄙人以多事也。冶開雖屬方外，於儒釋性道之界極爲通達，名公鉅卿恒樂與談未來事，如蒙賞見，當識其非尋常可比也。舍姪春頤知荷青眼，省垣局差恐不易得，省外如有相當差使，尚乞加意栽培，無任感禱。敬請台安。冶愚弟盛○○頓首。

〔四‧二七〕　**致吳漁川函**午月廿一日

漁川仁兄大人閣下：奉三月十一日手書，敬悉一一，衹因病軀碌碌，裁答稍遲，深抱歉仄。尊缺公費津貼歲計有餘，然積累無以解輕，似非調補調署不可，深惜去年到京稍遲，不能一見兩宮，蓋臣舊勞，幾無人能知。慕帥見地極新，其諫草想已看過，憲政尤爲著意也。舍妹又索一男，身子好，伊母來函尚須暫留，想母女相依，不欲遠離。承示苹孫性情浮躁，年已逾冠，中西學尚無門逕，不願入校肄業，恐抱儒冠誤身之慨，擬俟考試被遺，當招之來練習公事，徐圖階進，弟讀之深爲感佩。查美國出洋學生，端午帥允俟奉文之日知會赴寧投考，如可取再咨送學部覆考。現在午帥已調北洋，且聞學部定章，額少人多，非畢業有文憑者不錄。苹孫雖經弟歷送學校，屢投屢輟，昨閱其復旦學堂考單，洋文分數極少，班等極低，赴美之舉，斷不能收。並查其入學堂之日甚少，無非終日遊蕩，久而久之，恐入下流無可藥救。弟年老多病，胞弟且不能管教，況堂弟乎。年紀已大，西學過難，逼令困學，實難希望。中國事甚多，舍此豈無飯喫？尊意招之入署練習公事，係屬穩著。鄙見子弟必須先曉得爲人之道，是第一著。練習公事是第

183

二著。苹孫若不離開上海，誠恐愈趨愈下。閣下處境雖非膏腴，而衙署較有管束，濟寧亦無可遊蕩，公餘之暇，教其爲人之道，一面練習公事，將來如能練成一知縣才，勝於流蕩學生多矣。學生盈千累萬，豈個個能向上進乎？即祈面商伊母伊姊，如以爲然，候電示當即派人將苹孫及毛頭一同送來。弟處向貼伙食四十元，又葫蘆灣房租三十元，仍當按月寄上，藉資津貼。至於美生出洋，東撫必有此權力，仍可就近打聽送往一試。山東學生程度或低於南北洋，得閣下近水樓台，倘能僥倖獲所，豈不妙甚。張安帥①素無交情也。惟苹孫之妻因肝鬱成氣痞，終日吐瀉，醫之不易痊。如濟寧無良醫，或暫留滬寓，醫好再來，免致速死，聞伉儷不甚水乳也。手復敬請台安。

〔四·二八〕　致陸鳳石尚書函六月初三日。

鳳翁姻叔大人閣下：兩奉鈞函，謹悉一一。胡季衡兄來見，就謂福履勝恒爲慰。季衡晤談似甚循謹，詢其熟悉米事，他無所諳，擬俟招商局董事會成立，派管運漕，必能用其所長也。該局已歸郵傳部管轄，並准股商恪遵欽定商律公舉董事，一時商界歡聲雷動，股票價本已落至一百十餘兩，近日已貴至一百四十餘兩，買多賣少。此後若能整頓，一洗數年積弊，或能轉敗爲勝（這數年賣出局產七八十萬，年年虧本，消除公積百餘萬矣）。昨據該公司所呈報，股東到會已二萬三千數百股，按照商律過半即可決議，現逾六成，六月杪開會總可在七

---

　　①　張人駿，字安圃，兩江總督。

八成以上。聞尊處所執股分尚未掛號,務請速將堂名號數抄寄王新之兄,趕於開會之先赴局掛號,免失股東權利。如台端不便自己出名,似可用世兄台甫,或分與新之代表,均無不可。倘近開會之期,即可請新之兄入場,此事與電報不同,輪船須與洋商爭逐,實非商辦不可也。小孫承廕事,仰蒙指示,感泐奚如,現已託人補繳免保,一俟核准,即當另換咨文呈請核辦,總必趕在一年之內,上次所寄咨文可否乞賜檢還,俾免將來重複耳。手肅,敬請崇安

再:漢冶萍開會以來,已悉遵公司章程辦理,可期萬妥萬當。股分已收一千一百餘萬,只待湘省洙昭四十里鐵路接成,便可廣運萍煤,拓造鋼料,發達即在指顧間也。李一琴所印圖說二本,祈鈞閱,當可知其梗概也。再請台安。姪〇〇又叩。

世兄均此問候。

〔四·二九〕 致吳蔚若閣學函 六月初四日

蔚若仁兄姻大人閣下:月如帶上一械,計登籤掌。江左幾成水災,幸小暑放晴,可期轉潦為稔。弟月前患時症幸已全癒。吳門擬開養育院,係仿照日本貧兒院之例,蒙科之外專習工藝。吾吳機坊之外絕少土貨出口,此舉似非僅煦煦為仁也。我公以為然否? 近日報章三藏居然上結主知,將以督辦幣制財政兼參外務交涉,可謂奇矣。招商局股票已漲至一百四十餘兩,買多賣少,商界視線多以此局得歸商辦可杜許多積弊,知者莫不感頌大德勿衰。聞菊老告人亦不欲侵奪

商權,有吾不爲玉蒼之說。昨局中接酒斾密電,勿裁撤王、沈、周三人,若爲節省經費,股商當感且不朽,若欲於股東開會時特爭用人權限,則又與商律不符矣。日來商界疑團不解,弟力勸股東只顧開會註册,他毋庸慮,逆料堂上決無衝突意見,不過粵黨引庇其私人而已。所幸股東粵不及四分之一,開會舉董,孤不敵衆,雖一鍾亦不致掣全局,惟會中總以三江股多爲貴。現查鳳老與尊處所執之股尚未掛號,該局已定六月卅日開會,鳳老已另密函知照外,尊處股票請即抄堂名號數寄交祈冕兄代表,不必自己出名也。報紙摘呈台覽。漢冶萍開會後,廠礦辦事人均由董事會決議,給與權限單。限外皆須董事會議。查帳員亦已親赴廠礦詳查簽名,六月間即可刊布帳略。兹將李一琴所印圖說附呈兩册,並各演說單片,可一覽其大概也。股分已收一千一百餘萬,優先止有一千萬,餘則商部讓出耳。手布,敬請台安。

再:前承屬探耶松股價,現仍每股六十餘兩。昨耶松舊東家來見,生意不佳,前年票價高昂,皆係做手,以後恐不能再好等語。外國股票實無把握,不及大清銀行漢冶萍及招商局可靠。鄙見不如售出耶松買進自己股票,可期加倍翻身,且可於董事會中洞悉其底蘊也。附上密電一本,如有要電,可屬月如翻譯,較官電自密。弟又頓首。

〔四·三○〕 **致北京楊侍郎函**六月初十日

杏城仁兄大人閣下:頃承還電,當即面示展翁,准於今晚北上,一切均當遵照指揮。此局開會註冊保持航業,使已成者立脚,未成者自能聞風興起。然商務非仰賴鼎力何能蒸蒸日上,環顧人才,惟此獨闕。展兄肯任勞怨,不想此中圖絲毫私利,且不致落暮氣,非吾輩阿所好也。開會後能否得人,而理尚在不可知,但痛癢相關,股東總無惡意耳。前訂電本聞已無着,再寄一册備用。敬請台安。○○○頓首。

　　再:附上漢冶萍圖說二本,乞存覽。此局但望洙昭四十里枝路速成(借款一成即可接辦),煤焦多運,則鋼鐵可多出,來年發達必在輪電之上多多矣(股價加三倍不甚遠)。屬在絣繰,何無意耶。手密,再布,順頌勛祺,餘屬展述。弟○○又叩。

〔四·三一〕　**復呂尚書函稿**九月十七日

　　鏡宇仁兄大公祖親家大人閣下:奉八月廿三日手翰,尚稽裁答,頃又讀九月初六日尊諭,敬聆一一。四小兒姻事猥蒙關愛逾恒,至深感泐。慕翁所訂各節,弟與內子再四磋商,年內不能畢姻,自可緩至來年。將來歸寧父母,本屬常情,無俟預約。惟入贅一層,彼此省事,原無不可,祗以寒家父子兄弟贅姻俱不吉利,內子未免迷信,引以爲戒。慕帥覆王繩伯世兄電,似欲弟親赴濟南迎娶,藉此暢叙,固所深願。但賤體咳喘時發,今春本擬由鄂赴京,捱至今日,尚難成行,實因離滬醫藥有所未便。上月弟赴蘇小住兼旬,內子因照料醫藥同行,四五七小兒讀書恐其荒功,教習均同赴吳,一家弱小如此牽綴,倘來歲賤恙全癒,自當攜家赴東就親。萬一其時仍病,再當奉商,想彼此以

187

至好結親，自無不可推誠原諒也。敬祈迅賜轉達，仍候鈞示，再當行聘，並求台端作冰人爲禱。弟心緒惡□□□□□□看開，暇時課幼子讀書，自□□□□□□□看史鑑其忘世可知矣。漢冶萍□□□□□□發達，附呈圖説帳略各二本，乞□□□□□□秋安。闔潭均吉。姻小弟盛宣懷頓首。

〔四‧三二〕　**復鄭陶齋函稿**菊月十九日

陶齋仁兄大人閣下：頃奉手函，敬悉一一。註册事商部覆電詢取股商名及票式，或非有意苛求。兹已由董事會另叙呈文，准星期三簽印即發。吾兄二十進京，想必謁見兩部堂官。在商部不過催請註册，公呈續到，一無違礙，諒可照行。抄稿呈覽。在郵堂攔起前文，風聞於用人之權尚有爲難。董事會不過承股東委託議決各事，比官場稍切近而内行，至於辦事機關仍在辦事員，但兩月以來察看，積弊太深，不易補救。昨譚唐二君來議，甚有望於我公，以糾各局弊病，然無權何能行？望與部堂言之。敬請台安，餘容面談。

〔四‧三三〕　**致宗子戴函稿**九月廿二日

子戴仁兄大人閣下：兹有啓者，江西勸業道傅印春官（上有老母，年僅卅七歲，伊姊配劉聚卿京堂，記得係芝田中丞①之妻姪）有五子，

---

①　劉瑞芬，光緒十五年任廣東巡撫。

現有人送其子影照爲女輩作媒,年十八(係傅君長子),相貌文字均好。傅君金陵人,乞閣下設法詳詢其家世如何,光景如何(記得芝帥妻舅光景甚好),爲人如何,迅賜詳示爲盼。手頌勛祺。

〔四·三四〕 **致陶杏南函**九月廿二日

杏南仁兄大人閣下:淞濱匆促一□□□□□趨送未及再晤,東道闕如,至深歉□□□吉座允升,新猷大布,以忭以頌。茲有啓者,江西勸業道傅苔翁有子年十八,昨有友人寄照相爲女子姪作伐,弟與傅君未曾識面,記得與劉芝田中丞爲至戚,尤佩其才能。但内子擇壻甚嚴,近來子弟確宜審愼,尊處宦寮咫尺,敬求代爲設法密探(附另紙)各節迅祈詳示,至深感禱。餘容另布,敬請台安。

一、傅觀察是否住家南京,家世如何,性情爲人如何,家中景況如何,家教如何。

一、傅大少君性質如何,學問如何,是否□□延師教習,抑在何處學堂,兄弟幾人,身□□□如何。

〔四·三五〕 **致繆筱珊**①**函**九月廿二日

筱珊仁兄世大人閣下:頃奉手教,敬悉前函已塵青覽。文襄逝世,公不北上,甚佩。先哲遺書免致中綴,又甚□□賜餘堂四本,炙硯

---

① 繆荃孫,字筱珊,江蘇江陰人。

瑣談一本，已閱過，刻手比前稍好。如能令其覓乾板，免致短縮，乃佳。弟甚慮將來此工絕響。吳門將開貧兒院，□□好刻手爲教習，以延此美術。上海各省郡□建公所，江寧蘇州鎮江均有郡館，弟有佳地數十畝，已將一半捐造貧兒院，尚有二十餘畝並五開間平屋五進，擬作常州會館，爲八邑紳商聚會之所。公若贊成，候公來時即可集議。該地風水甚好，須用癸丁兼子午向，年内須開工。然如□□之心志不齊，此願恐亦難償也。前承面告先哲叢書金陵可售，已□□□□尊處能代銷若干部即寄上。敬請台安。

〔四·三六〕 **致劉樸生函**九月廿三日

樸生仁兄世大人閣下：去年春明□□□□□軀未能多叙，抱歉至今。前奉手書，並承賜寄辦振章程，拜讀數回，先得□□□身親其事不能道。弟屢想編輯一書□□未逮，僅有仲萬手訂數則，暇時尚□□見聞彙成一編。但此後義振既少，查□□亦無可籌之款爲可慮耳。今次鄂省□□潰堤，難於修築，民不聊生。筱帥與俊卿廉訪竭力籌救，工振兼施，尤難在鄰省遏糴，糧食奇貴。馮曉卿等電弟籌款，不得已墊款赴奉購運紅糧數萬石，除賠運費外，減三成平糴，並捐棉衣數萬件，聊盡吾心力而已。□□捐册兩本，尚乞我公設法勸募，不拘多少，總之一兩銀可救□□命，尚係極便宜之事。又附上漢冶萍圖□□本，幣制奏稿一本，祈察覽。敬請□□

〔四·三七〕 致翰林院學士吳綱齋函九月□□日

綱齋仁兄姻大人閣下:奉三月杪手教,敬聆種切。今正台端瀝陳近年用人用財之失,事事欲請朝廷主持。仲春簡派撰進講義,分認西洋歷史,尊意在博覽約取,事實本諸群書,□□□以己意,此中消息關繫至鉅,監國勵精圖治,正臣子竭忠效力之秋,所□□□權尚乏把舵之人,外患相偪,寬嚴倒置,天下治亂之機,只在用人而已。今以用人理財並論,其實財政得失亦納在用人之中,如不得人,雖有良法何能造其極。書曰:"明試以功,車服以庸。"須重讀明試二字。去年伊籐告我,吾不解貴國近來高官重任,何以絶不考其功績而能知其才能,弟無辭以對。我公讀西洋歷史論斷之中,如能道著痛癢,朝無倖進,斯内政舉而外患自消。猥承下問,用敢臚陳。漢冶萍因鄂省今夏大水,新爐工程稍緩,下月可完工,此後出貨日多。而借款造路,聞洋廠力爭多買洋貨,如此則我鋼鐵尚須售出外洋。妙在日、美、澳大利均願買我貨。以吾黑鐵易彼黃金,亦計之得。賤恙稍瘉,近因喪子之戚,心緒甚劣,日閲子書消遣耳。敬請台安。

再:附上漢冶萍圖説五本,祈分別存送。閲此可見鐵政日推日廣,則利益無窮。股價將來必漲,現已收集一千一百數十萬,來年擬再加一大爐,尚須加收百餘萬則截止矣。知念附及,再請撰安。

〔四·三八〕 致袁珏生函九月廿六日

珏生仁我兄大人閣下:近況無可上陳,致□□敬還維起居多善爲

191

祝。弟舊病未痊,七月間大小兒□□症百治不效,先我去世,老懷抑鬱,無以自□,□有書畫消遣而已。去年三次寄上書畫□□還章非四王吳惲皆不投時好,諒難勉强□上海因助振屢開書畫會,此間皆商買中人,不求甚解,弟現籌勸鄂振,乃聚集同人糾會作綵,特遣家丁王瑞前來,乞將前寄各件交付帶還,是所翹盼,敬請台安。

附致漢冶萍圖説兩本,祈存覽。

〔四·三九〕 **致惲薇孫函**九月廿六日

薇孫仁兄大人閣下:昨奉手教,藉悉一一。執事才高望重,值兹新政繁興,正盼嘉猷楙著。江蘇諮議局初舉即有如此規模,外人亦甚贊許,惟外患憑陵,朝廷意在民氣與外交兼顧,此在位者所最難,所幸承澤歷試諸難,尚足涵蓋一切。育周貝子①漸入佳境,郵部比商部更覺需賢,商界極盼,非僅鄙人私祝。近以衰老愈甚,久不通□晤時亦尚提及草茅否。冢子數日時症,誤於西醫,老淚揮乾,猥蒙遠慰,現惟加意督課幼子雛孫冀繩祖武而已。暇時靜坐閲諸子消遣時光。來示頗得宗道,人生除却幼時無知無識,又除却讀書弋取功名數十年如醉如癡,只剩此數十年不惑知命,落得從心所欲,得過且過。附呈漢冶萍圖説二本,查收。敬請台安。

_____

① 載振。

〔四·四〇〕 致湖北藩台楊俊卿①函 十月十三日

俊卿仁兄大公祖大人閣下：奉初七日手書，敬悉一一。我公才大心細，鄂中振事方亟，造福斯民，建牙指顧，天之報施，當不爽也。筱石制軍調任北洋，何日起節。弟本擬到鄂謁送，恐已不及。承以振捐委任，去年墊款，尚未歸還，此次營奉購辦高粱，又向大清銀行借墊銀十萬兩，本擬從容勸辦獎捐歸墊，乃奉文十月杪截止，斷難趕辦。查有前年徐淮海奏撥農工商部所存秦振款十萬，聲明由敝處七項常捐歸還，雖未捐足，已有得半之數。頃已咨商筱帥擬將此項借款十萬兩撥歸鄂振，以抵墊買奉天糧價，將來或可由鄂會列敝銜奏請在於度支部接收捐項內抵銷，應請閣下迅速回明筱帥，如以為然，即行咨復敝處，以便轉致農工商部、度支部立案。此等事恐莘帥②初到不能接洽耳。何世模報效實銀庫平七千兩，今日收到，已派員將此款赴溫□□□□芋乾。據溫州招商局稟報，現甫出新，每百□□□洋一元三角至一元五角。此物充饑却好，然價亦□□□又有劉澄如京卿之胞弟劉道安泩願報效□□平實銀一萬兩，請賞頭品頂戴。弟於前月奉尊處復電“道員捐銀萬兩援案請賞頭品頂□可照辦”等因，當即代收此款，派員赴乍浦一帶□買芋乾，大約庫平一萬七千兩可買芋乾一萬七千□□石，足可活饑民一萬七千人。何劉二人皆不做官，虛名而已。茲特附上咨文一件，即乞代投，並祈回明須在筱帥任內出奏，是為至□□鄂省兩項實收，一半在滬，一半在京，均派通商銀行代收。向來停捐之

① 楊文鼎，字俊卿，湖北布政使。
② 瑞澂，字莘儒，時署湖廣總督，旋實授。

前總可暢旺，初九日兩電，一請華僑截數若干，展至年底爲止，一請速
□空白咨文册頁，務祈照辦，庶可廣收奉上。敬請台安，並賀大喜。

〔四·四一〕 致度支部左侍郎紹越千函 十月十七日

越千仁仲大人閣下：春仲接展還雲，藉知幣制條議深蒙嘉許，殊
覺悚惶。近奉公函垂詢烟草專賣一節，仰見運籌遠大，集益虛衷，莫
銘欽感。今春上海萬國禁烟開會，曾電奏請飭乘機會議□烟加稅，無
非希冀先開談判，惜乎置諸高閣。此事關係將來一大漏卮，前數年敝
處曾集股試辦，乃爲華美公司傾擠虧折，十□□□然已略窺蹊徑，若
議專賣進口特別加稅□□最難事，容俟審思至當，再具公函奉復。竊
□□謂條陳言易而行難，譬如醫道脉案易而用藥難，每見極好脉案而
治病無效，其中□毫釐千里之謬。至畫一幣制尊論須設局詳細調查，
非剋期□□□□□至理名言，尤爲敬佩。惟各省紙幣□□□□□□
壞便恐又礙國幣將來信用□□□□□□幣更爲財政興衰所關係。
鄙□□□□□□審而行法尤貴得人。伯訥京卿□□□□□□□可
開辦矣。近來上海洋價漲至□□□□□□墨西聞吾畫一圜法，故
運來甚少□□□□□息倘能操縱得宜，似尚不難屏除外□□弟近因
喪子心緒甚劣，草草布臆，敬請台安。

〔四·四二〕 致度支部陳侍郎函 十月十七日

瑶圃仁兄大人閣下：奉閏月十四日手答，備蒙垂念，既感且慰。

時局仍不見佳,外間商□□□大有民窮財盡光景。尊處綜理天下財政,首當其衝,然損下益上,終非佳策,必須講求天地自然之利,權衡中外相通之利,乃爲上策。畫一幣制,恰是本原,大部毅然而行。伯訥京卿回京,想必會議妥貼。鄙見須乘此各省紙幣尚未露出馬脚,趕緊換用國幣,又可乘此洋價極貴,墨洋不來,趕緊換鑄新元,若得人而理,似可無虞扞格。承公函詢及烟草專賣,此事甚關將來一大漏卮。今春滬開萬國禁烟會,弟曾電奏請議□□□〔特加重〕稅,爲外務部擱置。若不設法杜絕來源,□□□賣。現在悉心斟酌,略遲再當奉覆。□□□□先致意。嘗思條陳易而實行難,弟生平□□□□不設身處地,萬一交辦必能辦得動方□□□□□來病魔纏擾,意興索然。夏間大兒□□□□環顧幼子雛孫賢愚未定,人生如夢,遑□□□,質之我公以爲然否? 另函所託,無任感懇,敬請台安。

〔四·四三〕 致山東撫台孫慕帥函 十月十七日

慕韓仁弟親家大人閣下:初二日專弁賚函,計邀惠覽。旋奉尊電,藉知初九日傳帖,不勝忻慰。小子無學,令媛多才,未免慚恧。惟我二人交同手足,申之婚姻,亦屬快心滿意之舉。昨已電令專弁算准廿二後到滬,並已面商繩伯到日代請王子展陶蘭泉兩觀察爲媒,一代鏡宇,一代繩伯,謹以奉聞。承屬取幣制奏稿,聞度支部尚以爲然。鄙見仍慮不得其人,差之毫釐謬以千里。即如大清銀行,直不過一大銀號大錢莊之辦法,更無□駕遠馭之策。將來各省皆須得人,若不得一提綱絜領大員以通各省綫索,恐難處處□□此事辦到好處,不難使外幣不禁而自□□□前宣議商約,已訂定洋商均須認用我□□載在新約,東西各國頗以鄙人略識門徑□□事西人將敝議繙譯英文不知有無訛□□□特各檢二本附呈台覽。居今之世,民窮財盡,似宜以整頓□□為先。澤公尚可與有為,惜無好幫手。敬請台安。

〔四·四四〕 致施道理卿函 十月十九日

理卿仁兄大人再覽:茲敬懇者,弟有一姪女壻廣東試用縣丞趙文,頗有才幹,屢次當差不誤,□在丁憂以致無差,景況甚難,欲求制□微員似有未便。因念我公熱腸愛才,用敢一言介紹,伏乞推愛屋烏,進而教之,不拘何事量材派用,俾資養贍,則感涊雲情,當無涯涘。手此奉懇,敬請台安。

附呈履歷一扣。

〔四·四五〕 致度支部侍郎紹越千函 十月廿三日

敬再啓者:烟草專賣一事,盡夜籌思,已得實在辦法,容再另具公函,奉呈清察。幣制擬於何時開辦,各現銀大少,似須酌借一款,以買銀條,即以年年幣局餘利分還,聲明不作別用,似係要著。再叩台安。

〔四·四六〕 致袁珏生函 十月廿四日

珏生仁兄世大人閣下:專弁回,奉手書,並承賜食物拜領祗謝。

寄存字畫，本非佳品，將來祇可爲開彩放振之用。聞都門書畫更希貴，南中偶有王惲亦復奇昂，寄來南田五書五畫，雖屬小品，確是真而且精，已屬袁寶三代付京松四百兩，即祈查收。此間選輯宋元書畫集册，坊肆中如有宋元真畫極精極美者，乞代收買一二十開大者，黑者破者不要。敝處常有專差到京可帶也。漢冶萍實收股分不過一千二百萬元。近因南方銀根甚緊，洋價漲至七錢六分，以致入股甚少。明年本可分紅，惟化鐵大爐今年因湖北雨水過多，以致工程遲緩。原約今秋開爐，乃李一琴屢次請展限，須至年終完竣。大爐不開，出貨太少。最可恨者，津浦路李德順全買德軌，郵傳部竟無可奈何。□漢川漢借款合同又不知如何定議。中國用鋼，止此鐵路爲大宗，製造全不講究，我廠所出鋼鐵，不得不籌出口生意。所幸美國太平洋一帶及非獵濱均欲買，日本鐵不敷用亦可購我多數，明年不難加倍出貨，其時餘利自有水到渠成之妙，股分亦必須到那時光方能踴耀。中國辦事難上加難，即如鐵廠面前有水塘兩塊，向不值錢，爲新爐堆貨所必需，我廠已允繳價十萬千買之，而善後官錢局索價二十四萬兩。官場不顧大局，至於斯極。此等事開春恐須到京一行，尚不知政府肯相助否。敬請台安。

〔四·四七〕 致楊護督函 十月廿三日

俊卿仁兄大公祖大人閣下：頃奉本月二十日惠書，敬悉一一。鄂振正值緊要之時，捐章頓改，且鄂省先滇粵而停止華僑截數展限之議，雖已照咨不知能否邀允。弟今日又發電張伯訥京卿處，因敝處去

197

今兩年墊款皆向大清銀行抵押，未知能否助公一臂之力，俟接回電再行奉告。如果不允，查度支部原奏聲明各省紳商籌墊捐款改章以前未及請獎者，應令將實收銀數咨報立案，統按新章核獎以期一律等語，大約將來尚可咨送履歷，交由大清銀行照新章請獎。現在咨明之數，即可抵作實銀，故此咨斷不可緩。容俟接到張京卿復電後，即行咨請尊處轉咨。昨奉電示，空白咨册已專送京城敝處，前接實收已分大半寄京，袁寶三係熟手，諒不致錯誤。上海通商銀行今日截止，所收常捐振捐，茲已造册專丁吳玉送上。據經承云，此册只須請尊處蓋印，並加一咨文，毋庸再造清册。應請即刻飛速辦妥，仍交專丁吳玉即日附坐火車赴京，直送度支部交投，計算已在月杪矣，千萬勿遲。此外所辦第若干次如要改動，乞即電示，以便轉電袁寶三可也。此請台安。治愚弟期

〔四·四八〕 致山東孫慕帥函 九月廿六日

慕帥仁弟大人閣下：鄂省潰堤甚多，必待冬涸方能修築，以致飢民萬不得了。陳筱帥奏明敝處助振，派熟手振員往查，確有得之則生不得則死之勢，乃與籌商官認工振，敝處各處勸捐，爲集腋之舉，赴奉天購辦高粱數萬石，並買芋乾前往，又製備新舊棉衣褲數萬套，專發老弱不能辦工之飢民。筱帥已奏准核獎（數滿萬兩，特請賞道員，或由道員加頭品頂戴）。此間已籌墊二十萬兩。鄙人素性喜辦振濟，曾身親查戶實見一兩銀可活一人命。世有如此便宜好事，不能不做。吾弟大人得位乘時，登高之呼，尤所切盼。附上前年徐淮海義振徵信

録兩套，乞察覽，倘蒙援照辦理，足可救活萬人，是在我公一舉手一動念，方能有濟。山東安瀾，年歲豐稔，公之福也。小清河近來通暢否，猶爲系念。敬請台安。

〔四·四九〕　致載澤、紹英、陳邦瑞函十一月初八日

貝勒尚書公爺、越千侍郎大人、瑤圃侍郎大人①鈞鑒：月前接奉公函，承示財政支絀，擬辦烟草專賣，詢及此事纖微曲折，仰見盡籌遠大，集思廣益，欽佩尤深。查鴉片烟已垂屬禁，不患不絶。紙烟雖不致戕人生命，久食亦能成癮，賢士大夫對客呼吸，賤役隸卒行路含茹，將來傳染徧地，比較鴉片成本雖輕，恐消耗愈廣。或謂何不一律禁食，惟東西洋亦未聞禁此烟捲，如中國水烟旱烟亦所不禁，蓋人情必有一消遣物也。既不必禁，應歸自造，以杜漏卮。現查海關貿易册進口估值不過五六百萬兩，其故由於上海漢口英美公司設廠製造，其出數海關無可查考。就其機器核其成烟，實逾進口之數，兩共已不止千萬。近聞東三省亦將設廠，若再聽其任意侵灌，將來交涉愈難挽回。前三年宣懷曾糾集華股赴部註册購機，在滬設廠，乃爲英美公司跌價傾軋，盡數虧折。並聞華商大小二十餘廠，無不虧累停止，蓋英美烟草公司資本甚鉅，不惜重資招搖壟斷。尤奇者内地行店均受其餌，各訂小合同不准代買中國烟捲。幾幾乎專賣二字爲彼所操。喧賓奪主，莫此爲甚。本年正月，上海特開萬國禁烟會，宣懷曾上電奏擬與

① 度支部尚書載澤，左侍郎紹英，右侍郎陳邦瑞。

199

各國提議紙烟特加重稅。在諸國喜邀名譽，雖未必遽允，或可設法開談，藉爲專賣張本。旋詢江督所奏未奉飭議。茲蒙鈞諭，關係交涉，未敢輕率從事，諒亦慮及不加重稅無以杜其進口，若加重稅又爲條約拘牽。宣懷再四躊躇，天下事不能因難而止，至誠所格，金石爲開。擬請奏明先設專賣局，全歸官辦。謹就臆見所及，酌擬條則，以備採擇。

第一則　擬籌進口烟草之辦法：

甲、與關係各國議定，除中國政府外，無論何人不得將烟草運進中國口岸。如非營商販運攜有烟草進口者，定以若干數量爲限。東西洋只有十小匣爲限。

乙、與關係各國議定，將近三年進口烟草之平均數目懸爲定額，按年分期輸入，悉由官辦專賣局購收，無論何人不能直接行銷。

以上兩條應與關係各國籌商妥協。如甲條協商不成，改議乙條。蓋甲條宗旨輸入與否權操自我，迹近□絕，恐難允洽。乙條意在限制，亦如鴉片烟遞年減□，以若干年爲減完之限期，似較平易可行。

第二則　擬籌洋商在各口岸製造烟草之辦法：

甲、將通商各口所有烟草製造廠，統由中國政府全部購回，貼以若干利益，無論華商洋商一律全收。

乙、將近三年各廠行銷烟草平均數目，限爲定額，許其每年製造若干，悉歸專賣局收買，俟其限滿再由政府全部收回。所有各廠製造烟草機器，應即查明不准添設。

以上兩條，應與各廠交涉。華廠無多，洋廠目下只有滬漢英美公司機器最多，其餘萬和、安利泰兩廠，尚未發達，此時不議收買，將來愈多愈難。

謹案所擬兩則,統爲直接限制外貨之要策。若能成議,專賣制度已可操券而成。如一時交涉不能定議,不得不思間接限制,以防衛專賣制度,其策衹能就内地設法。姑擬第三則辦法九條如下:

第三則　擬籌内地烟草專賣防衛之辦法:

甲、認定專賣區域,擇地設局,收買烟葉及發售烟捲。

乙、查明宜種烟葉之地,認定地段及其耕種人姓名,地名畝數、烟草種類、收穫分量均須立簿登明,悉歸專賣局收買,不准售與他人。

丙、認定烟草製造及零售人,所有製造原料及零售烟捲,統由專賣局發給詳細憑單,粘貼印花。查有非專賣局之物,概行没收處罰。

丁、耕種人所獲之烟葉與製造人所成之烟捲等,須全行售與專賣局,不得私相授受。

戊、除經認定之烟草耕種製造零售人等,執有官照外,不得經賣及私藏一切烟草。如違,没收處罰。

己、凡與外商製造烟草各廠向有成約之各商店,宜由專賣局給予零售執照,責成分銷專賣之烟捲。其與外商所訂之小合同自當消滅。

庚、進口紙烟皆屬上等,應照稅則每千枝納銀五錢,不得援烟絲每百觔納銀九錢五分,以致取巧。

辛、洋商製造如不收歇,則華商亦不收歇。其烟捲未歸專賣局之前,内地稅釐仍應照納。

壬、專賣局應與各地方商會聯合辦理。

以上九條,係爲間接限制外國烟草不再廣銷□法。總之進口烟捲不能加稅,亦必須照稅則千枝完銀五錢,運入内地必須收其極重稅厘乃可。口岸製造不能停歇，亦必須禁止其不能再添機器，並禁止其不能收買中國烟葉乃可。中國産烟草之處甚多，以湖北均州爲最佳，英美公司已設莊收買，故宜速定專賣章程，方能逐步羈勒。以公理度之，第一第二則内之乙條諒可辦到。訪聞英美公司係屬合股商辦，與彼國際無涉。惟查日本先辦專賣烟葉，後辦專賣烟捲，此中殆有步驟。鈞部智珠在握，自必能權衡至當也。附呈清摺三扣，統祈鑒核。肅此縷禀，敬請崇安。盛宣懷謹肅。

謹將查明各國烟草辦法録呈鈞鑒：

按各國烟草辦法不同。法國、奥國、匈牙利、波斯尼亞、日本、義大利歸國家專賣，皆由官辦。土耳其、日斯巴尼亞、葡萄牙歸國家專賣，皆由商辦。其餘俄、德、英、美不專賣而重徵其稅。附考如後。

一、法國專賣律於一千八百十年訂立，一千八百十六年修改。國家永有專賣管理之權。種烟之地，由國家指定。製造發賣皆由官廠官局經理。通國計二十一廠，工役二萬人，女工居其多數。其平常通用行銷最廣之烟，每啓羅合中國一斤十兩買價及製造費僅十一佛郎，賣價十二佛郎半，故每年淨利約在三百五十兆至四百兆佛郎之間。每佛郎約中國銀三錢，四百兆合中國銀約一萬二千萬兩。

一、奥國專賣律於一千七百八十四年訂立，一千八百三十五年修改。國家永有專賣管理之權。於財政部屬下，設一烟草專賣局。其總辦員每年□□□萬古倫又譯作沾而敦，約即中國一元。所有烟草製造發賣各事，皆歸管理。其所轄，約官員五百人，工役四萬人約四分之三爲女工。通國計二十八廠，每廠總辦二員，皆製造錫茄，其中有十九廠兼造紙烟，五廠兼造鼻烟。令於國中，凡民人不得製造烟草。其種烟

及運烟皆有專例,述之如左:

種烟專例:凡民人未向官領取執照,不准種烟。惟國家指定數省內可准百姓種烟。此照以一年爲期,不准轉與他人。其地之四至及種烟之數,皆須載明照內,不得逾額。收成時須將全數賣與國家,即種以自用或留作他人之用亦所不准。凡領照者,視其地段之大小及產烟地之高下,以定照價。國家共設九局經理發照及收買烟草事宜。收買烟草之價值,視其所產之省分及質地之高下,由官審定。凡未領照私行種烟,及種烟之數以多報少,皆須罰金或監禁。其罰之輕重,視其私種及隱匿之多少,與是否初犯抑已犯多次,分別判定。

運烟專例:奧國全境產烟每年約十二兆啓羅,不敷本國之用。本國所產皆係尋常之品,故向美國、古巴、土耳其、小亞細亞採買佳品。每年烟草入口之數約五兆啓羅,由官運,不納進口稅。商人亦准運烟草入口,惟須納重捐,向官領取執照,且只准領照之人自用,不准販賣。如運錫茄,每一啓羅,須納照費二十二古倫,在專賣局領照納稅。進口時在海關納進口稅,每啓羅一百零五古倫。如未製成之烟草,照費每啓羅十四古倫,進口稅每啓羅四十二古倫。製造成之烟捲,如古巴之錫茄土耳其埃及之紙烟,皆由國家採買運輸入境發賣。

發賣專例:發賣之事亦全歸國家經理。無論爲土產及由外國運入者,其價值由國家訂定。商家凡欲代國家銷售,無論躉買零販,皆先須向專賣局納資領照。

專賣局於本國烟草製成及外烟運入後,即發交躉賣行,再由躉賣行發交各烟肆出售。其價值皆有一定。躉賣行於應交價內扣取百分之五以爲費用。各小烟肆則於官費約加百分之九。所領之照每年須納捐款，視其貿易之多寡、銷場之暢滯，由專賣局定抽捐之數。凡以烟草或烟捲互相投贈，爲律所不禁，但其數不得過多。國家於烟草購入後至發售時，除去購買之價及製造轉運費，約成本一百古倫可得一百六十古倫至一百八十古倫之利。近數年間國家發售烟草之價約二百兆古倫上下，其購買製造轉運及用人之費不過七十兆古倫，淨利約得一百三十兆古倫。一千九百零七年預算表，烟價二百三十六兆，原價及費用八十七兆，淨利一百四十九兆古倫約合中國一萬五千萬元。近年出售之錫茄每年約二千兆枝，紙烟較此數稍多，烟絲約二百五十兆啓羅。

一、匈牙利專賣律，於一千八百五十年訂立，一千八百八十七年修〔改〕。其一切規制，大致與奧相仿。惟所種之烟准其出口奧例不准。通國二十一廠，工役二萬人約百之九十三爲女工。近歲每年淨利七十兆古倫約合中國七千萬元。一因匈加利人數較奧稍少，一因匈加利所用之烟質地較遜，價值較廉。

一、波斯尼亞專賣律，於一千八百八十年訂立。種烟之照有兩種，一爲自用，一爲賣與國家者。其餘與奧匈規制相仿。該處所產之烟甚佳，種烟之地日益推廣，近年每年約産三兆啓羅之烟草。每年專賣之淨利約五六兆古倫約中國五六千萬元。全部人數僅百餘萬，全部有製烟廠四所皆造紙烟者，每年約共成五十兆枝。

一、日本國家於明治三十一年商允各國烟葉不准進口，三十二年實行專賣烟葉，設烟草專賣局，屬大藏省。各處產烟之地，設立分局，買賣烟葉。又於三十七年收全國製烟廠，無論紙烟、雪茄、□□烟捲、烟絲，皆歸政府製造管理。外國造成之烟亦准進口，惟須抽納值百抽二十五至五十、七十五之稅。專賣局長一人勅任，書記事務官由奏任，餘由判任。製造種植皆有技師。定烟草專賣律八九十條、專賣施行細則四十九條、專賣局代賣渡人藏置烟草規程八條。人民非受政府之許可者，不得種烟，種出之烟由政府收之。種烟之區域由政府定之。烟草非政府及受政府之命者不得輸入，亦不得販賣。凡有不依政府之規定而種植烟草、製造烟草、私自製造烟之器具機械及卷紙者、私自販賣或藏置及輸入烟草者，皆量其所犯之輕重而加之罰。

一、義大利自一千八百六十八年至一千八百八十四年歸商承辦。迨一千八百八十五年，商辦限滿，國家收回自辦，將烟草之價大爲增加。現在每年淨利約一百五十兆黎亞亦作“黎而”，與佛郎同。約合中國銀四千五百萬兩。

一、土耳其專賣律，於一千八百七十九年訂立。一千八百八十三年由德、奧、法三家銀行成一公司承辦專賣烟草，其資本之額爲一百兆佛郎，迄今僅實集一半。此項利權以三十年爲限，該公司於此限內得在土耳其全境之內收買製造販賣之專利，種烟及一切管理之法皆由該公司經理。該公司製造之烟出口無稅，在本地土銷之店須向該公司領取執照。公司每年須先付公債局以七十五萬土鎊每土鎊約合中國九元餘。其餘按照該公司實集之股本派官利八厘，再有餘利與土政府公債局按成攤分，其例如下：如餘利在五十萬土鎊以內，以一百分攤派，公債局得三十五分，土政府得三十分，下餘之三十五分歸公司。如餘利在一百萬土鎊以內，以一百分攤派，公債局得三十四分，土政府得二十九分，公司得二十七分。如餘利在一百五十萬土鎊以內，以一百分攤派，公債局得三十分，土政府得五十二分，公司得十八分。如餘利在二百萬土鎊以内，以一百分攤派，公債局得二十分，土政府得七十分，公司得十分。一千八百九十一年淨利爲三十五萬土鎊，一千八百九十八年淨利爲三十六萬土鎊約合中國三百三十五萬銀元。

一、日斯巴尼亞專賣律，於一千八百九十六年訂立，一千九百年修改。由官發給資本，由商承辦，以二十五年爲期。所得之利以一百分攤派，國家得九十五分，公司得五分。一千九百年之淨利爲十二萬六千日幣按日幣與佛郎同，約合中國銀四萬八千兩。

一、葡萄牙，一千八百八十八年至一千八百九十一年，由國家專賣，旋歸商辦，每年交國家約合四兆馬克之税，其盈虧及銷數滯旺，國家概不通問。

一、德國，准人種烟，無須領照，亦不加限制。土産烟草於未售與製造廠之先，每百啓羅須納税四十五馬克，一經完納概不重徵。惟民人如欲種烟及擬種之數，須先報知國家，如不報或所報不符，則以私種匿報論，罰以四倍至八倍之税。如抗延不交，可治監禁二年之罪。製烟亦聽民人自便。故通國有二百廠，工廠〔役〕約十五萬餘人。外國烟草進口之税，視其質地之高下爲定。每一啓羅，至輕之税爲八十五馬克。每年烟草之税，合土産及外來者，共約六十三兆馬克，約合中國三千一百萬元。按俾士麥執政時曾議將民廠全數收買，由國家專賣，因議院不准籌此鉅款，是以未行。

一、俄國，種烟無税，亦不限制，惟於製成發售之先，須領國家印花粘於盒上，方准出售。通國計二百六十廠，工役四萬人。凡製造廠必先向國家包定每年行銷印花之數，始准開設，至少之數爲三千盧布每盧布約合中國一元。未製之烟草進口，每撲的亦譯作布得，約中國三十斤。

抽水十五盧布四十分。烟絲鼻烟進口，每磅抽稅一盧布三十分，錫茄進口，每磅抽稅三盧布。每年土產印花之稅及外烟進口之稅，共約四十兆盧布，合中國四千萬元。

一、美國，種烟無稅，亦不限制。惟種烟之人必須將所種烟草售與有執照之商店，於收買烟草隨時詳記於冊，備國家按月稽考。製造廠亦須領照。收入之烟草亦須列冊備查。製成之後，無論爲錫茄，爲紙烟，抑或烟絲，皆有國家印花方准出售。大錫茄每千枝抽稅三金元六十生，小錫茄每千枝抽稅一金元六十生，紙烟抽稅一元五十生至三元六十生不等，其餘各種烟絲每磅抽十二生。以上稅款，皆須於出廠之先完納。此項土產之稅每年約收五十九兆金元，而紙烟之運出外國者則概不徵稅。至外國運入之烟，其進口稅每磅自七十五生至四金元五十生不等，如係製成之錫茄，除完納此稅外，照價須抽百分之二十五。每年烟草進口稅約收十四兆金元，共計約合中國洋一萬四千六百元。

一、英國不准種烟，烟草入口須納重稅。每年約收稅十二兆鎊，約合中國一萬二千萬銀元。

謹將派員查明洋商侵佔烟草權利情形繕呈鈞鑒：

一、英美公司每年由外洋運進各口者，強盜品海牌約六萬餘箱，三砲台紅帽等牌約萬箱，其滬漢兩廠造出之孔雀雞牌鼓牌等烟，運往各埠銷售者亦在六萬箱以上近因該公司在中國製造銷數增多，由外洋運來者稍減。日本雲龍鳳凰蜜蜂朝日敷島等烟亦達二萬箱左右。黑龍江全省所銷皆係俄國烟，亦有二三萬箱。埃及、呂宋及西洋各國輸入之各種烟草亦復不少。總計當在二十萬箱以上。貴賤勻計，每箱百金，每年已銷耗二千萬兩。約以三成消費於中國，亦尚有二千萬元爲之捆載而去。如此巨款，年復一年，不自爲計，國何以堪。

一、紙烟進口，完税取巧，亟宜更正。查各國烟税均較各物爲重，有值百抽進口税二百者，有值百抽百者，或百分中之七十五，極輕亦百中抽二十五。我國税則本輕，聞光緒三十年美國咨照外務部，所有英美公司在上海所造之孔雀雞牌鼓牌等紙烟，須照咸豐十年天津條約按百斤完烟絲銀四錢五分。此條約註明係黄烟、水烟即潮烟等絲。其指中國出口烟絲，不應牽混於紙烟。查孔雀牌每箱時值約一百二十兩，報烟絲七十五斤，僅完税三錢四分，運進他口再完半税一錢七分，是值千抽重，雞牌鼓牌約值五十餘兩，每箱亦報烟絲七十五斤，亦完税三錢四分，是值千抽七。烟税本應加三。而反輕至如此，不可思議。查上海浦東英美公司烟廠，有捲烟機八十台，每台約計至少日出二箱，再加夜工尚不止。此即以每年出烟六萬箱計，每箱均價七十兩，約值銀四百二十萬兩，值百抽五，計可抽正税銀二十一萬兩。現按烟絲税則抽收，僅得税銀二萬四百兩，已吃虧十分之九。

一、子口單。孔雀牌雞牌鼓牌係在中國所造之烟，不應報請子口單。查洋貨進口，完過正税再完子口半税，持單運往别埠始可免沿途釐金。非外洋進口者，例不請子口單。聞孔雀牌雞牌鼓牌等烟，僅完土産烟絲税，往往亦朦混報子口單，並不遵照部章逢關抽税遇卡完釐。或有局卡委員與之計較，伊竟敢以洋貨素不完釐等語信口搪塞。委員於外國牌號何者係外洋進口完過正税，何者係滬漢所造僅報土絲，不能詳悉，亦往往認爲洋貨免其完釐。是宜通飭各關卡，凡以上三種各關不得發子口單，内地各卡應按土貨辦理，不得免其到處釐捐。

一、地方稅係地方行政所需，凡經商於該地無論華洋商皆應完納也。乃同一牌號之烟，華商販至内地則照完，洋商自行運往則落地稅、房捐、舖捐均抗不完納，亦無如之何。以致洋商在東三省到處自行設肆，自行運貨。營口稅局知孔雀牌雞牌非進口洋貨，出示令照土貨完納地方等捐，而英美公司洋人竟至稅局勒令收回告示，免其完納，肆其強橫以損中國政體，一至於此。似宜通飭地方官吏，凡應行完納之地方稅，無論華洋商，統按一律征收。

一、要求地方官濫出告示，欺壓愚民，不可不慎於措詞也。查英美公司歷年要求領事照會各地方官出示保護，並查拿冒牌。我國官吏有求必應，復於去夏請准兩江總督出示，並華商所製之烟有紙料顔色與伊牌號普通形似者亦禁。不知商標註冊至今尚未開辦，彼此保護牌號僅有空約。洋商既未繳註冊之費，我國斷無保護其商標之義。何況普通形似，一經出示，致使華商所造之烟稍有紙料色澤一處普通與伊同，即指名控罰。受害之家不少。現在大部正在提倡仿造洋貨，如有此等無理要求，地方官似應詳慎措詞，少與出示。

一、聯合華商強訂合同，壟斷市面，急宜禁止也。英美公司施最毒最辣之手段，各處凡能售烟之舖户，即自書一紙合同，令一華人引一洋人特向該舖強令蓋一字號圖章，即作爲該公司之小同行。其局面較大之店，則以甘言微利誘令與訂合同，作爲該公司之大同行。合同一訂，則以後祇准銷洋公司之烟，而華商所製之烟不准售賣。無論口岸内地所有能銷烟之家，均被該公司一網打盡，全作經理同行。以外人而設計束縛内地商人，壟斷利權，不合公理，且與天津法約第十四款相背。亟宜設法禁止，曉諭華商，勿貪小利，勿受人愚，入其勢力圈内。前訂合同，聲明作廢，違者罰辦。或由華商紙烟公司禀部立案，自結團體，由内地各商會經售紙烟按店攤售。

一、英美公司任意在内地搜查各舖，有損主權，不可不禁也。查各國條約，無外國人有權可以直入内地商店任便搜查之條。乃英美公司往往藉查拿冒牌爲名，至内地商店，傾筐倒篋，無所不爲，稍加阻止，大肆凌辱，復扭送地方衙門令其懲辦。地方官明知華商冤抑，懾於外人勢力，不敢據理辯爭，往往含糊科罰，以冀了事，而損失主權，冤抑吾民，在所不計。嗣後應飭地方官不得聽憑外人在内地騷擾商務，即有冒牌，亦應呈由領事咨照地方官代爲查辦。如有洋人逕在内地私自闖入店舖擾亂治安，即拿交該管領事懲辦，以保主權而維商務。

一、各地方凡能售烟之家均爲英美公司束縛於一紙合同，不准銷華商之烟。其能銷華商之烟者，非零星小店即不殷實之商家。計自二十九年以後，華商製烟公司大小約有三十餘家，現在能倖存者寥寥無幾，所失資本小者五六萬，大者十餘萬，統計當在二百萬以上，均斷送於此英美公司之合同。查各條約許洋人在通商口岸自由貿易，並不准其濫入内地。英美公司何得與内地華商訂立合同，衹准售該公司之貨不准售華商之烟，限制内地華人貿易自由，殊不合乎公理。此事各國皆不以爲然，我國反熟視無睹，坐令華商群遭失敗，不思補救。識者謂宜據理力爭，内地主權操之在我，曉諭吾民不得與外人訂此不合公理之約，其已訂有此項合同者，務須及早解除，庶中國烟草前途方有希望。

一、招徠生意全賴廣告，英美公司之廣告一連數十，凡可張貼之處幾於到處糊滿，華商偶貼數紙皆爲其掩没。

〔四·五〇〕 椿孫應辦應問各事_{冬月}

一、漢口諶家磯沿江地基,速即會商蕭文軒、陳晉卿派人看守,勿任偷挖泥土。

一、漢口張美之巷口地基,應將馬路官地設法買回,如能寬買更好,俟買成再議挑土。

一、漢口後湖王家墩所買馮曉卿令郎之地,會商盧鴻滄如何辦法,即速稟復。

一、武昌戊字段江邊之地,趕緊税契,江邊中間所嵌之地,如便宜可併買,後面地不要。

一、撲臣大智門外之地兩塊、沿馬路市房,即同戚銘三往看,查明房租現歸誰收。空地之上如有借造小屋,可以酌收地租。

一、漢口英租界所買之地,現值每方若干,查明寄知。

〔四·五一〕 致瑞莘帥函_{廿六日}

莘儒仁兄大公祖大人閣下:頃聆偉教,莫銘欽佩。拙議鹽務變法一端,録呈鈞鑒。此事繁重,必宜派幹員赴印度詳查,斷不可枝枝節節爲之也。敬請台安。

〔四·五二〕 致瑞莘帥函_{廿七日}

莘儒仁兄大公祖大人閣下:兩奉惠書,並承録示往來兩電,具紉公誼。李一琴電稱自碼頭以至廠内鋼軌已經舖好，兵工廠亦利用之。路旁兩水塘地，鐵廠所需，堆儲製成之鋼鐵各料，與碼頭相近，又在軌路兩旁，便於起卸耳。得公九鼎一言，俾速交收，豈僅弟一人感澒已哉。附呈圖説章程各二本，幸隸宇下，尚求進而教之。手叩鈞安。

〔四·五三〕 致許久香①函廿七日

久香仁兄大人閣下：昨晤偉教，慰甚快甚。承屬寄寧電，頃得復，似甚信任洪道，不欲加派。高、梁究竟到否，公宜再查。此請台安。

〔四·五四〕 致鄭道生函十一月廿八日

道生仁兄大人足下：頃展手書，並單二件，均悉。本宅工程尚需款如此之多，兹特劃付和豐龍洋五百元，趕緊催辦完工爲妙。貧兒院圍牆已砌好甚慰。惟聞圍牆均係本地基所出舊磚，則該匠作大得便宜，務令多揭灰砂，以期牢固，而又飾觀。青紅磚門樓須要好看，門房號舍廚房均望督飭蓋齊，裝修尤須斟酌堅實，將來擬造朝南市房，似須留出一廂房砌灶地步。此項工程年内能否完竣，即祈示復。聞院基已挖出粗細石料三千餘塊，值錢甚多，望即派人看守分別開出帳單，除本院留用之外，花步等處取用。此石似須估價歸院，以助工程

---

① 許鼎霖，字九香。

之用。花步金山石駁岸聞均用此項舊石,望再細查,勿爲所朦。牮樓屋五幢改造平屋五間,望年内催令完工。兹再匯上龍洋一千元,統希查收,餘俟開正驗工後再行找清。三處工程均賴執事一人認真監督,其忙可知。本宅大門前須添種樹木(原加旁註:貧兒院應否種樹),玉蘭桂花似皆可種花步東邊,須將西邊樹木遷移,並應添樹竹,今冬均須種好,加意布置妥貼。復頌籌祺。

〔四·五五〕 致趙竺垣①函 十二月初七日

竺垣仁兄世大人閣下:別後正深馳念,兩奉手教,敬聆種切,並諗進講多勞,精心結撰,至深欽仰。承示本原之地情形日落萬丈,不禁爲之感慨唏噓。初五日明降,抑揚頓挫,未知何因。報載閣下建言學務財政宣布國債實數,確否?聞澤邸告退,監國交還原摺,並將鹽政責成整頓,似尚倚重。但恐農工商三字,不能實行損下益上,民窮財盡亦無長策。即如招商局本屬藉華商資本與洋商競爭,乃近來用人之權,郵部仍蹈本初覆轍,悉用官派,侵漁商利,年年虧本,以一千數百萬之商産,欲取給商息四十萬而不足,各省華商,咨嗟太息。李文忠所創實業數端,衹剩此一事,垂數十年而不特無以擴充,且日削壞之,竊不料朝中日言商戰,如此其殆也。至滿洲鐵道,美國創議應由各國借款收回,弟從前即主此説,今美發難端,實窺透東方惡劇不甚遠,則惟均之勢失,惜吾無此外交手段,又必坐失好機會。清

---

① 趙炳麟,字竺垣,廣西全州人,時任京畿道御史。

弼①制府請假美款造洮南至愛琿鐵路（共二千餘里），得此一綫橫梗於中，雖不及全收日俄兩路，亦足補救萬一。弟料日廷亦必阻撓，幸美廷先設最高著在前，落到借款專造洮路，已降一格。只須我毅然與美訂約，似可不怕阻撓。此係救東三省要着，若失此不圖，燃眉之急不甚遠矣。乞公研究詳細迅速示覆，弟亦拚此一官上疏言之。公欲知其詳，可取十一月初四、五日北京帝國日報閱之，此舉極佩清帥有遠識也。凡借債須看辦何事，粵漢川漢既有商股可勿借，而非所論於洮琿。若洮琿者直是救國耳，盈虧亦所不暇計也。西林函已轉交，且與同閱。手復敬請台安。年世愚弟期盛宣懷頓首。

〔四·五六〕 致廣東藩台陳少石②函 十二月初八日

少石仁兄方伯大人閣下：昨奉尊電，承公稟商制府撥助鄂振銀五千兩，由蔚泰厚匯寄，仰見睠懷舊治，痌瘝在抱，荊襄江漢之間，皆拜仁人之賜矣。除俟該款收到再行掣呈收照外，謹先叩謝。茲有懇者，候補縣丞趙文係弟姪壻，需次多年，歷當差使，並無貽誤，前因奉諱賦閒已久，現已服闋，幸隸帡幪，仰求俯加拂拭，賞委一差，俾資養贍。該員才具尚好，辦事勤能，決不致有負栽植之恩也。手此布臆，敬請台安，伏希荃照。

---

① 錫良，字清弼，東三省總督。
② 陳夔麟，字幼石，廣東布政使，陳夔龍之弟。

〔四·五七〕 致前南北洋大臣端午帥函 十二月初十日

陶齋仁兄大公祖大人閣下：自公北徂，繫戀人深。福教習①回，曾奉手書，不忘故舊，中心泐感。弟抱喪子之痛，既蒙賜電慰問，又拜長者四字之誄，何寵如之。人生不過數十寒暑耳。大隈伯云，不可不希望百歲以外，乃有活潑生趣。青山博士謂我與公勞心國事，宿恙必愈發愈劇，非藥餌所能治。弟則自喜鋼鐵，一見成效，即可拂袖入山，但為我公惜。今得稍息仔肩，寄情金石書畫，舊病必能霍然，當可多加數十年，又足為我公賀。惟不知尚記得三年前相與謀議各出所藏立淞濱金石圖書院以垂千秋萬禩否？弟鐫一印章，貽之子孫，不及公諸同好，已於蝸居築高樓，將老於此矣。公才公望，朝野歸心，且年富力強，國會國債諸大政相偪而來，山川豈舍諸。休養數月，聚精會神，東山再起，必有更勝於前者。但將搜羅金石之誠，用以物色人才，天下英傑必萃止矣。敬請台安。

〔四·五八〕 致盛我彭函 十二月十四日

我彭大姪升覽：接十一月十四、廿九等日手書，具悉一一。鄂災以沔災為最重，吾姪適當其衝，□尚易辦，工更重要。我見報紙所登蜚語，明知不確，特電詢姪處並達護院②。昨接護院初七詳函，始知左牧徇紳董之請，力言冬振可不必放，將應撥振款發交各紳董具領修

---

① 美國人福開森。

② 楊文鼎，時護理湖廣總督。

堤。名爲以工代振，實則無非□□私囊。幸護院堅持定見，謂冬振萬
不能□□□比初振加寬各處潰堤亦由官修，丁壯歸工，專振老弱婦
女，護院力任其難，吾姪乃得放手爲之。沔天潛川冬振均已查放，共
撥款四十萬千。潰堤工程，以袁家月堤爲最鉅，伍守專辦，年内可望
合龍，並力贊吾姪辦事核實，操守廉正，可誓天日。護院可稱真知己，
莘帥以嚴刻用事，聞有電到護院。但求堤工年内畢事，明年春振似尚
易舉，荊州如辦，沔陽斷不可不辦。曉青設廠留養萬人，此最得法。
姪回省謁商護院，諸事自必妥貼。如果開春民食尚不能濟，自當力求
春振，護院仁心毅力，天以兩省災振付之，未始非天心仁愛也。運糧
事我電詢護院，請添派委員專司其事。來電甚說少竹可靠。我頭批
所運營口高粱一萬大石、麪粉四千包，均撥曉青，二批所運奉省高粱
一萬大石、内有玉米麪粉一萬包、芋乾一萬數千石，已許沔七荊三。
想來沔尚易運，可再切托少竹，以免再誤。此事全在精神貫注，多用
一分心，少造一分孽。姪此次用人甚多，察弊尤爲緊要，處處宜防代
人受過。莘帥擬正月初十起程進京，履新約在二月中。護院命我續
購高粱、芋乾各二萬石，芋乾無可添買，高粱已電託筱帥派人赴錦州
辦一萬（如成可在秦王島運），清帥派人辦一萬（如成可在大連灣運）。
連運費算亦必不輕矣。手復順頌冬祉。

　　另箋均悉。二姪孫女十五良辰，特屬文軒送上紅緑湖縐四疋，聊
以誌賀。楊小姐①八字已交星算，有能幹英武字樣，卅八歲雖走傷官見

----

① 楊文鼎之女。

喜可免等語。我向來不甚信占卜,汝嬸母最迷信,恩頤定孫氏之姻,朝三暮四,迨今夏孫小姐從德國回來,有人在車站見面而後定。我與俊老交好多年,申之以婚姻,實所至願,惟此事不可不由伊母做主。現已歲暮,開春稍暖,我必攜眷到漢小住,屆時當可設法定議。原擬配隔壁姑娘,大約可作罷論,此中似亦有天定也。姪何日赴工,甚念。止叟又泐。

再:此次督辦工振,雖經筱帥問我,然皆屬俊翁之力,兩次附奏,確是候補道最體面之事。惟筱帥已調任,保人才則可,保勞績則不能。莘帥好惡無定見,我當竭力爲曉青説項,以冀連類而及,仍須求護院吹噓也。止叟。

〔四·五九〕 致郭筱麓①函十二月十六日

鄂災極重,陳筱帥屬辦芋乾已承尊處辦過一萬擔,已陸續運往,歡聲載道。昨俊卿護督來書請再添購二萬擔,除電達外,務求我公再與商會呂觀察熟商,如能添辦一萬,溫民亦可多得現錢度歲,似屬兩益,乞閣下妥商後即電示,並希轉致招商局謝守爲禱。再請年安。

〔四·六〇〕 寄孫中丞②函十二月十八日

慕韓仁弟親家大人閣下:奉十二月初十日手書,敬悉一一。鶴雛

---

① 郭則澐,字筱麓,福建侯官人,時任溫處道。
② 孫寶琦,山東巡撫。

太史晤談兩次，所言德國財政極爲詳備。拙議僅以日本幣制爲藍本，而日本松方伯告我皆脱胎德國，故鶴雛指教處正如小巫見大巫也。金本位不能急行，必預備首座，方免後來套搭矛盾。銀元重量無關出入，各國有同有異，即同亦不爲失體，異亦不爲新奇，但求套搭合度而已。昔張、袁力持不可與人同，澤公駁論甚是。管見以爲論元不應再論分量矣。惟銅元目前價甚低，若欲强定十進位，則銀元宜輕不宜重。午橋制軍主五錢重，贊虞中丞主六錢重，皆欲俯就銅元十進位。鄙議擬照美、日重量，因金本位易於套算，於目前銅元價尚難相合。聞度支部尚須待各省監理官調查而後定。公今請以五錢銀質換銅元百枚，適當其值，似可不必説明一兩換二百枚。幣制劃一之後，斷不可再作一兩論，非廢兩不能一律論元，此至要也。鶴雛亦然此説。大疏想是鶴雛手筆，其中尚有晦而未明字句，望再淘刷以成完璧。澤公正在疑慮銀銅價目，得覩大作，諒可豁然。今日財政斷非搜括所能豐足，姑從幣制入手，農工商相遞而進，一收天地自然之利，再收中外通商之利，雖上下交征而不爲苛。公在東言東，贖回礦産，自宜擇其最佳最易者集股試辦。承示淮鐵博煤堪以設廠，並可作爲漢冶萍分局，甚感關垂。惟煤鐵礦廠之難辦，無以復加。冶鐵、萍煤外人皆豔稱之，然已十年苦功，糜款二千餘萬之鉅，尚在方興未艾。新年大爐工竣，明年每日可出鐵六百噸之譜。馬丁鋼爐已有六座，每日約可出鋼三四百噸。該廠不難多出貨，惜吾華製造不興，亦無船廠，衹有路政所用鋼軌一項，而津浦北路尚爲李德順所持，竟不用自己鋼軌。故漢冶所出鋼鐵，猶賴出口銷路，否則難矣。宣在廠言廠，實無餘力再辦分廠。且煤鐵兩項，斷非百萬所能動手。日本製鐵所已糜日金六千

萬,漢廠推廣亦必三四千萬兩。屢聞晉省欲開鐵礦,將來豈無後起之
人?然爲中國大局計,宜先多開製造機器各廠,俟一廠之鋼鐵不敷
用,再辦第二個化鐵廠。否則全要出口,必被外人跌價傾我,而我之
資本大半借款,恐終爲外人所佔取,不可不防。德人誘我脅我,敝處
前已派德礦師往查,其稟報博煤可煉焦而苗層不厚,濰鐵不及大冶易
採等語。德人如欲售與日本(漢廠售鐵與日本合同卅年期滿,尚早),
尤宜禁阻。屈指疆吏諳外交財政實事求是者甚鮮。公不久必調北洋
或南洋。膠沂、烟濰兩鐵路,華商豈真能集股乎?手復敬請台安。

〔四·六一〕 寄孫中丞函 十二月十九日

慕韓仁弟親家大人閣下:奉十月廿七日手翰,猥以亡兒承長者四
字之褒,感謝曷已。兄自遭此戚心緒益劣,尤難在身後積累甚重,孀媳
雛孫莫知所措,趕緊收束,已須賣產代爲彌縫。暮年病體其何以堪。尚
幸四五兩兒謹守規矩,足不出戶,七子尚穉,親自督課,聊以解嘲。放振
是數十年心願,鄂災最劇,蒙與司道撥款五千金,又承閣下自捐千金,足
可活數千民命,至深感謝。附上電報密本,以後用此較秘。敬請台安。

〔四·六二〕 致孫中丞 十二月廿日

再:附上漢冶萍奏案章程帳略圖説,以備台覽,可知此事艱危,實
非尋常實業可比。鄙人一生名譽幾至毀盡,今雖轉危爲安,然心膽俱
裂矣。倘盡如津浦北路竟舍自料而不用,亦殆矣。惟祝我公移督兩

湖,盡力維持,當有暢盛之一日。大疏結語財政必須先齊幣制,正是當頭棒喝。澤公有識有力,惜無好幫手。去年在京,過從甚密,歸後常通親筆信函,似尚知菲材於財政稍有閱歷。將來實行新幣必須有一人綜其要略。精琪①所謂"總司泉",中國舊官制名曰錢法堂,或稱幣制大臣,歸度支部節制,方能有條不紊,吾老矣,畏寒,不能當部差,開春擬進京請開去差缺。如蒙簡派幣制差使,往來京外,或能勝任。前訂商約有此一條,似非無因,質之我公以爲然否。若以此重任責之監查官,恐散而不能歸綜也,但亦無毛遂自薦之理耳。 又頓首。

〔四·六三〕 寄楊護院函十二月十九日

敬再啓者:頃接李一琴電,稱錳礦事早已面陳尊處,惟阻撓者係蘄水徐令,並非興牧。並聞徐令聲名甚劣,尤慮一處阻撓,處處效尤。大冶咫尺,如果刁風煽動,必大費事,全仗台端操縱,防患未然,大局之宰。高公橋水塘,昨晤莘帥已接閣下復電辦妥,彼甚慮弟不能允,告以二公美意,縱使吃虧,亦不敢不照辦。鄂獎寬限兩月,收款較多,一俟袁寶三年底報齊,即當全案咨達,以了一事。手此再請台安。

〔四·六四〕 寄繆筱珊函十二月十九日

筱珊仁兄世大人閣下:前由淵石示我手書,承悉一一。(所賜《瘞

---

① 精琪,美國人。

鶴銘考》一本，刻甚精，如照此刻資如何，乞查示。）頃又由語石交閱尊
函，藉知龜巢琬琰兩集，約成大半。茲特續付刻資一千元，除書價外
計現龍圓八百六十八元，即祈察收。所刻書來春何時可送下幾部，頗
願先覩爲快。愚齋所立上海圖書館現已開工，地十餘畝，擬小作邱
壑。尊處所擬圖樣（南洋有東西洋書籍否？上海需兼而有之），乞速
抄示以便摹仿。此間已三易稿，尚覺未完備。藝術館擬另建未便毘
連也。手頌台安。

〔四·六五〕 寄呂尚書函十二月廿一日

鏡宇仁兄親家大人閣下：昨奉惠函，頃已另復。紅十字會均得優
獎，此後倘能造就一班好醫生，不特爲戰時調用，即平常亦可濟人利
物。惟各處民窮財盡，無事之秋募捐，恐無把握。大疏中集款造醫船
數隻，奢願不易償。請部鑄關防，似亦非吾三人手無斧柯所能領辦。
鄙見莫如奏明歸部爲是。請與洋務熟手考訂，隸入民政部，好否。昨
已先行電商尊處矣。公爲李革道受過，識者皆知其冤。所幸聖明在
上，悉行光復，再見尚書缺榮補無疑。聞崧生有退志，仍蒞外部，精力
尚能對付否？弟自喪明抱戚，老懷抑鬱，終日悶坐無以自解。宅有隙
地，擬造圖書館，近頗收買舊書，如部中有罕見典籍價不甚貴者，乞代
留意。孫濟寧①收藏甚富，能否設法收購，兩有裨益。四小兒承公作
伐已與慕翁大令媛聯姻，公爲原媒，過帖之日係請陶蘭泉爲代。此間

① 孫毓汶，山東濟寧人。

擇吉來年三月（十三良辰）結婚。聞孫夫人欲入贅，弟家中入贅皆不吉利，内子拘泥，且因弟病不能赴濟南，此中爲難情形，已託女媒王繩伯函去商酌，尚乞我公善爲説辭，是所至禱。商約竟不來議，開歲似須函請外務部主持。現今中央政府新政太多，諒亦無暇過問。弟全副精神貫注鋼鐵，新年新爐告成，出貨當不止加倍也。手此敬請歲安。並賀親家太太年喜。

〔四·六六〕 **致趙竺垣函**十二月廿二日

初七郵寄一函，計邀台覽，昨接清弼制軍電，錦琿鐵路借款自造草合同已奉核准，差堪告慰。國會不能縮短年限，亦有至理。我看世界還是專制手段，如招商局董事會，數月以來一事不能辦，仍是城北所派之委員，橫行無度。委員皆是道台，爲華商之蠹則有餘，與洋商競爭則不足。真有本錢者皆各退避三舍，無怪乎華商之莫能興起也。令弟長沙信來，府中平安。兹有專丁到京，特布數行，即盼玉復，敬叩歲安。

宣統三年辛亥(一九一一年)九月至十一月

〔五·一〕 **致上海輪船招商局董事會函稿**九月二十日

招商局董事諸公同鑒:鄙人自蒙股東公舉,忝長斯會,自愧無能。去年到京即應辭讓,祇以局務艱絀,尚待贊襄。弟尤不欲以郵長干預商務,致礙將來,因是遲遲未以爲請。今自罷職出都,咯血舊恙愈發愈劇,延醫調治,難以速痊。且昔年股分均已售押淨盡,查照局章既無本公司股分即不能負其責任,所有董事一席請即開除,並於股東開會之日,代爲聲明爲禱。專布。敬頌均祺。愚弟盛宣懷頓首。

〔五·二〕 **致山東孫慕帥①函**九月廿一日

孟晉主人賜鑒:連日謠傳,正深惦系。奉十八日手教,慰悉慰悉。代奏八條,院議渾含,並擬奏明援庚子年之例便宜行事,最爲兩全辦法。不必如雪樓②之明目張膽,或致無可轉圜。項城致書前途,不復

---

① 山東巡撫孫寶琦,字慕韓。
② 江蘇巡撫程德全,字雪樓。

施砲攻擊。武昌濱臨大江，艦砲桅懸，層轟易破。城小糧缺，困久難守。勁旅本不及萬，去其傷殘不過數千。項城所以必欲先清外患，恐舍此不圖，四方滋蔓，回朝後號令不行於天下，不特共和無可爲，即改民主亦難收拾。群雄環伺，一國先起，豆剖勢成。故不如親臨前敵，專力圖鄂，兵威一振，各處解體。舉其平日聲望，傳檄可定，然後入朝挾天子令諸侯，收人心羅俊傑，自有水到渠成之妙。蓋目下情勢，不難在清君側，而難在齊民志，不難在齊民志，而難在得軍心。自來革命不能不起於征誅，竊頗以項城此行爲然也。吾老矣，無能爲矣，然撫體自歎，未嘗不爲自古英雄惜也。公具卓犖之才，此次處極難之境，倘非平日取信於紳民，何能定危機於頃刻。他日事過論定，功罪是非難逃於天地間。不處於極危則人才無以見，吾爲公首屈一指。惟眼光須看得遠，腳地須站得穩，於是可久、可速、可變、可常。古人云，旁觀者清。會心不遠。恩兒①昨已來青，眷屬數日續到濟。事稍定，再遣兒媳前行。邸抄，請屬金大令隨時封寄，國中桃花源不知在何處也！手復勛安。止頓。恩兒侍叩。

〔五·三〕　復李伯行②函稿 九月廿六日

伯行仁兄世大人密覽：奉十二月廿日手諭，謹悉。頃錫樂巴來，又面述尊指愛我良深，患難之交，逾於骨肉。眷屬之行，照料妥貼，尤深感泐。別後病體尚可支持，此間養疴避囂，已租屋暫息。惟南北知

① 盛恩頤爲盛宣懷之第四子，其妻爲孫寶琦之女。
② 李經方，字伯行，李鴻章之長子，時署郵傳部左侍郎。

者漸多,膠督則喜作主人,極承優待。美領事更親熱。如晤德、美使,乞代致感。漢廠新爐受砲揭,華洋人均星散,萍礦尚無消息,冶礦幸無恙,事後修復必大費。幸產業沃饒,不難恢復。弟老矣,無能爲役。且事體重大,不能與人無爭。誠如尊論,須早留心替人。李一琴①已三折肱,爲股東所信服,中外聲譽亦甚好,惟位望尚不足獨當一面。公識力名位均足勝任,既不願做官,似可負擔此舉。一琴素所佩服,必能相助爲理。弟但求保全商股不致中縶,兩子將來能在其中可資效力,於願足矣。如果請假出京,務必過我一話滄桑,頃接滬電,尊處蕪湖產業被民軍佔踞,未知確否?敝處蘇州留園義莊及典當房產均被佔踞,聞程雪樓牌示有盛產充公之説,程固蜀人也。公之蕪產作何計較?彼貌託文明而心憚各國,或與林律師商酌,有無呈請領事爭回之法。蘇州只有日本領事,蕪湖較易爲力否?公試與英朱使②商之。弟出京之夜,朱使派巴參贊帶隊護送至津,祈代道謝。錫樂巴以部中給函,告我感吾兄之德。據云香山③稍有隙,然錫之才德在格樸之上也。項城用神,內而籠絡議員,外而羈縻革黨,目前當可無事。惟君權已去,閣權未知如何。香山到部,宗旨如何?弟未了事,滬杭甬耳。□司長所做奏稿,初五夜送還署中,務請檢寄,須□張季澤④朱桂卿⑤一閱,非我等誆騙也。鐵獅胡同房屋另租固妙,即無租客,亦須派人看守,須告知令姪爲禱。季兄諒不出京,晤時道念。福開森想已赴鄂

① 李維格,字一琴,漢冶萍公司經理。
② 英國駐華公使朱邇典。
③ 郵傳大臣唐紹儀,廣東香山縣(今中山縣)人。
④ 農工商大臣張謇,字季直。
⑤ 朱啓鈐,字桂莘,時任津浦鐵路北段總辦。

辦紅十字會，能多散難民亦好。漢綫如通，能知漢冶萍實信，尚乞示我。此請台安。弟止叟頓首。

〔五·四〕 致丁家立①函稿 九月二十六日

家立仁兄大人閣下：北京聚首，屢荷教言。匆促出都，蒙台駕遠道相送，此情此景，令人没齒難忘。弟到此即承駐青馬領事來船照料，並得隨時與尊處互通電信，殊深感謝。回想此次滿院風潮，無非射人射馬，若非尊處先得消息，與衛署大臣會商保護，尚不知如何結果。日前上海謡傳，尚有餘波，當請馬領事密電尊處轉達。旋接嘉大臣②來電，敬聆之下，深慰鄙懷。然此後滄桑變幻，誠恐有不能預料者。嘉大臣幸已回京，務乞閣下隨時留意，遇有要事，轉懇嘉大臣費心設法，始終保全。患難之交，不敢言謝。除另函嘉大臣及各國諸大臣外，晤面之時，尚望代爲一一致謝。敝眷日内亦將接來，此地海氣甚於身體有益。賤恙稍好，堪慰遠懷。漢陽萍鄉各使館如有信息，尚求示知。日本雖有借款，不能干預。昨日馬領事接尊電問及此事，具見關切，不知中國報如何謡言也。附致李侍郎經方要信一封，即希轉交爲禱。福開森兄在京中否？何日赴湖北？念念。此請台安。愚弟盛宣○手啓。

---

① 丁家立，美國駐北京公使舘參贊。
② 美國駐北京公使嘉樂恒。

〔五·五〕 致德國駐京欽差大臣哈豪孫函稿

九月二十六日(參贊盧克卜函未留稿)

敬啓者:北京聚首,幸識光暉。雖因病軀事冗,不及常親風度,然每次談讌,無不彼此推誠,固已欽佩久之矣。弟此次出都,匆匆行色,危險異常。是日承貴大臣會同各國大臣雅意周全,設法保護,並荷派兵遠送,得以化險爲夷。高義隆情,實無倫比。弟到津乘坐提督輪船,該船主伺應甚爲周到。及抵青島,何署督相待殊優,並派警察照料,此皆仰托蔭庇,得以致此。五中感泐,何日能忘。近來國事紛如,尚擬小住爲佳。嗣後如有關係鄙人之事,尚祈貴大臣始終照拂,乃爲私心所切禱者耳。專布鳴謝,順頌日祺。盛○○啓。

〔五·六〕 致法國駐京署理欽差大臣裴大人函稿

敬啓者:北京聚首,幸識樗暉。雖因病軀事冗,不及常親風采,然每次談讌,無不仰荷關垂,固已欽佩久之矣。弟此次出都,匆匆行色,危險異常。是日承貴大臣會同各國大臣雅意周全,設法保護,派兵遠送,使宵小無從乘隙,得以化險爲夷。追思大德,銘感莫忘。現在僑寓海濱,避囂養疾,地尚相宜。但望國事漸平,早歸故里,免作羈旅之人,斯爲萬幸。嗣後如有關係之事,尚祈貴大臣始終照拂,乃爲私心所切禱者耳。專布敬鳴謝悃,順頌日祺。餘惟惠照。盛○○啓。

〔五·七〕 致美國駐京欽差大臣嘉樂恒函稿(署使衛理函未留稿)

敬啓者:昨日馬領事轉知貴大臣覆電,備承指示一切,感不自勝。

藉諗貴大臣安抵北京，尤深欣慰。惜弟已被譴出都，不及再一握手。尚憶在京之時，與貴大臣籌商事件，承公顧念國際關係，竭力贊助。於鄙人辦事，尤無不推誠相信。正想次第實行，則敝國倚賴貴國之處，尚不止於財政一端也。不料一轉瞬間，朝局變遷至於此極。鄙人雖罷職，而此心耿耿難忘國事，不知何時復覩太平也。瞻懷故友，不禁神馳。尚乞不棄葑菲，好音時賁，是所至禱。此頌日祉。盛○○啟。

〔五·八〕 致美國駐京欽差大臣嘉樂恒函稿

敬再啟者：此次弟因各國借款未及先通資政院，乃以違法行私，嚴劾去官。此事總協理度支各大臣實在會議之列，各國大臣所深知也。且按四月十九日內閣奉上諭：特借兩款，前已降旨。專備改定幣制，振興實業，以及推廣鐵路之用。著度支部將借款用法，剋期辦妥。一俟九月開常年會，即交該院議決。所請開臨時會之處，著毋庸議等語。可見該借款先行簽名，再將用法交議，皆屬遵旨而行，不得謂之違法也。敝國大局如此顛危，而臣子之是非，何暇計及。天黑地昏，變起倉猝，尚賴貴館衛署大臣會同各國大臣一伸公論，鼎力保全。丁參贊遠送上船，仰托福庇，安抵青島。馬領事亦照料甚周，俾通消息。私心感泐，莫可名言。惟聞南省謠傳，鄙人於此借款，得受銀行資本家回扣銀數百萬兩。紛紛藉口，欲破其家。閣下知我愛我，諒亦必爲呼冤也。再頌時綏。弟名心又啟。

〔五·九〕 致英國駐京欽差大臣朱邇典函稿

九月廿六日(巴爾敦參贊函未留稿)

敬啟者:北京聚首,幸挹樽輝。正喜舊雨重聯,乃聽離歌倏唱。匆匆分袂,不及走辭。鈞閣瞻依,猶存歉悵。猥荷派員護送,俾得履險如夷,安抵沽口。深情厚義,何日忘之。尚憶在京之時,因病軀事冗,不能與公常相接晤。而每遇商籌事件,承公顧念國際關係,竭力贊助。於鄙人辦事,尤無不推誠相信。正想次第實行,敝國倚賴貴國之處尚不止於財政一端。不料一轉瞬間,時局變遷至於此極。鄙人雖罷職,而此心耿耿,難忘國事,不知何時復覩太平也。睠懷故友,不禁神馳。專布敬鳴謝悃,順頌台祺,書不盡意。盛○○啟。

〔五·一○〕 致英國駐京欽差大臣朱邇典函稿

敬再啟者:此次弟因鐵路借款未及先通資政院,乃以違法侵權,嚴劾被譴。此事總協理大臣度支大臣實在會議之列,貴大臣所深知也。敝國大局如此顛危,而臣子之是非,何暇計及。禍患之來,正難逆料。尚賴貴大臣力持公論,保全始終,並派巴參贊帶隊遠送,得叼蔭庇,安抵青島,暫息風塵。事後追思,莫名感謝。近日惟聞南者傳言,鄙人於此借款,得受各銀行回扣銀數百萬。紛紛藉口,欲破其家。閣下知我愛我,諒亦必為呼冤也。手此,再頌時綏,統祈心鑒。弟名心又啟。

〔五·一一〕 致日本欽差駐京大臣伊集院大人函稿

九月二十七日

敬啓者:北京聚首,時領教言。月初匆促成行,未能走辭。尚荷台駕惠然光顧,深宵話別。情意肫肫,古道熱腸,於今罕見。鄙人此次就道,謠諑甚多。承派衛隊遠送天津,俾臻妥協。私衷感泐,莫名可言。此間海氣煦和,頗似須磨光景。暫時卜宅僑居,避囂養疾,尚屬相宜。惟聞漢陽迄未收復,鐵廠在戰綫之中,甚爲危險。尊處有詳細消息,尚祈示知,爲盼爲禱。專布順頌台綏,統希雅照。盛〇〇啓。

〔五·一二〕 致日本欽差駐京大臣伊集院大人函稿

敬再啓者:昨三井友人接奉尊處復電,以鄙人之事,承閣下面詢慶王,別無他故。並悉閣下與朱大臣①意亦相同。聞信之下,深爲慰謝。惟國事顚危,時局變遷無定,此後如有關涉鄙人之事,尚祈留意維持,尤深幸禱。再頌時祉。弟又啓。

〔五·一三〕 致實相寺函 十月初二日

別後奉上一函致謝,計已收覽。弟囑高木代爲函請尊處所辦之事,均費清神。九月二十九日川上接到閣下來電,振記款剩一千三百六十一兩三錢八分,已電匯上海三井,再匯青島,屬給支票,速送京云

---

① 指英國駐北京公使朱邇典。

□。振記支票一張，已交川上寄京。□□□□□□□□預先借用矣。又來電，籌振借款，利已展六□□□□□□□□本銀三十九萬兩，已代展期六個□〔月〕□□□□借款，本銀展期六個月。來函係九月十四日，即□〔西〕曆十一月四日爲始期，至來年西曆五月四日歸還。弟初以爲九月十四日以前應收利息約計七千七百七十兩，總可先行收回。故請尊處將此款電匯青島三井洋行，以備使用。現接來電，似乎連利息亦已展期，須待六個月後一氣歸還。想已註明票上，不能更改。惟此九月十四應收之利款七千七百七十兩，如至六個月後，自亦應照七釐代收利上之利，請注意。又來電，幣制局款項及借款已電總行云。查幣制局款項日金二十三萬五千三百六十七元十九錢，支票前已遵照寄上。而上海顧詠銓九月卅日來電，正金上海支店尚未劃付。豈橫濱總行尚未知照上海，抑或未説明交付顧詠銓之故。十月初一日又電請尊處説明以上款項須付上海顧詠銓代收，□囑顧詠銓代弟付給收條。務望迅速辦妥電知，萬勿再遲。又查借款五十萬兩，在京時已蒙閣下十分答應。以招商局船股二十五萬兩，又住宅房地產價值二十五萬兩，又漢冶萍股分四十萬元，以作抵押。昨接顧詠銓來電，上海正金尚未接洽。今又承電總行，甚感。弟恐漢冶萍股票目下不甚可靠，願將度支部借票三十九萬兩，以及招商局股票二十五萬兩，又上海英租界住宅房屋全所值價二十五萬兩作抵，更爲可靠。已於十月初一日電請閣下催其速成，斷不可誤。弟即函知顧詠銓向上海正金支店即日辦妥，仍以六個月爲期。此係弟自己之事，因上海市面呆板，弟一時不能回滬，惟望閣下不爽成約，即催總行轉致上海，迅速與敝處代表顧詠銓成議，是所至感至盼。以上兩事，請閣下接信之後,電復爲要。專布敬請台安。

〔五·一四〕 **致實相寺函**十月初二日

敬啓者:府學胡同房屋一所,抵押尊處,已將一年,只可懇請展期一年,並將利息四千九百兩加押在内。弟添蓋房屋工程,實用之款,將及三萬兩,連前約值銀十萬兩,故抵押七萬四千九百兩尚無不值。惟屋内傢伙亦係全行抵押在内,尚望貴行嚴令看管之人,切不可任令失散,是爲至要。昨接上海來信,有敝處僕人流落在京者,將屋□傢伙什物,搬出資賣,得洋數百元之事。想必假□敝處之名,故尊處所派看管之人,不能拒絶。特此專函奉託,以後無論何人不能搬出物件,必須有弟信致閣下,方能憑以取物。弟信必加蓋圖章,請驗明爲要。此頌時佳。附致尹集院大臣信一封,即祈面交爲幸。

〔五·一五〕 **致孫慕帥函稿**十月初三日

孟晉主人惠覽:九月廿二日覆函之後,閱尊處改換局面,運籌更覺繁難,故未敢通訊。幸菉生在此,常通消息。大事平安,稍慰系念。滬報以山東獨稱總統爲言,其實湘淮軍統數十營之將帥,皆稱總統也。項城到京,中外屬望。組織政府,張季澤、梁卓如①尤快人意。各省宣慰使,面子既好,各舉數人到京決議,更爲絶世聰明。此時所

---

① 梁啓超,字卓如。

待決者,民主與君民共主而已。伍秩庸①等均以民主爲然,楊皙子②所慮亦是。且民主數年一更,舉項城之外,兩三年即欲造就第二位,亦不容易。未知項城之意與公之意若何。大約不久即可定議。如尚貽留君主爲告朔餼羊,則此時外交不可不用心。伍、溫③並非好手,然大陸報爲彼機關,外國報界未免搖惑。而各政府尚嚴守中立,似應速派唐少川等,分赴各邦説明道理。西人常言我土地太廣,不統一更難平安。聯邦之説,處於群雄窺伺之間,不知有難處否? 公與項城皆外交家,必熟思審處矣。税務司云,賠款不能付,恐啓人干預財政之漸。若不能借債還債,必至關税收付悉歸税務司,不成其爲國矣。範孫④頗曉經濟,亦須大費擘畫。據菉生云,尊處財政甚困難。惜濟省無銅元機廠,否則鄙人尚有經手日銅可撥助也。青島日前有毛瑟槍七千枝運往神户,何不預爲購買。蘇浙尚守秩序,蟄先⑤聞毀左、李、彭、張祠,似欠斟酌。雪樓出示:"盛氏產業充公,他人存款均保守不令吃虧。其庶母子弟產業,應俟商會查明,呈候都督核辦。"頃接家電:"欲勒令捐餉,即將產業發還。"查留園係合族義莊,蘇撫奏明有案。在蘇各公典,存款及他人股分居多,皆有憑據,自必有人前往商會具呈。自己股分無多,且看其要捐多少。鄙見願捐振弱及紅十字會,而不願捐軍餉。下走與雪帥從未謀面,而時通函電,向甚談洽。都督勒紳捐餉,季澤指爲野蠻。尊處與有聯邦之誼,能否設法疏通。

---

① 伍廷芳,字秩庸。
② 楊度,字皙子。
③ 伍廷芳、溫宗堯。
④ 嚴修,字範孫,時爲度支大臣。
⑤ 湯壽潛,字蟄仙。

附件呈覽，口氣似尚平和。恩兒昨攜令嬡及小孫到此，本應前來叩見，尚恐有不便之處，應候尊諭，再令來省，不在一時也。手敏台安。止齋頓首。

〔五·一六〕 致上海顧道函稿十月初四夜

詠銓賢甥足下：云云，余意必須逐户設法。蔣總監之告條所云："庶母子弟候查。"則善懷名下之八萬數千千，連富姑娘另外私房如兆記五千千等尚有公帳房取利者，即可遞呈。又二房毓宗名下，即禄記股本四萬千，亦可由毓宗□□□□，再將分闕抄寄，以便請吕□做呈子，□□□□□蘇呈遞，此所謂庶母子弟也。濟美之晼□□□□□順之壽記一萬千，大正之夑記五千□□□□□□□□□，久大之王沂記一萬四千千，劉□□□□□□□□典王福記二萬千接頂王壽萱，均大□□□□六千千，永思記一千千，公順典之王福記一萬□□□頤記六千千，同順典之王福記五千千，均可□□接頂，將公典收照給人承受。好在與本典帳目相符，甚爲可信。只須切囑管事，其中姓王者居多，子展與我至契，而又有擔當信實，我意大正之王幹記一萬四千千，久大之王沂記一萬四千千，公順之王福記一萬二千千，同順之王福記五千千，一併託其承認，將來以九五扣酬謝，亦愈多愈好也。久大劉福記一萬五千千，必須覓一妥人承頂。以余知之，劉雨屏最合式。劉葆良雖好，恐其弟漏洩。仁濟堂劉蘭堦亦可信。鎮江劉鶴莊康遐如到上海，宋德宜與相好，望由汝擇定一人，不必再與我商量。此法須將公典交與代表，必須取其收據，雖相契好亦不可無此信據也。各典有公帳房借款,而寄來上年年總後□待雲記所領借布等款五萬□□□發典只有四萬七千兩,公帳房所領供□□□□□□□八千兩,二共計有庫平四萬二□□□□□□□將各典所借公帳房之款劃抵。□初一電,囑將公帳房付利各存款抄來,欲知其詳細方能擺□。即如濟美領狀,只有借布一萬兩,而年總另外收有鼓鑄一萬九千兩。若是濟美自行具領,便屬無礙。若是待雲記經手所領同順均大之款,而公帳房□□□濟美,則遞呈大為費事。今日船到人來,□□□□□付利各存款帳未寄來,不知何故。□□□□□□有未銷之照,而各店年總不到,如董陳巢及喜記非將付息之帳抄來(利必注代付本不知何在),不能明白。久大、濟平、大正、濟美、均大,各管事尚在否。如尚在,須密告辦妥,將來必從重酬勞。約三典想在錫也。

〔五·一七〕 致張蔭玉、費雲卿、顧詠銓函稿 十月初三日

二十三日蔣總監告條有云:"盛氏產業其庶母子弟產業應俟商會查明核辦。"又於久大典門告示有云:"從前所放生息之款項,一俟查明,仍應各憑票據辦理。"似此情形,除吾名下之產業,均可發還。然亦宜趁早報明,以免牽混。茲查四舍弟善懷名下典當股分生息款項共計銅錢八萬二千千,前年七月間因其夫妻反目,憑親屬立據分派弟媳張氏之票據,已交伊父張蔭玉代為收管。庶母富氏□□□懷之票據,去年七月入都之時函託通商銀行代為存庫,現在似應取出。前項典當憑照以及議據,即由諸公公舉妥當代表一人,與舍弟善懷赴蘇即向□□□遞呈。須請援照三房濟大典發還之例辦理,此後憑照即可仿照洋人寄存通商銀行,以資保守。再查濟順典帳有兆記存款錢五

千千，係姚姨太太遺產。其收照息摺爲富姨太太收執，似宜一併聲明。如蘇省商會只管久大，並須分赴各縣商會遞呈。請即與張親家妥商。若請代表，梅閣、鈺如當可勝任。若做呈子，小莊、幼舲當可得體。前接四舍弟來信，提及此事，現既有此辦法，希即轉致可也。附致各件，祈查收示覆爲感。此請蔭玉姻丈、雲卿表弟、詠銓賢甥、靜濤、作之、梅閣、鈺如、小莊、幼舲仁兄均覽。止齋手泐。

〔五·一八〕 致金菊蕃、顧詠銓函稿 十月初四日

菊蕃仁弟、詠銓賢甥手覽：總公司開辦以來，初賴愚記幫助，後賴六合公司押借。去年三月總公司與六合公司訂立合同，改加押借款至三百萬兩。現查八月份來摺，計十三宗共借三百萬光景。倘此次再將通商寄存銅價九十萬元挪用，恐須達到四百萬之數。鄙見此項銅價係屬暫挪，只可另立憑據。而六合公司當仍以三百萬兩爲度。前訂合□□□□□□□請再照前式，囑仲雅另繕兩分。□□□□□□□□起仍訂一年爲期，趁一琴、虎□□□□□□□□其簽字寄來。鄙人署名後即可□□□□□□□□候未簽字，既有萍礦在内，亦囑其□□□□□。是信到如已回萍，便可不必定列其名也。此請籌祺。止叟頓首。

〔五·一九〕 致李一琴函 十月初五日

初四禮和交到手書，知大駕廿九安抵滬。月餘焦念，藉以少釋。

細讀日記,艱危情形已可概見。岫雲函述公行後紅十字會人來,尚云廠安,暫託三井招呼,暫代經理,較之自己在彼轉有藉手。惟砲火中心點戰時恐日亦不能保護。事平後修復化鐵爐爲第一事,吕柏①爐匠之外,是否可暫遣,公諒有主裁。奉支電,知虎兄今到即回,萍礦現安。□□人執□□□十四萬,儲蓄八萬,非發現洋不散。十月、臘正、四月,用款十六萬,必須趁水大運足,現正籌劃。頃電復虎翁,支持危局極感佩,萍需卅八萬,似礦票儲蓄廿二萬皆洋數□□廿四萬(年内需付要緊利息及上海儲蓄),只有存通商新幣九十萬可暫借用。此係銅價(高木經手),現在造幣各廠均不能交銅,故已囑高到本即轉賣,其不能轉賣者,均展期半年。惟此項存於通商,爲革②看住,不能動用,故仍以銅價名義囑令高木設法撥存正金,再行動用。昨詠銓來電,高木擬與革説通,送給十萬。其餘田高收。弟初四夜覆電斷不可行。今因漢冶萍需款甚急,若一文不捨,此款只能仍存通商,不能挪動。可囑高木即與革説通,如撥用九十萬元,按九五扣送,准可送給四萬五千元。目下革仍窮困,諒無不允。惟此九五扣須借者認,將來幣制局必不肯認。妙在目下新幣與英洋一律,每元值規銀八錢五分,半年交還,幣制銅價至多八錢,則此扣款似可有著。望即與高木、詠銓妥商辦理。如果辦妥,只須由漢冶萍立票□帶來,利息可照銅價展期之利算給。趙丙生前□□〔與三〕井商定,係長年七釐,想高木與古河等續議亦不出乎此也。若得此款挪移,則萍款可以如數。請虎翁

---

① 吕柏,德國人,漢陽鐵廠工程師。
② 革,指革命黨。

仍即回去,保全萍礦,所關匪細。賴倫①弟欲請其到此□□,欲詢其礦務實在情狀。小田切②來電,要改續議預借合同,必多要挾。其與高木電內有涉萍煤,此項約在大連會議,高木想已將其來電呈閱。我處情形亦非從前可比,一係度支部力量斷不能幫助,一係諮議局於礦石恐有干預。如果季澤能到農工商部,只須將股東會董事會組織實行,新政府於此危難窮窘之公司或不致侵佔。大連會議關係甚鉅,或合或離,難設成見。今照原估多一修復之費,故所重在現款。弟約小田初九大連相會,公能來此偕行或徑往均可。公與實相、小田續議附件,我無底稿。高木經手紗廠押款百萬元,顧電不肯轉期,此亦漢冶萍用,望切囑高木設法爲要。止叟手泐。

〔五・二〇〕 **致金菊蕃函**十月初五日

出京後連接六十號至六十五號手函,並各帳摺均悉一一。時局艱危,財政更爲困難,一語包括盡矣。尚幸一琴來函,漢廠尚安。虎侯到滬,萍礦亦安。莘伯兩信,冶礦照常。倘能如天之福,迄乎停戰,廠礦無恙,吾恙〔願〕足矣。總公司負欠甚鉅,到期押款只可要求展期。匯豐二十萬,顧函已將戈登路基地加押,已允接展。惟三井紗廠押款百萬元,昨詠銓來電云,興業不□□轉期,已由一琴、閣臣、高木,商三井電懇興業,想即係指此款。兄亦電囑高木,如欲酌加利息,亦

① 馬克斯・賴倫,德國人,萍鄉煤礦總礦師。
② 小田切,日本正金銀行董事。

屬無法。至應付各款到期利息,約需規元十四萬二千餘兩,□〔儲〕蓄年内到期二十九萬六千餘兩,除儲蓄處八月底結存十五萬餘兩,又總公司存款四萬八千餘兩相抵外,約不敷二十四萬左右。初一來函,顧晴川經手七萬,通商自存七萬,商明通商、仁濟和股分作押款劃還。又沈仲禮①商量以華安保險原存五萬兩作洋如數填給普通股票,此比借股票抵押更爲妥當,足見沈仲禮於我交情可靠。似此合算,年内所缺不過五萬矣。頃致公電,擬將銅價所存通商之九十萬元,一概劃交總公司。據一琴來電,萍礦要用卅八萬廿四萬是洋數,因將尊處所需之廿四萬亦算在内。除現在只要用五萬之外,皆可暫存正金,以備不虞。洋價八錢五分,似可將新幣全行售出,將來外國洋錢一到無不落價也。大冶月需之款,岫雲來函,西澤允將礦石價付給。惟遣散漢萍洋人,需給川薪,一琴、閣臣未知能□畫耳。賤恙不增不減,海濱風雪較甚,知念附聞。復頌台祺。

〔五·二一〕 **致費雲卿、顧詠銓函**

雲卿表弟、詠銓賢甥足下:雲弟初五、初十來函,詠甥十二來電均悉。

一、肇大餘記公帳房,分立三摺,作爲陳、顧、吳三姓所存。陳可用陳詠珊(女子可頂)。顧宜用顧晴川,吳宜速覓一人(鈺如有一朋友吳姓,在漢口正金銀行買辦景之壻,有正金靠山,若好,望即託鈺如)。

---

① 沈敦和,字仲禮,上海大買辦。

派一妥人前往，或先分函致管事，以存底子。景記正本一萬三千千，又五千千，光緒十年本係薛景記乃是薛叔耘①之名，潘質卿想尚知道。薛南溟甚念舊，具有□力，可即託人赴□□□□□滬面商，如允代認，當予酬謝。從□□□□□□□莫如仍用收照，則餘記、福記亦用□□□□□□公帳房作存款。摺之外亦可給收□□□□□□□□。

一、均大壽記六千千，王沂記頂四千五百千，其餘一千五百千係永山記真頂<small>永山現執濟大收照係無用矣</small>。特將永山收照一紙補上，即與倒換，便可相符。

一、王韓記係外股，昨寄收照，即塗銷寄下。

一、大正之壽萱福記四萬二千千，管事仍認爲王相股，大正管事須重賞。已重填收照，交繩伯帶回。又濟平二萬千，亦交繩伯接頂。惟王處合同已註銷，我處尚有收執之濟平大正合同，請在老太爺箱內找尋，如果尋到，即交繩伯，可以作爲王相合同之憑據。繩伯與應德閎②有交涉情，當可設法救之，我並託其力持公理。

一、劉福記收照寄上，如無人頂，繩伯亦有朋友。若謂我無股分，可云劉福記（廿一年六月十四日）接頂盛貽範壽記之股分也。

一、我信王沂記請歸展頂，而尊處來電王福記歸展頂（皆無關），而久大之王沂記一萬四千千、大正之王沂記四千五百千准即改歸繩頂。至於大正典內夔記五千千、天造地設王□□□□頂也。

一、濟豐典亦有夔記五千千，此收照□□□奶奶，可即詢其如要

___

① 薛福成，字叔耘。
② 應德閎在江蘇獨立時任財政司長。

保全，須交□□帶往蘇州辦理。

一、濟美典向有思惠齋接頂□□記股分一萬七千千，計收照三紙，而抄來年總並無思惠齋，只有畹記一萬千，與收照不符。我想思惠齋（人皆知我齋名）係刁太太①，畹記（無人知其名）是莊太太②，必是後來所改，而抄帳少寫七千千，故目下只可照年總改爲畹記一萬七千千。附上收照三紙，請即與蘭泉密商。我於票上改爲陶畹記（畹字與蘭字相連），請蘭泉赴江陰一行。宋爲財政長，此人不至變心。

一、福記受分之四萬……千，斷須承認。

一、公帳房所存公款，尚有四萬兩同順之米釐一萬兩，中西學堂三千兩，提回者亦在此四萬之內。我查公帳房有存久大銀一萬五千兩，均大洋一萬四千元，公順典之盛公記股分一萬八千千，又洋二千元，約可相抵。惟因如何交派必須密與管事商量，我想亦當以九五酬勞，望即密告，並與作之妥商，即公帳房亦必酬勞。

一、喜記、禄記遞稟之事，請與吕幼翁商辦。凡有去遞稟者，辦成亦須酬勞。□〔張〕季澤函允持公理，不肯以調人自任，□是□□□□□，只要他允持公理，另請人作調人，自有效果。前稱梅閣只允一萬，似難動聽。若連肇大一併在内，似宜多加。應德閎爲程雪帥之最契，我已託繩伯往商，但仍須各人承認，使知其是公產，議捐二萬有效果。

一、濟順壽記一萬千，應由濟大撥來公帳房之董、巢二姓之股本

① 刁氏，盛宣懷之妾。按盛宣懷共有五妾，姓刁、秦、劉、柳、蕭。
② 莊氏，盛宣懷妻董氏死後續娶者。

作抵,均應知會管事,註冊皆有根據。

一、寄上收照一總分,均望細心檢點。凡所去者,皆須有收條,並認明代認理內以防流弊。

一、大正四萬二千千,又五千千,濟平二萬千,已交繩伯取其收條矣。

一、繩伯云,去年有押在我處(押一萬五千還過五千)杭州電話公司股票一萬五千元,龍章股票五千,在總帳房,欲取去一驗,望即檢付帶去一驗,亦取收條可也。

〔五·二二〕 **致仲玉、雲卿、詠銓函**十月初七日

仲玉□兄大人、雲卿表弟、詠銓賢甥同覽:九月二十三日蔣總監告條有云:"盛氏產業其庶母子弟產業,應俟商會查明核辦。"又於久大典門告示有云:"從前所放生息之款項,仍應各憑票據辦理"等語。三房壽記產業無多,已經庶母及嗣孫復頤赴都督署中遞呈,已將濟大典當及中市房屋發還。四房舍弟善懷所執喜記典當股本及存項七萬二千千,昨已將各典收照函託善懷之岳父張蔭玉代爲設法遞呈,援例辦理。二房姪孫毓宗所執祿記典當股本四萬千,計各典收照五紙,又歷年利息存濟美典洋二千元、均大典錢□千千均有執照爲憑,照其告示可與三房四房一體認還。惟毓宗年幼不能親往,再四思維,只有仲玉兄是親母舅,且於都督衙門至熟,商會亦必認得,茲特擬就呈稿一紙,抄錄分撥據一紙,以及祿記應執典當收照七紙,一併附上,□□諸君□□□□拜懇仲玉兄赴□一行。至江陰、無錫、常熟四典即由公帳房專差知會,如果辦成,俾毓宗一房得有飯吃,皆母

舅之賜也。曷勝感禱。專布敬請台安。止叟親筆。

〔五・二三〕 致王閎臣、顧詠銓函 十月十二日

昨青島美領事介紹上海美華公司大班來見，談及漢廠借款，據
云："目下不能借款，若由美國人保護，須二釐酬勞。"鄙人答以："公司
須股東會議，諸多不便，難以商議。"美領事又云："伊有人壽公司、地
産公司能有力量借款。"〔答以〕頃將集成紗廠原抵三井日金壹百萬
圓，西曆年底到期，如能代借，可與尊處商量。彼云："須看估價單。"
答以尊處均有底稿，到滬一看，便知可靠。此外如有小押款，亦可隨
時與彼商酌。據云曾與閣翁相識，用特奉告。專布順頌籌祺。

〔五・二四〕 致濟南孫慕帥函稿 十月十二日

孟晉主人密覽：昨閲示聯合會書，愛國愛民之心，溢於言表。漢
陽已復，武昌聞内訌(如有消息祈告慰)。一盤棋子，死活關鍵全在白
下，現尚死守，然彼有援而此無援，一内變全局去矣。有人寄來密函，
存已多日，不敢呈閲。今漢事轉機，人心稍定，京添洋兵，都下可安，
似不難抽隊以救睢陽。而上海一隅，關係餉源(數百萬不難立致)，關
係外交，關係江海交通，尤宜注意。從前肅毅①由此入手，毅勇②初以

---

① 李鴻章同治三年(1864年)封肅毅伯。此處指一八六二年李率淮軍乘外國輪
船衝過太平軍防綫到上海。並以上海爲基地向太平天國進攻事。

② 曾國藩封毅勇侯。

爲冒險,卒以此轉移全局,則此說不敢淹没。私度項城亦知治亂之機,不得不寬猛相濟。說者謂其窮則盡黄河而守,是淺之乎測項城矣。近日伏覰項城一舉一動,無不令人五體投地,爲其下之國務大臣,何修而得此。另頁二紙,反復籌思,似有至理。德將亦謂此機萬不可失,目下公亦處於極危之地,如以爲然,請速專派心腹,加函演說,以冀其必行,社稷人民之福也。手此密布,敬叩勛安。閱後付丙。名心頓。

此函專遣心腹舊僕面呈,乞洽數語,令其速回。兒媳侍叩。

録上海無名氏上項城宮保書 辛亥十月十三日

竊維金陵關係極重,若一失守,雖武漢均復,大局仍危。自來武漢難守,而金陵難攻。張勳①苦戰不救,足令將士寒心。況目下並不難救,一面正兵由津浦路進,一面奇兵由上海進,聞上海彼甚空虛,只須派精兵三千人,購買輪船數隻,暗藏軍器洋旗,渡過吳淞砲台,分隊一由浦西楊樹浦上岸,一由浦東上岸,先收製造局,執數十人,規復易如反掌。便可乘火車攻蘇州,直達鎮江,與張勳軍夾攻。江浙各軍除龍濟光兩營之外無勁旅,徐軍②亦不難歸順。此事最難在輪船,京奉鐵路有輪船三隻。時近封河,招商局必有數船在口。或不惜重價買英德船兩三隻,如從前滿德經手買愛仁輪船故事。至於津浦正兵,更屬穩妥。惟遲則不及,悔之晚矣。上海一復,稅餉易籌,他省不待宣慰而消獨立,

---

① 張勳時爲清軍江南提督,守南京。
② 徐紹楨原爲清新軍第九鎮統制,反正後被推爲攻南京之江浙聯軍總司令。

各國不待要求而除中立矣。然後以告廟十九條號召天下，誰敢
不遵。此天與宮太保萬世不易之勳也，如因循坐誤，天下事尚不
可知也。

〔五·二五〕 **致上海顧詠銓函稿** 十月十二日

詠銓賢甥覽：初八、初十接初五、初八手書，均悉一一。時勢如
此，公司、家務事事艱難，盡仗甥赤心支柱，雖仰屋懸磬不若是之困苦
也。甥眷雖搬出，自己仍住在公司，尤深佩慰。茲將各事開列於後：

一、又新紗廠因迭次來函，恐革干預，故欲三井挂牌。恐金融爲
難，故欲三井代辦。又因日工必好三井所擬條款，允爲代墊活本，並
可長借廿萬，故決計准代簽字。乃忽因興業不肯接做□款，又因認墊
之款不能如數，以致合而復散。來電業已停工，則此廠如何得了。總
之借押百萬，關係在漢冶萍，不在又新。已另函一琴酌辦。余意若仍
抵押日款，則三井尚可真代辦。若改押他處，則三井只能挂牌。俟美
花到後，隨做隨押，做到那裏是那裏。至於廠內同事，想蘭泉素得人
心，必能駕馭。公司同事與汝皆有感情，似尚不難操縱一切。汝宜靜
心細想，避重就輕，當此艱難，切勿自亂。

一、新幣實是備付銅價，高木經手除已付價外，尚有銅三萬五千
九百十七擔，應付價日金一百二十萬一千二百十四元。我出京，不知
度支部電撥滬道卅萬元，故與高木訂明，將此九十萬元抵付。又因南
北大亂，銅不能交，託高木展緩六個月，而此新幣可以暫濟漢冶萍之
急。孰知一誤再誤，我好心欲以鉅款救銀□之急，大受大清銀行喫

醋,幾乎送與革軍,反使通商□□賠帳。昨接初九來電:"蔡景言收條遺失,通商仍主認撥"等語,幸部電尚未發出。尊論此□宜推宕以待大局,蘇産亦然,深爲欣佩。但不知南京消息如何。

一、沈縵雲①勸助百萬或卅萬,專保滬。彼真不知我處困難,汝所對尚是。與高木同見日領求保護,未知如何? 若無效,我當函托日使轉致領事。公司用一日人,可與同出入也。

一、台灣銀行商做押款五十萬,如果辦成,漢冶萍與又新如何分用? 六合抵借,毛詩爲度②。請與芻蓀約計,速將展期總票交與内人,帶回之後,擬將公司舊票塗銷寄還也。如台灣銀行不成,住宅必須押出。但義品爲數少,息必重,不宜久押。

一、租界之内,決計無事。各使館因西安傷一法人,甚怒。京城各添洋兵不少,想上海租界各國亦必認真巡緝。本宅前七間關閉,移往二厔甚是。吾意西首洋房明年出租,家用太無限制,外間富名未始不因乎此。以後又新供支爲難,進款極少,只得趁此收束。已另函將帳房面子暫撤,以免靜濤被偪。萬不能少之用款,只可仍由汝隨時接濟。我不欲汝一人爲難,故内人仍折回一行也。

一、蘇事季直如有回信,務連去信一併寄閲。肇□展老不及辦理,最爲可惜。如果南京不守,恐難久於推宕。但欲一了百了,救回全産,未知季直有此力量否。

① 上海獨立時沈縵雲爲上海都督府財政長。
② 詩三百篇,此處指六合公司借款三百萬事。

〔五·二六〕 致李一琴函稿十月十二日

一琴我兄大人閣下:初五專丁送上一函,計已入覽。賴來面詢起居,係由日艦回,平安甚慰。惟月來焦勞艱苦情形,不言可喻。如各省督撫均能如漢冶萍之總辦,堅守不去,經權互用,大局何至如此糜爛。尊意重新組織公司,再開工。鄙見亦以為然。中華僅此一大實業,保持商股,似屬要義。若要擴充,宜換無名號無官利股票,□□富卿商議,必不能如原議之盡如我意。天下事必須自己先有定見,方能與人商量。初五一函,未奉手復,不知尊意如何?富卿十日内到滬,□諒不能先來一談,弟有一要事奉託,六合公司借款三百萬,利息太重,轇葛太多,務宜借輕息之債以還之。吾老矣,不能助公以觀大成,天實為之,然撫衷可自信者,他無所長,知公而已,故公事私事及至妻子皆惟公是托。世皆炎涼,岫雲沉毅,金石不渝,雖間有意見不同之處,能見其大,他日決不負公。因其不肯負我,乃知其將來亦不負公也。以後政府不知如何變相,財政必更困難,我看無論君主民主,十年之内亦不能平安,此弟之灰心也。公之重新組織公司,與富卿會議,皆當一以貫通,故弟將此心腹語傾筐側〔倒〕篋以出之。公年方強,可勿灰心,亦萬不可亂方寸,沉思渺慮。請將大意先行密示,免得十日後富卿會議時彼此意見不同,電報説不清楚,是所至盼。虎侯想已赴萍。所存銅價,通商來電不能挪動,且交銅即須付價,亦可不必多此為難。台灣銀行做押五十萬,若不成,則漢冶萍不得了。若辦成,則六合公司不得□。紗廠押款一百萬元,亦是漢冶萍代借,如果三井不肯轉期,有無他處可押?美華公司雖有函致閣臣,亦恐不足靠也。手布,敬請台安。止叟頓首。

再:十一來電:"漢雖得,局勢未定。公司組織需時,洋匠遣散,即開工亦有法。請囑賴速遣散,勿提開工。三月薪已付"等語。當已告知賴倫。惟據稱:"礦路損壞久,必大修,費更重。若恐留少數人,多數人不服。不如暗令緩去。"等語。弟亦想到,組織公司斷不能速。如久於停工,礦路必壞,鐵爐亦必壞,而外欠兩千餘萬,賠利不起,且必索本,並恐富卿合同更無希望。故敝見化鐵爐匠、電機匠、煤礦匠似宜酌留,華匠恐不足專恃,修後尤難於平日,望再與呂、賴密籌之,弟亦無成見也。嶧縣、賈汪等礦此時要得甚易,賴想去看,可與孫籌。頃賴回,敝眷藉其照料,故約同行。馮國璋統帥弟與舊識,雖有電託,然自己無人去,恐可以搬動之物料必難照料,豈竟無告奮勇者。弟所賞識之夏敬業、魏允濟或肯前行,高木同數人去亦好。武昌歸順,京中有電,聞係城內自相殘亂。如武克,則可靠。南京有失守之信,確否?此地北信較近,南信甚滯。一翁再覽。弟又頓首。

〔五·二七〕 致欽鈺如函稿十月十四日

鈺如仁兄大人閣下:連奉手書,均悉。

一、各路分銷,居然守位,足見閣下用人可靠。革軍尚守秩序,生意照常。閣下經手仍宜一手了結,使人人佩服,是所至盼。

一、圖書館做北邊路,免走大門,甚是。書畫會完後,即可將圖書安置開辦。

一、貞吉棧本是公司張處出名,已有奏案、咨案,無人不知。目下毋庸張處出面與革說話,不過有人問及,不便說兩樣話。和局將定，望晤月老代我請安致意。

一、徐冠兄事，望與内人商辦。此事在京因我事忙，已錯過機會。目下我手中無款，甚難。

一、聞上海房租大漲，内地闊人都到上海。如要買產業，揆臣產業以及公中產業皆欲變賣，千望閣下留心，隨時函我，此事詠銓不甚内行。

一、上海近事，望時時密告。賤恙如常，順以布慰。此請籌安。止叟頓首。

〔五·二八〕 **致魯撫函稿**十月十五日抄

孟晉主人惠覽：專丁賫函，計已入覽。頃奉鹽電，南京已失，爲之一痛。此事關係不淺，漢陽雖復，得不償失。附致馮電，係託其派員守護鐵廠。因鋼料可搬動之物，足值二百餘萬，因武昌未定，再三與上海總辦、總董電商，竟無人敢去。馮與弟尚有舊，且爲人忠實，故可託也。此地電局不肯直寄，大約局中亦有偵者，特將原稿寄呈，即乞譯寄。都中由行軍綫寄去，辰字、申字密本皆有也。此廠倖存，皆賴公兩次代電之力，感荷非淺。又舍姪來電：“奉傳諭，詢及積銅若干，存何處，有無鉛錫。此間議鑄銅元，擬先撥用，後奉價”等語。此事前函曾提及，查訂買日銅尚有二萬五千餘擔，皆今冬到期。價扯每擔日幣卅四元四角，連運費，極便宜。應付之價八十餘萬金元，每元八錢幾分，本有江南新鑄銀幣六十萬元存滬備抵。山東如要用銅，運至青島甚易，且可與度支部劃帳，毋庸還款。惟近日接上海通商銀行來電："革軍查出六十萬元係屬政府官款，力索甚迫。"幸有洋大班支持，當屬日本銅商往取，以便銅銀兩交。乃日領竟吩咐銅商勿行。然則銀歸革而銅可勿交，令人憤極。茲已電飭洋大班英人馬西爾堅守中立，彼此不付。但恐英領不肯幫忙，便屬無望。公中雖不爭此區區，然總須盡人事。吾知項城與英朱使交甚厚，特致一電。此地電局難寄，務懇代爲轉寄，是所感禱。①。九月間有運到天津日銅二千八百卅四擔，每擔價金卅二元九角，天津造幣廠膽怯，尚未肯收。如尊處需用，可由鐵路運濟，以後能否接續，則未可知耳。兒媳遵諭緩行，親母大人尚住天津，似不必到濟南矣。手頌台祺。如仲止齋頓首。十四晚

〔五·二九〕 **致呂幼魣函稿**十月十五日

　　幼魣仁兄世大人閣下：初五別後，系念之至。稔公偕敝眷出京，一切均賴照應。弟到此宿羔較劇，內憂煎而外寒冽，老年窮途，何以堪此。聞上海尚守秩序，鄙人祇因金融恐慌，諸債畢集，詠銓等來電，自我罷官後，紛紛索欠。押無可押，又新已支持不住。弟若回家，必致倒帳。蘇省留園義莊及公典八九處，雪帥主持，被封充餉。各使館代爲不平，弟力止不必干預。自古王政罪不及妻孥，而況同族親友乎？弟名下受分福記僅四萬千，老姨太太呈送合同，可以爲證。幸聞張季老力持公理，或有轉圜。詠銓寄來各件，差知大略。仗公鼎言，

――――――――――

　　① 軍機處電報檔中有宣統三年十月十五日山東巡撫孫寶琦代轉盛宣懷致內閣度支部電，見中國史學會主編《辛亥革命》第七冊一一〇頁。

五中默識。此公不輕易與人，晤時乞先密達感忱。弟於大局當有所建白，容再另函，詳布一切。手頌台祺。希望亭頓首泐。

〔五·三〇〕 致上海顧道函 十月十五日

詠銓賢甥手覽：頃接電，知眷到，函悉，甚慰。

一、蘇革見季澤信，派蒯某來議，意欲五萬元，分批交，各典先揭封。同人公議，仍舉何、鄭、戴赴蘇與蒯開議，以五萬元爲度，作保護費，愈少愈妙。先交萬元，其餘分四月交，指由各典籌撥，並由同人出據，與我無涉。各典已取之款，須扣算。園物應還，俟議定再稟。等語。季澤爲人，洵堪欽佩。我看將來總理大臣，此人足可勝任。望密告幼歆兄留意周旋，大局之幸也。此次須在蒯某身上一了百了。我復電欲肇大在內，未知林都督能與程都督一氣呵成否？汝與諸君子看時行事，與其零星喫虧，不如干淨了結。辦妥之後，留園仍派原人回去，各典亦須切實函致，以期妥貼。

一、三井接東京電："押款、代辦均允，惟章程略改，尚未見。"等語。我接高木電："三井允押三年。"想因代辦有三年之約，亦可照辦。惟原條約內，三年期內如欲收回，可以三個月之前知照。後來改爲結帳後三個月交還，此條意思必不可改，免得將來受他挾制。至於代墊之款，多少無甚關係。聞日本紗廠有收緊辦法，大約不外隨買隨做，隨做隨賣，或在隨押耳。

一、虎侯赴萍，非有現款不能保礦。向通商取船股，謝不允。是否謝已押與他人，抑爲保護後來起見？我亦慮到將來漢冶萍股票正金押款到期，必須有物加押，留住甚好。然煤礦亦不能不顧，汝湊出險股二千四、通商一千，交李押十萬，所辦甚是。但必須索取總公司憑據，有李協理簽名方妥。以後漢冶萍必皆注重此人。

一、斜橋、成都路、新馬路契，與義品訂定押十四萬二千，息八釐半，用半色，一年期。（甚喫虧，亦無法。）此款擬撥漢冶萍四萬，（愚記帳上尚欠他，可將此四萬先付還。）其餘備家用及愚記，揆記押息。倘三井不能如期，尚須撥又新四萬。等語。只得照辦。哈單至今未到，何以？託禮和寄，一到青即簽字寄還。

一、高木來電："六十萬元日本領事因是公款，不肯干預。應令馬西爾堅守中立不付"等語。頃已電致通商銀行，責成馬西爾守中立不付。妙在馬西爾有洋大班名目，義不容辭。若恐英領事亦不肯幫忙，我當電內閣度支部託英朱使電致英領事。頃已有電奉詢，候電再發。附稿即交子展諸君一閱，如要發，立刻電我。惟來電總只說革知有三十萬，想是末次運來之款。其先來之六十萬，除撥上海道三十萬外，其餘三十萬京接汝電，似已作發鈔票之用。目下未必真有六十萬新幣存於行內，故未敢遽發內閣度支部之電。即望汝將實話告我，革究知三十萬，抑是六十萬？現在存行六十萬，抑只有三十萬？（其餘卅萬已無新幣。）以便斟酌。因官軍革軍已經英使調和談判，不久必可了事。一經議和，內閣度支部窘態百出，必首先來要此款。我已電託高木賣銅，如賣去，便交還銀元。如賣不去，便交銅付價，皆不能緩。望實告倫輝為要。專此，手頌籌祺。希望亭手泐。

〔五·三一〕 致朱道小莊函稿 十月十六日

小莊仁兄大人閣下：兩奉手書，均悉。振款、通商銀行及金匋蕃來帳共欠四十萬兩，都中袁寶三漢冶萍帳上撥洋四萬元，未知尊處總帳是否相符？尚有葉明齋、洪韓香等江鄂前捐輈葛，一時記不清楚。昨仲雅來函，將可清結。目下政府雖無暇及此，我處經手公事，總宜清結，以免後言。至於以後奏銷，只可聽馮大臣辦去，我已無官，未便會銜。但須將收解之款開一清單，一送度支部，一送馮大臣，便可了事。正金銀行來電，所欠銀卅九萬兩，度支部已蓋印，期六個月歸還，尚不知六個月後如何局面。通商銀行顧詠銓來函，欲給二十萬借款印文，此只可暫時支吾，須候半年正金還來，方能轉還。此理可即轉告詠銓，免再多費筆墨。尊處所致瑤翁函稿甚妥。手布，敬請台安。愚弟盛〇〇頓首。

再：承示"振務内不挪用一文。"甚爲感佩。公費一節，統俟尊處及仲雅帳到，再行酌辦。此事始終費神，省我心力甚多。馳電有求必應，暗中救人不少。案卷一切，均望妥慎檢點，書辦只留兩三人。于、周、顧，隨我多年，不忍棄置，弟不做官，亦望留用。圖書館需用檢書司事，似可暫就。天下事尚未可知，惟弟年老多病耳。此間清净，大可養疴。招商局會長已函辭。漢廠、萍礦雖存，然金融困難，支持不去。姑俟漢大局定後，開會議事如何。人心本已不古，經此大亂，更不知如何變相。尚祈時惠消息，以慰懸□。弟又頓首。

再：密示數條，尤佩卓識。目下人心皆主共和，然程度不足，恐互相爭奪，不致瓜分不已。上海亦近紛擾，未知何日方能底定。敝寓照料，仍賴詠銓。公更事多，遇便尚祈提撕。電底電碼皆係簽押房經手，請即督同廷柱、呂素檢點焚化。公若一人無暇，仲雅可託，恐亦須數日工夫。且西林在滬，進退維谷。呂尚書紅會未知辦得如何？

〔五·三二〕 **致上海呂幼舲函稿**十月十八日

幼舲仁兄世大人閣下：十五函計邀覽。京電："内閣負完全責任。攝①退藩邸，歲加俸五萬。世、徐兩相②爲太保。唐少川③赴鄂議款，續停戰十五日"等語。項城云："外交團深慮中國瓜分，破壞均勢主義，非保存皇統有所繫屬，則群集角逐，兵爭迄無已時，領□〔土〕斷難保全。昨由首領英使介紹，議續停戰十五日，互開談判。如大綱不背，可望和平解決"等語。弟亦備聞外交團議論，終慮中土遼闊，交通曖阻，聯邦民主，必致互相爭衡。諸國之中有利其土地者，願煽惑之。有重其商務者，願保持之。煽惑者少數，保持者多數也。項城亦自知總統不及總理之穩而且久，故欲留雖有若無之統系，而事權在我，不居其名居其實。惟立憲必□〔有〕政黨，政黨有一必有二，環顧群雄，項城之外，其惟通州④乎？通州實爲立憲之祖，初曾商之下走，知人容物世無其匹。近閲其致袁内閣電，謂非共和無可宣慰。此與興論皆同，而與項城稍異。然所謂大綱不背者，恐即在此有名無實之間。

① 指攝政王載灃。
② 世續、徐世昌。
③ 唐紹儀，字少川。
④ 張謇，南通州人。

項城所述外交團之議論，似不可不密告通州，請其詳審。下走迴翔海濱，俟第二位出面時，或可效奔走於折衝俎豆間，以符懺應，亦未可知。四海困窮極矣，非致力於農工商，何以解其困。通州長於此，而不甘小就。吾獨以爲本原在此不在彼也。大局定後，如能暫任，天下之福，豈獨鐵廠繫賴乎？手頌台祺。希望亭布。

前函泐就，詠銓寄到與季老①往還函稿。讀閣下去函，委婉沉摯，感慚交併，不如此亦不足動聽。季老復函雖多嘲諷，所持公理固足令人欣佩，絃外之音亦未始非熱腸厚道。附上十六日懿旨撤去攝政王，人皆曰："報復之速且厲，或更有借此以弭革軍之口乎。"鄙事渺乎小矣。項見派梅閣等赴蘇第②三會議之件，當與世世子孫同感不朽。刪又無效，仍不能〔不〕仰望於季老。聞雪樓外强中乾，季老一言，無不奉命惟謹。而季老處又非公之言不行，可否藉正信所論大局，密送一閱，再可進言，袁張交情，公當知其淵源。第二位亦非過譽。弟自信到那時，外交上必當有以助之。弟今年運大壞，以後尚有好運。吾素不信數，然今年九月之厄，竟是數中所定，亦甚奇矣。近來尊體想平健，賤恙仍如舊。知念附及。弟又頓首。

〔五·三三〕 **致上海龐仲雅函稿**十月十七日

仲雅賢姪坦台覽：奉九月杪手書，差慰離恫。振務收支各帳，小莊

---

① 指張謇。
② 蘇第，指盛宣懷在蘇州之宅第留園。

兄兩次來函，略述其概。惟云銀錢款目均須待尊處核結，方能辦理。承云："擬將各省捐款已解未報及已報未解各款，逐一結算清楚，併作結束，以備移交，請稍寬時日，當與朱道會稟寄呈"等語。深爲慰佩。原議奏銷應歸馮大臣掣銜會奏，我已去官，自可不問。惟實收實解款項數目，必須報部查考。否則墊款索還，政府恐有藉口。據顧詠銓、金芻蕃來帳，共欠規元四十萬。又北京廷柱經手劃洋四萬元，未知尊帳是否相符？九月初已劃歸正金公砝平卅九萬，期六個月歸還，照目下時局能否收回，實無把握。但上海欠款不能少亦不能緩，姑請閣下會同小莊兄迅速結算，開具清單，並囑小翁做妥呈稿寄來，以便核辦，免使他人誤會。至於應劃之帳，或所記得者，葉韶奎捐款，洪韓香還款，顧潤章、趙興昌、盛善懷捐項，尚有沈兆棟、伍璜、李茁芷付去振洋，可以抵劃。統希查帳登明，由我再行斟酌可也。此間無公事可辦，執事上海電局文案一差，唐露園交情素好，人亦念舊，想可蟬聯。晤時希代我致意一切，人情天理皆當於患難中驗之，乃不誣耳。復頌近祺。止叟頓首。

〔五·三四〕 致上海通商銀行函稿 十月廿日

通商銀行總董大班台覽：十月十八日接董、班嘯電稱："京電緩發，馬函可不交閱。款堅持收條到方認陸續付末次卅萬，蔡景迄未將收條交出。銀根緊，新幣六十萬已全抵鈔票"等語。此電甚明白。敝處因高木十四日來電："通商存款六十萬因係官款，日領事無可設法，目下只可著馬西爾中立不付。"尊處來電："蔡景自向軍政府稱並未報部。倘洋文收條交到，恐難不付。因匯豐太大，存幣局款均已照交"

等語。是以敝處十四日擬寄內閣公電不能不發。頃接孫慕帥來函，已代發訖。並據高木電稱，所訂日銅，均已廢約。所應付還已到之銅價必多矣。大局一定，度支部必來索取。至革軍一〔面〕即聞交通因有商股亦不能付。顧董來電，過於發急。其實前首六十萬係與度支部商定而後發，所以救鈔票也。請出告示，且有致滬道公電。後來卅萬，弟出京後已發與滬道，此即蔡景所稱未報部者也。特此清晰奉告，以免誤會。手頌公綏。愚弟盛　　頓首。

〔五·三五〕　**復福開森函**陽曆正月十六號，十一月廿八郵寄。

逕復者：頃接正月十號來函，均悉。所有律師擬來客利新權柄單，似係專爲售賣此產之憑據。查此產在青島之時，曾經面託閣下，到滬請與客利議定價目，先行函商。嗣後僅接顧詠銓來電提及客利只允出價三十五萬兩，而今閣下來函並未言明售價銀數，未知何故？務請尊處即將現議售價示知敝處實得客利房屋地價銀若干，扣還業廣公司欠款銀若干，實應收回現銀若干，准定何時可以交付？一俟閣下詳細函覆到日，敝處即將新權柄單簽字寄上，奉懇代爲辦理。至於賣契之上如果必須弟親自簽字，亦可寄來，請憑神戶見證當面簽字也。專此復頌日祺。名另具。

〔五·三六〕　**致大日本國伊集院**

敬啓者：昨接上海來信："江蘇謠傳，鄙人於各國借款得受回扣銀

257

數百萬兩,故此大憤。蘇州新都督程德全牌示:'將盛氏產業發封充公'等語。所有盛氏蘇省所屬之房屋典當,均派革軍看守。而他家之產業,並不派人看守。問其何故,則云盛氏產業皆從借洋債回扣得來也。"查敝處留園房屋,皆是合族公產。典當亦屬股分公司,置在數十年以前,並非盛宣懷一人之私產。彼民軍既守文明秩序,豈應聽此無稽之談,作此野蠻之事。惟鄙人代我國家簽字借款,究竟有無得受回扣,中國人民或有疑惑,而各使館無不周知。可否懇請貴大臣查明,如果實係冤屈,即日函囑上海各總領事轉致蘇省新都督,取銷前議,即將盛氏產業與大衆一律看待,以示平允,則盛氏合族子孫感受貴大臣大德於無既矣。專布敬請台安。

民國四年乙卯(一九一五年)三月至十二月

〔六‧一〕　**致湖北段巡按使**①**函**三月十七日

少滄仁兄巡帥大人閣下：前肅寸緘，並密抄要件，度邀惠覽。漢冶萍日東要求合辦，昨接杏城左丞②復函，抄呈密鑒。此事現由敝處以公司名義，竭力反對。惟前途藉口中政府不爲維持，地方官諸多掣肘，恐公司喫不住，於彼國定購生鐵礦石抵借款項有所損礙，故非中日合辦不能保護。即已告其改革後之舉動與公司爲難，皆黨人希圖侵佔而爲之，政府與地方大吏初亦無暇過問，嗣後必有真意維持。至於定購生鐵礦石，已議定分作十五年交清，現正經營大冶新廠，按照合同預算必能供過於求。如果違背合同，公司願擔責任。其人昨已回東京，允爲切實解說，或可仰賴福庇，漸歸消滅。但大冶新廠斷不可遲，購地似宜迅速辦妥，免再藉口。前函所請酌派林李二君，皆不在鄂。趨丹爲實業專司，恐難離省。然派去委員必須明白購地之事，方能分別持平，折服地主。查有前清湖北知縣余觀海，從前隨弟辦振多年，並在鐵路當差，於購地事極熟悉，精明穩厚，極有條理。公欲知

---

① 段書雲，字少滄。
② 楊士琦，字杏城，時任政事堂左丞。

其爲人，可詢馮簣軒世兄，如蒙委任，必能勝任。敝處另派公司總稽查員孫德全前往會商辦理。茲特令先赴鄂省謁商尊處，尚乞進而教之。至將軍衙門有無關涉，應否會銜，惟公裁之。敬請台安。世愚弟盛○○謹啓。

〔六·二〕 對於漢冶萍公司的意見

董事會、股東會仍在上海，應縮小局面。而會計總所、總稽核處在上海（每年結帳在此），契據鐵箱應在上海（日顧問分執鑰匙尤要緊）。商務處留一二人在上海爲分所（浦東棧房屬之）。秘書一人。

以上每月經費應從儉議定，爲各局表率。

董事會長本應駐上海，如赴廠礦，應作爲出巡。每月經費應議定。出巡時遇要事，須函電會商同意乃定。

總事務所移至漢廠，總經理主之。

會長巡察在漢時，可入座。未經會議之前，皆不斷定。

總經理二人，照章由董事會公推委任。擬一人專理工程之事，必資熟手，須與廠礦工務長及日本工程顧問接洽，尤重在擴充新事業。必須預爲通籌，詢謀僉同而後定，一洗從前枝枝節節之病。擬一人經理工程以外之事，須與廠礦工務長及廠礦各會辦、商務所、會計所接洽，尤重在整頓除弊，裁節經費。兩經理雖各有責成，同在總事務所，自應不分畛域，互相商榷。

總經理者，一面與各處長考核功過，鞭辟入裏。一面與董事會承接，務使燭照無遺，祛除蒙蔽。

工務總經理重在擴充之事，稽核出貨成本與原訂預算或增或減。

兩經理與董事會通函，或分或合，各聽其便。總事務所爲兩經理常駐之處，應用書記、繙譯、庶務幾人，應酌定經費。

商務長在總事務所之內，本公司出貨若干，存貨若干，售貨若干，已交未交及交貨期限，售貨價目，均須按句開單，報知董會。

日本已有事務分所，高木陸郎主之，應歸總事務所節制。其所組織東方公司，章法尚未完善，曾交商務長修正，尚未聲復。現既有總經理，應由總經理與商務長悉心厘定。

上海商務應由商務長派人分駐辦理，浦東棧房亦歸經管。所做生意一面報知董事會、總稽核，一面報明商務長。從前上海商務所用人太多，糜費太重，亦當重訂。

會計總所及總稽核處在滬應用幾人，另定章程，總事務所均須接洽。應由上海派一會計員駐總事務所，彼此抄帳寄核。廠礦各局會計分所報單，皆抄兩分，一寄滬，一寄漢。

各局會計員照章均歸上海總會計所選派，有特別撤留之權。查帳員隨時可到會計總所查帳，其外局則一年往查一次。

萍煤、冶鐵轉運爲最要之事，本公司不惜經費，輪駁資本已及二百萬兩，而辦理僅免貽誤，包費無不逾額。亟宜重整旗鼓，實爲節省之一大端。

萍冶本屬一公司，現在運鐵租用萍輪、萍駁，一歸盧辦，一歸潘辦，尤增費用。其所以然者，商務處以潘辦爲然也。此後無論何人承辦，皆宜歸併一氣。

萍煤運費原定一兩四錢，尚多虧折。昨盧呈比較價表，本年一月

261

至六月止，每噸九錢七分一六七五，較上年少支五錢零九釐，此爲從來所未有。又據面稱，民船協運十餘萬噸，尤爲節省。目下尚係株州起運，以後改由長沙起運，更當重定運費。

本擬議訂招商局代辦大批輪駁，藉可搭客，並搭裝上水貨物。在招商局有大利益，而本公司可省漢長兩局經費，且官場借用招商局輪船無不照給租價，而於本公司則抵賴不給，股東有欲租與洋商代辦，以杜此弊。所惜招商局董事不盡爲然，是以中止。

盧雖熟手，但恐包額終不可靠，官場租借，亦不肯任怨。即如第二次革命，鄂省租用局輪應給租費七萬五千餘兩，據盧稱爲黎副總統所面許，陸軍部所核准，而盧在京兩月，未能索還，可懼之至。高木函請歸東方公司包辦，東方公司本屬漢冶萍商務轉運之用，似尚相宜，故暫擱未答覆。

如官場租借，可趁此時援照招商局預定租價，請由陸軍部、財政部、湘鄂軍府批准，則可辭退高木，否則必爲日人藉口。

長沙至漢陽輪駁運費似可釐定每噸一兩，須扣繳輪駁資本之利息或七釐六釐，以及修理各費，民船減省之費，亦可歸包額所得。

岳州城陵磯棧實一大漏卮。盧稱大約上棧十分之三，每噸須上下力銀五錢，煤焦損耗尚不在内。倘能於水足之時多運，裁去此棧最妙。即不然，亦宜減少上棧。蓋長沙起運已過淺灘多處，與株州本不相同。

寶豐公司外銷煤焦，均上合興棧。余觀海甚言其弊，請於左近自造棧房。從前本有此議，故曾於萬家廟收買沿江可造碼頭之地。因乏現款，由合興代買，説明隨時可歸公司，惟須與鐵路局掉換一塊，方能敷用。將來萍煤多出，外銷愈多，此棧萬不可少。

萍煤向由襄河起卸，水險船擠，必須在東碼頭兼資起卸，庶可迅速，不誤肥料爐之日需。

煤利本屬大宗，要在節省運費。安源至株州火車費，葉玉虎①加重批定，比較嶧縣、臨城、開平均重，實無此理。現正與粵漢局續議，株州至長沙火車費，盧鴻滄擬求與安源至洙州一律計里加算，尚未議定。今蒙政府維持，自應重訂，由安源直至長沙計若干里，比較嶧縣價目，一例而行。開平係洋股合辦公司，臨城係官股洋股合辦，惟嶧縣係商辦公司，援照最爲公道。高坑工程按日運煤五六千噸之多，火車多中取利，已屬萬分可靠。

去年安洙道中鐵橋沖斷，萍煤難出，幾致斷運。幸做便橋，勉強運動。誠恐便橋再被水沖，公司屢求交通部催造鐵橋，聞有八個月完工之説。又云爲揚子公司經辦，但未知是否歐洲定料，八個月之説是否可靠。此次會長過其地，務望面詢該處橋工程司，究竟何時完竣，免致再蹈覆轍。

以上運務，除工務外，實爲至要至重。所望總經理首先爲之。

辛亥以後，廠礦皆以坐辦爲主任。漢廠則委吳健爲坐辦，冶礦則委徐振祚爲坐辦，萍礦則委李壽銓爲坐辦，於事實上尚未的當。現在廠礦重用學生，應即以吳健爲漢陽鐵廠〔廠〕務長，以王寵佑爲大冶鐵礦礦務長，以黃錫賡爲萍鄉煤礦礦務長。一律重頒印信，俾一事權，而杜分歧。

---

① 葉恭綽，字譽虎。

該廠礦長之下，應分股辦事。無論中外人均聽該長選定，報告董會經理。

該廠礦工務以外之事正多，該長斷無暇一概包攬，轉致顧此失彼。應略仿政府軍民分治之意，每處添設會辦一員，幫同整理。亦須分設各股，不宜複雜，總歸簡便。其各股首領，准由會辦與總經理及廠礦長會同選定，報告董會，不得任用私人，如不勝任，隨時更換。

大冶徐振祚萍鄉李壽銓皆爲該礦創始之人，熟悉地方情形，此次保守礦業，有功無過，堪勝會辦之任。漢廠會辦應由總經理擇賢，董事會商定。

大冶新廠務長再當慎擇會辦，或兼或另再酌。

本公司用人向從寬泛，萍礦尤甚。股東屢以爲言，李坐辦以該礦爲李烈鈞敗壞，縱令宵小私挖土井，以致人心惶惶。裁人之舉，乞求稍緩。或云李於患難之時爲本礦諸人所擁戴，故難裁人。

黃礦長先將礦工應用之人，先定額數及薪水層次，其法甚佳。聞外洋廠家莫不如此，不似中國用人來者不拒，兼收並蓄。及至人滿爲患裁汰時，又無非徇人情不能論人才也。

現與吳廠長面商，各廠礦均須先定職司，再定人數、薪數。均有定額，擇人材以補額缺。其人材不足者，派人暫署。其人材多餘者，可存記備補，或借補他缺。

其要在用人有額數，則經費有常例，與尋常裁汰大不相同。

額滿見遺者不妨酌贈薪水，以勞績爲等差。于仲膺在京爲政府言，漢冶萍每年可裁節經費五十萬兩之多。愚見揣度公司雖屬寬濫，斷不能如此之多。姑請諸公主持減政，力爲其難。究竟能減若干，皆公司股東之幸,亦大局之幸也。

此件交孫會長及趙劍秋閱。親筆擬稿(由記事珠簿抄留)。

〔六·三〕 **致廣東張巡按①函**八月初七日

堅伯仁兄大人閣下:月前承寄蛤蚧二百尾,生者尚有過半。遠道惠施,十分感泐,當已函謝,諒蒙台察。公移節羊城,兼轄財政,威望所在,此時百端維新,非似從前拘泥掣肘,正有爲之時。惟財政一事,弟以爲儘向百姓誅求,若不爲百姓廣覓生計,恐仍難免悲觀。況天時人事,均屬可危。粵省水火兩災,彼蒼以數百萬災民付諸公手,此天之所以歷試英豪也。昨奉龍上將軍、李巡按來電:"擬以全力辦工,趕築秋欄,俾可補蒔秋禾。"權其大者,甚可佩服。惟自來工振二字,衹重在工,而不得謂之振。蓋振者專注老弱,以免輾轉溝壑,壯者本不在內。故遠大之惠,工也。急切之功,振也。弟前官直東,請於大府,以公款辦工,以義捐辦振,良有以也。弟本擬募捐派友赴粵,略盡我心。乃聞勸捐機關已屬不少,試告同人,百無一應。且江浙風災水災相繼來告,不得不先其急近。弟惟有勉力自捐麵粉五千包,已寄交粵官銀行馮曉青先生代爲監放,總想活五千人。義振向章,救命不救貧,得一金可活一命。我公值此絕大機會,忝在知己,二語奉贈:"濬河築圍,須求神速;老弱垂斃,須在急振。"天必有以報施也。扶病手布,敬請台安。愚弟盛○○謹啓。

————————

① 張鳴歧,字堅伯。

〔六·四〕 致廣東張巡按再啓

堅伯仁兄大人再鑒：弟有姪婿趙成，常州人。前以微秩，需次粵垣。官職雖小，頗有才具。政變之後，遂致無差。舍姪女來函，將至斷炊。用敢奉懇，伏乞傳見。量才器使，先給以噉飯之所，試其能力。再求優待，感激莫名。載頌鈞祺。弟又叩。

〔六·五〕 對漢冶萍公司會計制度的意見

（此件交王子展閱）親筆擬稿

實業家之會計，本有獨立性質，若歸管理工務商務者自取自用，似非良法。即如本公司從前總會計亦在上海，但准駐漢協理即是總經理就近簽字匯款，照章本應隨時通知上海，乃因漢有總稽核，遂於事後登記月報方能知曉。其時並無歸協理之明文，不過從權辦理而已，無從預先討論，以致經理權力足供揮霍，在漢收支，稽核但知有經理，不知有董會矣。此公司之舊弊，豈可再蹈前轍。若竟有明文，會計統歸經理，恐更甚矣。況正會長出巡至漢，並非長駐之地，即令全體董事權屬一人，亦恐不能與管理員計較短長也。姑請董會調查，東西洋實業家是否將會計全權一併操於辦事者之手，抑有獨立機關？再不然，照章董事會如有意見不同，當然質之股東，以期穩固。

以上係理由，請密存。

總事務所及總經理本須俟政府借款定議後方能移漢。現擬暫擱不復前途，但須先告泗州，免使先入之言爲害大局也。

〔六·六〕 對於漢冶萍公司總事務所移漢問題的意見

(此件交王子展閱)親筆擬稿

說者謂移漢方能鈐制三局,而總事務所擬在漢口另覓大屋。總經理並不駐廠,不特萍、冶仍屬相離,即漢廠亦未必肯去。若必調廠礦長到漢議事,徒虼誤廠礦工務。至於商務,售賣鋼鐵、轉運機料均在滬,仍須在滬設批發所。銀錢除三局每月經費可以額定外,外洋匯票、日本借款而向皆在滬,仍須在滬設會計所。事事複雜,糜費更多,不過使辦事人得以自由自便,總經理一人諸事生疏,易於蒙蔽,董事會人多,不能逞一己之私見,事事欲爲股東打算盤,於衆人不便,機關全部移漢以避駁論,使董事會如從前虛設而已。且近有日人顧問,極欲侵權,亦甚喜總經理一人易於欺侮,非如董事會界限嚴密,難於嘗試,此又日人慫恿移漢之隱情也。愚見:總事務所實未可驟離董事會,應俟劍秋任事一二年後,經驗既多,成效亦著,股東可以深信不疑,辦事人可以奉令而難於蒙蔽,董事無須相助爲理,彼時方可再議遷移。此時即移於漢口,於政府所派之監察、稽查,均大有損礙也。

若因公司請政府所派□□□之員即爲總經理,須駐漢口,離開董事、股東兩會,遂將應在上海辦事之商務會計各所概從總經理,全體撤開董事、股東兩會,非此政府不能維持,恐日人亦可藉口,日借款更鉅,顧問亦當握全權,撤開董事不受節制,在股東一面毫無依傍。有股東謂非國有不可非日有不可。然則商辦時代非總經理與董事會呵成一氣不可。

在政府既有維持之借款,自不能無稽查監察之員。但此人董事會現允即由公司聘作總經理,則所有公司進款用款,鉅細必能洞悉。

如有不當,儘可立時阻止。此總事務所無論在漢在滬,劍秋之權力皆可足用,似不必定要離開兩會方能任事也。

〔六·七〕 致玉麐函十一月初二日

玉麟賢姪孫覽:昨接信,知我齡病故,所有棲流所、普濟堂、丙舍三處均歸執事接辦。李子輝由汝酌派,所有三處帳目,務要查清。丙舍添蓋房屋已完工否? 以後儘修儘用,無須籌款。棲流、普濟兩所每年需用若干,須要辦一預算。宜興田准其改捐玉佛寺,可由宜興和尚收租,免得受累。兩處經費候汝酌定,即當面商照撥。徐桂寶請將其所辦粥廠求歸我家接辦,此亦好事,擬歸棲流所兼辦。據云粥廠房屋及用物均現成,應歸棲流所收管。每年冬天開辦多少日子,須用大米若干,柴草(可用草塘浜葦子)若干? 望即請其開明詳細單帳,帶來參酌,再行定奪。其粥廠地點,在於何處?(記得在北門。)汝可同李子輝前往一看,如其房屋無用,可否改在西門外,便於招呼。上海事多,汝宜早來。此問近好。叔祖止叟命毓常代繕。

〔六·八〕 復施禄生十二月十三日

禄生仁兄大人閣下:前日奉手書,甚慰下懷。貴恙入冬以來尚無更動,惟食量稍減,未知牛肉精能喫否? 德醫云:"體虛者非多服補養之劑不可。"唐乃安勸我日服牛骨髓粉,每頓以一小調羹,開水冲服。弟與小孫服之,頗有效。茲特寄上兩瓶,又萊陽梨膏四瓶,萊州查糕四小匣，真毛燕一匣，乞哂收。承賜野鴨十頭、野鴨脯兩小壜，謝謝。脯味甚厚，惜不能耐多日。招商局攬儎頗有效，惜弟建添購舊船之議，科長因循未辦，拋去許多好生意。科員只一邵子愉認真得力，可見我兄知人之明。漢冶萍公司擬設一總稽核，未得其人。公意中有算法精明切實可靠之人否：如有其人，薪資不妨稍厚，祈便中示知。董事會弟不能到，只有王子展、傅小安二人，兩年半不開股東會，外間頗有物議。將來專制時代，此局欲爲華商保存，恐非容易。閣下忠心耿耿，爲本局忠臣，能否賜我方針？至感至盼，此請台安。弟止叟頓首。

〔六·九〕 致周道尹 十二月廿二日

金箴仁兄大人閣下：西門外瞿真人廟鄰近廣仁善堂，向有學堂一所，計五進二十五間，現因中國醫道陵夷，公議准即在該處開中西醫學校，正在派員修理。頃聞有軍隊前往借住，原無不可，暫爲通融。惟醫學堂已擇定正月内開校，稍爲修葺亦須旬日，可否仰求轉懇鎮守使，俾免借用，或請早日儘先讓還。閣下與鎮軍惻隱爲懷，想必蒙許可也。無任感禱。手布，敬請台安。

〔六·一〇〕 致丁寶銓 十二月廿四日

衡甫仁兄世大人閣下：別久思深，時局又變，漢冶萍鐵產將爲送禮之附屬品。敝處另有三鐵礦，已密商泗州，捐作廣仁堂產業。一則保守佳礦，一則綿長義振。即日呈部立案，時機甚促，不及面商。惟弟病已深,只能謀其始,不能善其後,將來非有宏毅熱心人參預其間,亦難收效。兹擬借重我公爲議董,他日再行公推。肺病屬稿,未免粗率,即祈閱後發還,尚須送與同人公閱也。敬請台安。世小弟○○頓首。

〔六·一一〕 致内務部、農商部公函 十二月二十六日

敬啓者:竊查前清光緒二年、四年,山西、直隸等省旱災,赤地千里。上海仁濟善堂董事施善昌等,慨然以救濟爲己任,籌款選人,分頭出發,是爲開辦義振之始。洎宣□在天津、煙台、上海等處先後設立廣仁善堂,此後如順、直、魯、陜、湘、鄂、蘇、皖各省義振,遂悉歸上海廣仁善堂籌辦,而義振聲名乃洋溢乎海内,蓋其時物力尚豐,具有實官銜封等獎叙,榮施所在,趨慕者衆,故捐墊之款,輒以百萬數十萬計,非但捐款踴躍,凡有墊款,無不籌還,是以人皆樂成其美。猶憶宣□開濬山東小清河,以工代振,塞振之源,是役墊款至七十餘萬兩之鉅,事後請獎銜封,掃數歸結。現在百物昂貴,民間生計愈艱。上、今兩年,江北、皖北水災甚重。兩省巡按函電交馳,勸辦義振。當經該堂公推義紳,分往查勘,實有得之則生,不得則死之勢。而官振所撥無多,義振則應者寥寥,募墊兩窮,不得已將堂中昔年捐存之電報股票所換之漢冶萍股票五十餘萬元,併連兩項利息,湊合捐補截存漢冶萍公司頭二等優先股壹百萬元,向銀行抵押現借四十萬元。除歸還購產資本外,其餘三十餘萬元按照義振章程,隨時公舉義紳,分路查放,均有帳冊存堂備查。惟是天災流行,難乎爲繼,朝廷方以慈善爲行政一大端,而博施濟衆,堯舜猶病,尤賴各省善堂通力合作,共盡義

務,稍彌餘憾。查上海廣仁善堂有鐵礦數所,一屬九江縣,一屬鄂城縣,一屬萍鄉縣,該三處皆與漢冶萍煤鐵礦毘連,均係該堂遴選礦師,出資購置,過戶註冊,作爲堂中永遠產業。一則爲中華保存佳礦,一則爲漢冶萍留作後盾,一則爲該堂義振籌款,是一舉而三善備焉。查大冶礦石售與日本,每噸日金三元,除開採工價外,每噸約可得餘利日金二元。本廠自用礦石,工價不過一元左右。將來廣仁善堂如果自行開採,所得之利自必悉歸義振,與漢冶萍無涉。如租給漢冶萍或他人開採,其應用各項資本之分攤利息,約提日金一元,廣仁善堂每噸擬酌提銀幣一元,以充義振。屆時堂中得有此項專款,範圍自宜推廣,無論何省遇有水旱大災,國家發帑振撫者,皆得由大部飭知上海廣仁善堂,遴舉義董往查,或由該省大吏及地方紳耆報告災情,本堂議員中各省有人居多,亦可藉通消息,查明實在,即當分別重輕,悉照向來義振章程、查戶開放,事竣刊造徵信錄按次報告。要知此項礦產,縱之則爲他國他人所攘,操之則爲一人一家所私,今宣○等毅然決然歸諸善堂,公諸全國,仰體朝廷仁民愛物之心,俯救各省水旱偏災之患,實係扼要以圖,毫無疑義。但須昭告內外,恪守定案,專供義振,無論如何緩急,切不可挪移他用。爲此合詞函請大部,俯賜奏明批准立案,分咨各省查照施行,實爲德便。再廣仁善堂董事會章程:"辦事董三年一舉,議事董隨時增減。"此時暫就現今及從前辦事者首列,捐資者次列,議事者後列,合併聲明。除函致農商、內務部外,謹致內務、農商部。

計附清册三本

上海廣仁善堂董事會辦事員盛宣○、孫寶琦、李經方、馮煦、

魏家驊、劉鍾琳、黃以霖、劉康遐、李寶詮、顧潤章、王寶槐、吳憲
奎、劉樹屏、馮嘉錫、朱祖蔭、高長頤、余觀海、陳作霖、林志道、孫
復瑞、唐浩鎮、金煥章、蕭之華、黃國梓、姚紀衡、王遜、焦發昱、龐
鍾璘,捐資員李經邁、劉錦藻、劉安泩、劉承幹、張振勳、張煜南、
吳作鏌、袁思亮、張士珩、席裕福、狄葆賢、唐宗愈、董紹奎、張允
言,議事員呂海寰、惲彥彬、唐文治、沈瑜慶、丁寶銓、袁大化、陶
思澄、李士偉、張志潛、曾述棨、錢紹楨、孫多森、李盛鐸、王璟芳、
胡祖蔭、鄭官應、趙炳麟、周祖佑、趙椿年、李維格、王勳、王存善、
周晉鑣、沈敦和、朱佩珍、施則敬、楊學沂、傅宗耀、徐棠、張元穀、
陶湘、謝綸輝、彭穀孫、林熊徵、姚福同、楊壽楣、丁福保、朱士林、
吳健、黃錫麇、鍾元棣、汪承豫、李壽銓、徐增祚、孫德全、季厚垼、
俞書祥、何其坦、金忠讚、呂景端、趙興昌等謹啓。　中華民國四
年十二月二十六日。

〔六·一二〕　**致內務部、農商部密啓**十二月二十六日

敬再密啓者:竊查大冶鐵礦,宣○於光緒元年聘請英國頭等礦師
郭師敦所勘查購得,旋歸漢冶萍開採,利益悉歸公司。後因預借日本
鐵價,所有動產不動產俱作抵押。近來國際交涉,要求中日合辦,雖
股東尚有允否之權,中央不爲强迫,然於通惠公司借款,指爲抵觸國
際條件,益肆其合辦之謀,且謂必須政府主持,不必由股東會解決,是
用隱憂。所有大冶鐵礦固已不能不屬於漢冶萍公司,尚有宣○續購
之九江縣鐵礦、鄂城縣鐵礦、萍鄉縣鐵礦,均係上海廣仁善堂名義所

置,與漢冶萍公司無涉,茲爲未雨綢繆之計,亟應分清界限,釐訂章程,將來漢冶萍添開爐座,以及四十年內應售與日本生鐵及礦石二千三百萬噸,必須取諸廣仁善堂之鄂城、九江鐵礦,至萍鄉鐵質雖較遜,然與煤礦相隣,尤足貴重,亦宜加意保守。自應明白宣布,使人人皆知該礦已屬廣仁善堂,俾免影射,而杜狡謀。除函致農商、內務部外,伏乞大部迅賜鑒核,奏請批准施行,尤爲公便。再萍鄉縣鐵礦尚係礦局原契,一俟批准,亟須照九江、鄂城辦法,過戶善堂,方足以資保守。上海廣仁善堂董事會盛宣○等謹再密啓。

〔六‧一三〕 **致政事堂左丞楊**十二月廿六日

杏城左相閣下:上海廣仁善堂購置礦產,備充善舉一節,本年五月間曾函請孫會長①密商鈞處及農商部。旋接孫會長覆電:"均荷贊成,但濟衆團三字不妥,不如仍用廣仁堂名義,即日具文立案。"等語。深佩我公及周總長②仁民愛物之深心。伏思水旱偏災,比年皆有,多方呼籲,百無一應,若不設法維持,義振勢將中輟。現擬將善堂礦產定一出租收捐辦法,藉以保守,而於荒政,裨益甚宏。所有鄂城、九江礦產原契,本係敝處堂名,茲已一律轉與上海廣仁善堂,赴縣過戶,造具清冊,將印契悉交該善堂董事會公同經管。而萍鄉鐵礦尚係礦局原契,亟須過戶善堂。此事原不汲汲,近接孫會長來函所述小田切面告各語,及抄送來函,於條件內中日合辦操之甚切,此間傳聞,亦復如

① 孫寶琦。
② 周學熙。

是。而旁窺股東一面，因維持尚託空言，其抗拒之精神似不能及從前之一致。各界謠言："此次前途必有要求，一難保不牽涉及此。"聞李木齋①於萍煤界限亦已防備。似此情形，廣仁堂所購九江、鄂城、萍鄉三處鐵礦，前途曾來探問，勢難擱置爲所併吞。茲特遵照孫會長本年五月傳諭，即用上海廣仁善堂董事會名義，公函請由内務農商部核定，即日轉奏批准立案施行。公函到日，務求鼎力主持，將此保礦備振兩大端關係甚遠情形，迅賜密奏，剋日核定、並由部咨行湖北、江西兩省，庶免失機。專此奉懇，敬請鈞安。盛○○謹啓。

〔六·一四〕 **致孫寶琦函**十二月二十三日（廿六發）會字第十九號

慕韓會長先生閣下：接奉惠書，敬悉大駕已赴天津，起居多福，爲慰頌忱。漢冶萍公司諸事，須待通惠借款解決，方能下手辦事。惟大冶以外，鄂城、九江、萍鄉三處鐵礦歸入上海廣仁善堂，備充善舉一節，係最關緊要之事。一則爲中華保存佳礦，一則爲漢冶萍留作後盾，一則爲廣仁堂義振籌款。前蒙閣下密商泗州及農商部，均荷贊成，囑即由廣仁堂名義具文立案等語，深佩閣下及諸公仁民愛物之深心。現遵用廣仁堂董事會名義，分達内務、農商兩部，請爲立案，並函懇泗州主持，將此保礦備振兩大端密奏。茲將公函二件、泗州劍秋函各一件，一并送呈台覽。惟公函列名曾見有平列者，有直書者，未知究以何種爲合格。茲於直書一分之外，另備平列信尾各一分，請賜酌

---

① 李盛鐸，字木齋。

用。目下台駕諒不晉京，而此件須在此數日內遞，即求我公加函趙劍翁，請爲轉投主持一切，無任叩禱。劍秋奉裁釐差使，正可來滬面商，惟緊要事均在都中，劍翁出京後，何人可託？乞速與劍翁商之。敬頌台安。盛宣懷謹啓。

〔六·一五〕 致趙劍秋函 十二月二十三日總字第二號

劍秋總經理先生閣下：欣聞特任考察各省釐金利弊，爲加稅免釐之預備。熟悉財政如我公，爲朝廷慶得人矣。大駕出京之後，漢冶萍在外一切進行事宜，仍可隨時奉商。惟目下緊要事在內不在外，最可慮者，中日合辦，前途以國際條件已經允可，大有急起直追之勢，我處不可不早爲防備。敝處前置鄂城、九江、萍鄉鐵礦，所擬歸入上海廣仁堂備充義振一節，恐稍縱即逝，悔之無及。本年五月弟曾函請慕老密商泗州及農商部周總長，接慕老復電："均荷贊成，屬即用廣仁堂名義具文立案。"等語。現已事急，遵用廣仁堂董事會名義，分達農商內務兩部核定轉奏，批准立案。並函懇泗州主持，將此保礦備振兩大端迅速密奏，免爲他人所攘。屈計此文到京，閣下尚未榮行，務求代爲轉授，並乞鼎力再賜面懇泗州及農商、內務兩總長，迅速辦理。此中功德未可限量，所有關於此事與慕老來去函電，鈔附備覽。敬頌台祉。盛宣懷謹啓。

民國五年丙辰(一九一六年)一月

〔七·一〕　致英國施公使①函稿—一月四日

　　植之公使仁兄姻大人台鑒:漢冶萍公司於去年二月間曾向德國西門子電機廠定購電機二具,由中立國口岸起運,爲擴充漢陽鋼鐵廠之用。兹已造竣,惟英國禁止德貨之輸,貨不能起運。查英美所訂新章,凡係美國三月一號以前所訂購之德貨,均可以向英國商部領取准照。又聞智利國向德國所定電機,亦經駐英國智利公使向該部取得准照。漢冶萍事同一律,當可照准。且漢冶萍鋼鐵大多數乃供給與英國同盟之日本,而日本代俄國製造軍伙,似尤當准我起運。故頃發一電,譯云:"漢冶萍公司前於二月間向德國西門子定購電機二部,由中立國口岸起運。現聞美國及英國現訂章程,三月一號前所訂定德貨,可由英京商部給准照出口。智利前定德電機,智使亦向商部取到准照。漢廠爲增加鋼廠出額,供給英之同盟日本,急待電機。請公竭力代向商部取准照,感甚。費用照繳。乞電覆"等語。敬乞我公代向英商部取出此項准單。漢冶萍爲中國唯一之實業,知

―――――――――

　　①　施肇基,字植之。

276

我公必有以維持之。又該西門子公司之華經理管君，爲令兄省之兄之至交，想我公愛屋及烏，亦必樂於玉成，免使漢冶萍有停工待料之慮也。敬祈鼎力成全，先行電復數字，不勝感紉公誼，急切待命之至。所有各項費用及電費示知後應由弟處繳還。敬請勛安。姻愚弟○○謹啓。

〔七·二〕 致楊左相一月二十一日

杏城先生樞密大人閣下：敬啓者，漢冶萍公司近來危險情形，諸仗鼎力維持，上關國計，下係實業，舉國欽佩，無有已時。只因歐戰延長，鋼價飛漲，漢廠本以造軌爲大宗，而目下造售鋼貨，價值倍蓰，且因鍊鋼各料物歐洲皆禁出口，不得不借助東洋，是以鋼貨只得儘先售給，至賤者每噸獲價一百廿兩，只得暫停造軌，已將實情詳明交通部在案。兹特爲台端一一陳之：

（一）川粤漢鐵路借款合同第十八款載明："鋼軌一項，郵傳部奏明應由漢陽鐵廠自行製造供用，其價目一切由郵傳部與鐵廠比較他路歐美購運鋼軌時值訂立"等語。照此合同，漢廠代造川粤漢鋼軌價值自應隨時比較他路歐美所購軌價之時值爲準。宣統三年六月端大臣與李維格所訂軌價五十一兩七錢七分，係屬比較當日外洋鋼軌之時值訂立，並未訂明噸數，亦未聲明此種時值永遠不得更改。又借款合同第三款載明："建造工程自開工之日起估計約須三年造竣。"是端、李所訂之軌價亦不過以三年爲度。此訂軌合同必以借款合同爲根據者也。

（二）粵漢一路於民國三年始行開工，用軌鋼價較訂約時已逐漸增漲，然相去無多，尚可勉力供應，且盼望川粵漢以外軌價增高，堪資挹注。去夏京奉鐵路以重價別購洋軌，則已絕望矣。查端大臣所訂之合同，不特已過三年限度，民國以來迭派督辦，均不與漢冶萍公司接洽。民國二年春間岑督辦、詹會辦接辦該路，過上海時曾出示合同，請其加蓋印信。其時岑督辦不允蓋印，固不知其用意，即詹會辦亦不允蓋印，是主持路政者已視此合同無足輕重。上年七月間函呈交通部，請將該路本年用軌噸數飭知，亦未奉復。則此合同股東會請即作爲消廢，實係確有可憑。

（三）現在鋼價至少者每噸一百二十兩，本年預算所出鋼料多造鋼貨，擬即全數售出。交通部若肯照時價定軌，至多亦不過以一萬噸爲度。

（四）川粵漢已造未交之鋼軌尚有一萬三千六百十六噸，附件在外。公議擬請照每噸八十兩核算。目下生鐵每噸售銀四十兩，各種副料皆數倍於從前，每噸約須三四十兩。此外尚有七千餘噸，皆係無理剔退，每百噸扯剔至二十噸之多。軌價空擱，每噸又虧缺銀十兩。目下日本購我剔退之次軌，每噸日金一百元，合銀八十餘兩。京奉路去夏所買英軌，價係七十五兩。照此比較，實爲極賤之價。如購洋軌，決不止此。

（五）公司格外急公，每噸請發現銀五十兩，其餘三十兩扣留抵帳。借款銀行合同內載明照時值付價，部中即可全收現款，扣留之三十兩可濟急用。

（六）陰曆年底公司應付之款甚多，中交兩行十五萬餘兩尤爲緊要。此項軌價粵漢局應允先付七成,如按照八十兩定價,請部即飭該路局總辦於陰曆年內付款,以便交軌。否則公司只得另售,現已索價一百二十兩,大約至少可售每噸一百兩。價值既可多增銀四十萬兩,且無須扣抵,可多收現銀八十萬兩,則公司拜賜更多矣。

(七) 現在日本買公司現貨生鐵,每噸現銀四十兩。大冶礦石現與磋商,因開挖費用較重於昔,必須加錢,已有允意,於軌價尤有連帶關係。

(八) 川粵漢軌查借款合同所載里數約須十六萬六千餘噸,現今價值與宣統三年時價比較,相去一千五百餘萬兩。若欲硬卡漢冶萍公司承認,不特華商擔當不起,只得將公司全讓他人,且恐他人合辦之後,亦不能承認也。

以上八端均係實在情形,仰祈台端速與交通部商定,倘須奏請核定,即求據實轉奏。公司感甚,大局幸甚。除函致梁總長外,專此奉布,敬請台安。

> 漢冶萍總公司董事會孫寶琦、盛〇〇、王存善、李經方、
> 沈敦和、林熊徵、周晉鑣、張武鏞、楊學沂謹啓

〔七·三〕 致交通部梁總長①函—月廿一日

崧生總長大人閣下:敬啓者,漢冶萍公司近來危險情形云云,與楊左丞函同。只得暫停造軌,業將實情於一月六日陳明大部在案。茲再

---

① 梁敦彥,字崧生。

為台端一一陳之：

（一）川粤漢鐵路借款合同云云，與楊左丞函同。

（二）粤漢一路云云，與楊左丞函同。上年七月間函呈大部，請將該路本年用軌噸數飭知，亦未奉復。則此合同股東會請即作為消廢，實係確有可憑。

（三）現在鋼價至少者每噸一百二十兩，本年預算所出鋼料多造鋼貨，擬即全數售出。大部若允照時價定軌，至多亦不過以一萬噸為度。

（四）川粤漢已造未交之鋼軌云云，與楊左丞函同。

（五）公司格外急公云云，與楊左丞函同。

（六）陰曆年底公司應付之款甚多，中交兩行十五萬餘兩尤為緊要。此項軌價粤漢局應允先付七成，如蒙允照八十兩定價，請即飭路局總辦云云，與楊左丞函同。

（七）現在日本買公司生鐵現貨云云，與楊左丞函同。

（八）川粤漢軌云云，與楊左丞函同。

以上八端，均係實在情形。仰乞台端俯峋商艱，速賜核准。倘須奏請核定，即求據實轉奏。公司感甚，大局幸甚。專此奉布，敬請勛安，佇候賜覆。

漢冶萍公司董事會孫寶琦、盛○○、王存善、李經方、

沈敦和、林熊徵、周晉鑣、張武鏞、楊學沂謹啓

附録　致妻莊氏家書(十四件)

一

夫人手覽:十五到鄂後,倏忽半月。兩接來函,並收到洋線背心一件,夾袍馬褂各一件,藉悉貴體已全愈,恩寶亦好,長吃參鬚。凡小兒只要飲食以時,少吃雜食,自能多吃粥飯。阿奶粗心,潘媽外行,此非我夫人自己當心,此子不能無病也。我到鄂,適奉上諭開辦盧漢鐵路,香帥與爕帥會商,非我不辦。我想咳恙既不能回任,趁此精力,不如再任一件大事。昨已奉札先接辦湖北鐵廠,約須半月就擱,方能回滬料理十餘日,即須赴津入都,與王大臣妥籌全局,再行回南。惟此身許國,以後往來南北,不能久居一地,妻妾之間,只可輪班攜帶,方免離索之憾。昨電昌頤面商尊處,擬調柳姑娘來鄂,以符班次。如柳恙未愈,則派劉姑娘來。惟房屋只有一間,不便帶小孩,且往返不過二十日,亦不必多帶人。如均不願,請派詩芝輕裝前來,亦可伏伺。未知尊意如何?總之,我無成見,只要有一人來,免得另圖外寵而已。夫人此刻上海房屋未曾搬定,恩兒亦未復元,諒難遠行,非不欲也,恐不能也。廿三到期洋票,想已收得,甚爲盼念。父親回常有事,想必候我回滬,方來相聚。六妹可留同住,諸事均有斟酌。昌兒來電,陳家木橋風水大好，我想四月底即須帶一房家眷北上，以後上海亦不能久居，姑俟我回滬，或將電報局移至寶源祥，家眷移住陳家木橋，亦無不可。總須候我回來再定。劉道台之屋不肯售矣。蝶仙已委烟台局會辦，並委漢河後路，薪水足可敷用。慶姪必爲設法。仲兪已薦天津招商局文報處。誦兄亦必設法位置。我身子甚好，惟相睽一月，殊覺思家。聞韶回滬，須寄初夏各物矣。復頌近祉。六妹同閱。四月初三日幼勗手泐。

二

夫人妝次：崔來接安信，未復。昨接廿六安信，均悉。父親在滬，汝當時時照應。如來我寓，可令恩寶當面認字，藉博親歡。恩寶已認字一千四百，幼子聰慧可喜，但勿令過用心，只要功課一日不塌。汝腰痛，宜長服杜仲煮腰子，比喫藥好。季祥履歷已到，或可附保。山東正有洋務，烟台甚喫重，未敢遽調。迪先當差，阿姊不時叫他回來，如何能當要緊差使。二女服張君西藥已有效驗，應可出門散散。一俟其病好，即令姑爺同回無錫，以免姑爺遊蕩。望汝代爲留心，趕緊將他病治好。西藥勝於中藥也。華盛歸於荔孫一人做主，每日多出紗數十包。詠韶一節，已經心照。三媳靈柩上岸，用洋四百餘元，未免太多，且小輩不應太熱鬧。伊父極講理，棺價仍當寄去。其友及僕勇，到漢再當酬賞。誦先、葵孫所說房屋，我目今無現錢，回家兩年，家用與虧折銀數，汝當可知道。現已虧欠不少，明年只好售出股票還債，公款斷不可動借，錢莊借款，拆息三分以外，亦未必肯借，借來亦必虧本。總之，我家財運大壞，住房不利，做事無不虧折，須俟搬屋之後，方可做生意。且手下無一老成可靠之人，葵生天津兩店，已折本錢，少雲來信，甚着急。莊氏昆季，惟仲咸老成，然讀書人終欠精明，亦不能做生意。汝若要做生意，只得棉花可買，明年必漲價，且係自家可用之物，不怕賣不出。今特附上華盛存摺一扣，計洋二萬元，並致荔孫一信，汝若要買棉花，即將此信交去，將來可在杏記帳上劃算。惟買花須託好手，如來年要賣與華盛，仍須囑託荔孫定買何路花色。我想仲咸可總管，得之可奔跑。如湊買三千包花，總可穩賺三四千元也。新陽田二百畝，價不貴，既有二分息，汝可自買。然收租甚不便，我不要也，租簿仍寄還。如有好市房，冬月底我回可面商。此問近好。十一月初一日思惠齋手泐。

三

夫人如面：四接安信，均悉一一。高貴來，詢知玉體安好，稍有腰痛，長服厚杜仲白燉豬腰子可愈，不宜服藥。巢先生來診脉，係心火肝火上升，以致左耳出膿不止，有時兩耳均重聽，有時一耳重聽，有時兩耳均通，其虛火上沖無疑。夜間兩三點鐘上牀，仍睡不着，此亦是心火之故。蓋薄棉被，穿銀灰袍，尚覺其熱，連吃生地元參桑葉等涼藥，稍覺火退。巢先生此次遠來，我甚不願。今夜原船回滬，來回約十日，每日酌送三四十元，亦須酬謝三四百元之多，我實送不起。既承夫人雅意，只好由你設法致送，我只賞其跟丁洋十元，汝可與葵臣商辦。巢先生甚講交情，病亦尚未醫好，可不必過多也。棉花明年必長價，汝做買火機花衣，定可得利，或買通州子花，亦可得利。年底洋錢小，來年洋錢亦必長也。百禄堂不能拔回，汝若定准買花，准向徐馨翁處借銀壹萬兩，暫以百禄堂票摺交徐馨齋抵押。附致徐函，即可轉交。此外公款，我實不敢擅動也。汝善於理財，不上人當，我故如此放心，汝仍當格外謹慎。荔孫、楊廷選可託，仲咸亦可託其打聽花價。所買花衣，須要取其棧單，不可如去年爲游桂馨所欠帳也。我在此公事甚忙，本想接夫人來鄂，因是一家之主，你若來時，上海成何局面。柳去年已來過，自應派劉來，況劉既與你不和睦，我回上海又必吵鬧，我身上公事如此繁重，早晚閨房之中還要與妻妾淘氣，我之精神吃不住，你之肝氣亦不能好。中年夫婦，相聚未必久長，何犯着如此鬧氣。我故將劉氏搬至漢口，暫不帶回上海，姑且你我二人歡喜過年，再作道理。你到那時，必知我是好心也。恩兒可讀三字經，寫描紅，一切聽先生主意，必好。復問近好。十一月十五日愚齋手泐。

四

夫人如面：前日由郵政詳寄一函，計已入覽。頃接十九、二十日安信，均悉一一。徐馨齋處二萬兩已照付。鐵路總公司七千石米價尚未還。米價五元時何不售完？汝做生意太貪，將來必喫大虧，莫如趁早歇手，專放利息，最爲穩實。我手頭並無現款，若向銀行抵押，亦是一樣出利，且可抵押之股票，均在家中，檢點亦多不便也。我正月內必回南，汝欲同來京，亦不宜再做生意矣。昨夜王中堂處聽戲，天

井受冷，傷風甚重，幸不咳嗽，可以慰念。家中有好橘，夫人收用，如
莊老太太在上海，應酬送一二件。又寄上人參五兩，係我親自揀選，
呈與父親用。父親回去過年，參湯恐無人肯煎，或研參末面交父親親
自用開水沖服。家中事，造屋最要緊。四子說，經同源甚着急付款，
須要看工程分數付給，來年三月能完工否？此問近好。十二月初三
日杏字

<h1 style="text-align:center">五</h1>

夫人手覽：別後平風靜浪，十二天亮過烟，上岸拜客，午後回船即
開，十三早可到大沽，擬赴開平、山海關耽擱兩日。十六到天津拜客，
即赴保定驗工，發摺後即行入都陛見。昨今兩日耳不出血，堪以慰
念，汝日來痰中血止否？崔丞已去，似可長服費先生藥，必可穩當。
我出門後，汝若仍回二馬路公館，斜橋地廣人稀，劉姑娘一人獨住未
免冷靜，汝可勸令一同暫回老公館。重頤書房可設在簽押房對房，俟
父親六妹到滬自應仍住斜橋，劉姑娘亦可回洋樓居住，汝亦宜往來其
間，以資侍奉。經同源承攬，須令改准，已將應改之處告知撲臣及欽
菊如矣。項茂記六千五百兩肯造，須令畫好圖樣，另開清帳寄來覆
看，再行酌定。汝可令撲臣將圖與阿金生看，將來須令阿金生監工，
方可放心。天氣久晴，花價必鬆，紗價必更賤，汝所存之紗一千二百
五十包，銀根太鉅(約銀九萬兩)，華盛亦難久欠，難保不賤至六十兩
以內(須虧本一萬兩以外)，虧本甚大，中秋節後無論如何務必全行售
出，以後做生意切勿太貪。徐少平等自己所做生意，少有好處即便出

脱，我們做生意吃本又重，心又狠，要賺得多，手又呆，處處落人後着。汝去年買花賺錢不賣買稻，幸我再三催賣，蝕本無多。我買米已得利而盡失。今汝買紗，又賣不出。我聽少平之言，營口天津所買之紗亦要虧本。依我主見，還是放債穩妥，不可做生意，若愈做生意，必至於連本無着。今年新稻價賤，買一二萬石尚可無礙（多買則呆滯）。然無可靠之人亦不易辦，汝既相信少平，即派一人會同少平赴無錫買，或稟商父親即在自己棧內囤買，容易出糶，必須做糙更［粳］賣與漕糧也。得之可候我電報再來。洋毯東洋貨便宜，可買二三十條寄來。斜橋大門可令彭長春常關，有人出入隨手開關，上海多有此樣式也。八月十一杏字。

六

夫人如面：得之來，接十六日安信，並白皮箱一只。頃接電，知汝發熱未退，服費藥稍輕，甚爲惦念。我此次痢疾甚狠，幸得李誠甫服附子炮姜藥三帖，方能停止。然還須調養數日，再由保定進京。因陛見須走一里路，跪下奏對，頗覺可慮。且天氣漸涼，儘九月必回上海。汝看家要緊，切不可回家，徒多花費，不如仍接岳母來住，較可放心。紗價如好，望即出售。一好即有洋紗湧來，故近來生意不可久擱。穀賤不妨稍買，但斷不能做糧米，致礙聲名。刻已電邵松喬扣留葵生繭價，但據詠珊說，葵生餘利只有二千餘兩，又說葵生已不欠帳，汝何不叫原經手二奶奶與彼核對，免得松喬爲難。項茂記言定六千二百兩，望即催促揆臣將圖寄來，以便即日商定。經同源工程，亦須吩咐監工二人認真辦理爲要。父親與六妹月底是否來滬，甚念。此問近安。八月廿二日杏泐。

北棧事，候我回來定奪，恐墊此大款，不易也。

七

夫人如面：接八月廿二、廿三、三十等日安信，並食物等件，昨又接復電，知悉玉體全好，深慰遠念，但須請費先生開方調理，總要復元爲要。紗價已漲至七十七兩，是否真確，我想得此好價，總宜脫手，切勿心狠。如果看貴，洋紗不來，亦須售出一半，否則漲到寶塔頂上，恐其趕賣來不及也。直隸一帶天旱，開春糧食必漲，北洋已發護照辦米。詠珊來電，稻價一元四角，已令昌頤、詠珊與徐少平採買粳稻四萬石，係代華大所辦。望汝再打聽稻價如何，即行電我，以便斟酌。汝若售紗收回本錢，再買米稻，尚來得及。徐少平所說絲廠如未出售，可即派人往看，詳細函示定奪。經同源造屋如何？我初二日見皇太后，六刻工夫問話極多，看來聖眷甚好。終日拜客，議事甚忙，所幸天氣甚暖，穿夾袍褂十月初出京尚不怕冷。吳縣子店已派嚴正琯，來信已遲。劉祥准即攆去勿用。此問近好。重九日杏字。

此本無底稿，幸勿遺失。九月廿二日寄交畹玉夫人付與昌兒，面呈父親慈覽，勿示外人。

己亥年（一八九九年）九月初二日奏對自記

九月初二日九點一刻跪安，十點二刻下來。

上問：汝從保定火車來？

奏對：臣赴保定驗收已完工程，又料理保定鋪軌，約明年四月正定可以通車。

上問：盧漢何時開工？

奏對：漢口土工現已辦到孝感，約明年秋後信陽州可以通車。兩頭同做明年可成一千里，其餘一千四百里兩頭分做。據工程司說再有兩年可以全完。

上問：此路是借那一國的銀子？

奏對：盧漢是借比國四百五十萬鎊，五釐九扣，實收四百零五萬鎊，約合中國銀子三千萬兩。原估需銀四千三百萬兩，奏准戶部撥款一千三百萬，合併算來可以彀用。現今部款艱難，大約三百萬一時難籌，而且銀子到內地換錢又吃虧，工程司恐怕不彀。黃河橋工估價五百萬兩，暫時只可緩造，將來再說。

上問：黃河活沙如何造橋？

奏對：雖是活沙總可打到老土，至多亦不過數十丈。聞外國亦有此種河道造橋，亦甚堅固，但是工本實在難少。

上問：時事艱難，外國人欺我太甚，如何是好？

奏對：中國局勢不僅壞於甲午打仗，實在壞於膠州。當時臣兩次電達總理衙門，極說膠澳斷不可讓。膠澳一失，旅大必去，此時放手太速，俄、德兩國合謀而至，英、法兩國恐落後著。法索廣州灣爲圖兩廣、雲南之計，英請保護長江以達四川。

上問：西藏亦可慮。東三省陵寢所在，現飭認真練兵，亦無成效，如何是好？

奏對：東三省確實可慮，外國從前動以兵船恫嚇，究竟兵船運來兵不能多，即如法國之戰，尚可支持。俄國東半邊皆苦寒之地，現借鉅款造路，直達吉林。今得旅順、大連灣海口已定准直達奉天而至旅大，其勢已成。臣過烟台訪聞，旅順俄兵有萬餘人，添設大砲，布置周密，其意何居？俄國陰險，從前取我興安嶺一帶，劃我伊犁之地，皆屬智取巧奪不費兵力。將來俄路成功，他若尋一釁端要我東三省，我力不能制。到那時只可答應他。德國、法國、英國以及日本國恐怕俄國獨占先著，亦必打主意。此却不可不趁此五年之內趕緊設法練兵。

上問：日本與俄國不對？

奏對：人多説日本甲午之戰頗知懊悔，其實不然。日本非待我好。他亦慮東三省若爲俄得，唇齒相依，於他不利。然日本力量斷不足以敵俄。膠事之後，劉坤一、張之洞與臣密議，想聯英、美、日三國以抵制俄、法、德三國。臣即謂中國太弱，英雖忌俄，而中國兵力、餉力太不中用，竊恐英國不願爲其難，而願爲其易。去年貝思福①來覘我國勢，皇太后知之否？

上問：貝思福來商議練兵，我知其事。

奏對：貝思福先到京，又到北洋、南洋，後到湖北來拜。臣問其來意，據稱：議院公舉我來看中國局勢，如能自強，自當幫助中國，如不能自強，只好自打主意，西三月開議院時即行定議。今年果然，英俄兩國訂立密約。

上問：聽説俄國要如何英國不管，英國要如何俄國不管。

---

①　Beresford 又譯作柏麗輝。

　　奏對：此即是英國自打主意爲其易不爲其難了。英既不能借他牽制日本力量，又不足牽制。只剩美國。美與英最相好，雖無佔我土地之心，他見英如此，亦斷不幫我。所以此刻聯交要想他們幫助，斷做不到，只得講究自强。請皇太后還在自强的自字上面打算。

　　上問：你説的甚是，必要做到自强。但是現在外國欺我太甚，我所以十分焦急。

　　奏對：外面亦聽説皇太后宵旰焦勞，但亦不可過於着急。今日局勢雖然比前更難了，然而中國地大物博，出的人亦聰明，出的貨物亦多，日本地小民貧，尚且能自强，豈有中國不能自强之理。同治年間皇太后垂簾時候，削平大難，中興天下，能用得曾國藩、胡林翼、李鴻章、左宗棠幾個人，即如閻敬銘、李瀚章、沈葆楨等，雖不能帶兵亦各有長處。現在要練兵籌餉，總要先講究得人，方能辦事。

　　上問：現今毛病在上下不能一心，各省督撫全是瞻徇，即如州縣官案件尚且不肯説真話。外國能得上下一心，所以利害。

　　奏對：各大臣受恩深重，都有忠君愛國之心，但見識各有不同。大概心中總有六個字毛病。

　　上問：那六個字毛病？

　　奏對：總説是："辦不動，來不及。"

　　上問：這句話只可上頭説，他們如何可存此見解！

　　奏對：臣想"辦不動"，亦要辦，"來不及"，只好趕緊辦。

　　上問：督撫中亦有幾個好的，總不能個個好。你看北洋練的兵可靠得住？

　　奏對：臣看袁世凱、聶士成兩軍均照德國操法，大家説好，可惜人太少。

上問:總要各省多練兵,不然南邊人到北邊去不合,北邊人到南邊去亦不合。

奏對:臣總説至少要制兵二十萬,還要有民兵,預備打仗時可以添補。

上問:各省亦有二十萬兵。

奏對:現在勇營已如從前之緑營,雖多無益。必要有二十萬人一律選練,一樣章程,一樣槍砲,方算得是好兵。如果膠州之事,有十萬精兵,便不至於軟到如此。但是練新兵總要裁去無用之兵,否則兩倍餉,總是難籌。

上問:從前汰弱留强。如今兵勇毫無膽子,打土匪還好,與外國打仗就要跑,是何道理?

奏對:從前陸兵見賊即跑,後來湘淮軍出來,稍有槍砲,將領稍有識見,兵勇心中拿定打勝仗,自然膽大了。人各有性命,膽子係從識見中來,外國槍砲實在利害,又快又準,我們槍砲不及他,將官又無主意,兵勇心中以爲必打敗仗,於是一聞砲聲,即要跑了。此不能怪兵勇不好,洋人長説中國兵是頂好的,就是帶兵官不好。

上問:我想兵將總要打仗,方能打出好手來。可惜日本後來打不了。意大利爲沙門灣的事,我很想與他打仗,他知浙江省有預備,他又不來了。

奏對:沙門灣事,幸賴皇太后堅持定見,不然俄、德、英、法四大國之外都要來了。但目前兵力亦只可備而不用,如果真打,兵餉亦屬難籌。甲午之後臣屢詢日本人:那年打仗究竟用的薩思馬老將或是學堂練出來的新將？他說老將甚少，都是學堂出身之新將。問他何以一出手就如此打得好？他說日本照西國式樣，平常操演就如兩軍對壘，各決勝負。勝者賞、負者罰。去年大操，我們派人去看，確是與打仗一樣，所以能練出膽識來。如同袁世凱、聶士成兩軍亦可對仗試試。若不如此，雖操得好，總是得其皮毛。

上問：練兵總要籌餉，如何是好？

奏對：天下之利不外三種。第一是天地自然之利，如開礦等各處地上所出之產。第二是中外通商之利，如進口貨要少，出口貨要多，關稅要考究，出口貨以絲茶爲大宗，近年來他們都種茶做絲了，恐怕將來不可靠。第三是取商民稅釐之利，確最容易，此即是損下益上，本朝深仁厚澤亦不肯多取於民，只得於商務上格外考究，因其利總在商務上得來。

上問：商務確要考究，去年所辦的叫什麼農工商務。到如今毫無益處。有人說要設商務大臣，方能辦得來。

奏對：中國並非無錢，只是向來於商太看得輕，士農工商，以商字爲末了一個。更有一樣壞處，有錢的人只講究自謀私利，決不肯做開礦等有益公家之事。臣迭次奉旨經手所辦鐵路、礦務、輪船、電綫、鐵廠、銀行以及學堂，多要想詳細奏明，但恐時刻工夫說不及了。

上問：何謂學堂？

奏對：是教習洋務之學堂，曾經奏過在天津、上海兩處開辦的。

上問：礦務辦得如何？

奏對：臣辦的是湖北鐵礦，現在鐵廠出鐵、鍊鋼。盧漢鐵路用的鋼軌均係自己所鍊，與外國一樣好。現造槍砲亦是用自己所鍊的精鋼,比造軌之鋼更要加工。

上問:買外國槍砲總是不好的,我們總要自己多造。天津亦能造得。

奏對:外國槍砲打仗之時,他要守局外之例,買他的格外爲難。自己造並不難。多設廠更費,不如將已成之廠擴充。

上問:有人來說湖北另有一塊地可以添造?

奏對:添造不難,就是經費爲難,其實多造價錢方能便宜。槍砲現是張之洞辦理,臣是辦的鐵廠。中國要富將來仗着是開礦。

上問:開礦確是天生的自然之利。

奏對:開礦不可全與外國人,他們現今紛紛要來造鐵路、開礦。在開礦是圖利,造鐵路還不止圖利。現在中國自己做主,要造的路只有津榆、津盧、盧漢、粵漢,這是我們自己要叫他南北相通,好調兵,好運出土貨到海口賣出錢來。其餘俄、德、法所要鐵路,皆是他要造的,將來權不歸我,難保不以保護鐵路礦務爲名,長驅直入。

上問:各省教案亦不得了。

奏對:從前不解他何以肯賠錢各處設教堂,現在曉得行教是與我百姓通氣。聞說各省現辦保甲,恐又是具文,如果能辦得好,亦可消弭教案,並可將壯丁願充兵者登造册籍,以備徵兵,免得招些市井無賴之徒。

上問:你今年多少歲數?

奏對:臣今年五十六歲。

上問:記得你長在直隸省?

奏對:臣是二十餘歲李鴻章奏調入營,故亦略知軍務。後來還蒙恩典放過山東關道，又調直隸關道。

上問：你可能通外國語言文字？出過洋否？

奏對：臣不曾學過外國語言文字，亦不曾出洋。

上問：你辦洋務還要用繙譯？近來漢奸甚多。

奏對：臣用的繙譯都是正派人。臣亦格外謹慎，所以一箇繙譯不放心，總用兩箇繙譯，便不致矇蔽。

上問：這箇法子甚好。

上問：我曉得你辦事極認真，國事艱難，還要你認真好好的辦。

奏對：臣蒙恩典，總是遵旨認真辦理。但臣所辦的事總是極難的事，人不知道，百般誹毀，若不是忍辱負重，早已不成了。這班鬧的人，叫做清議，恐將來總有一天辦不動。

上問：不錯，是叫做清議。都是這班人鬧壞了，不然皇帝亦不致於如此着急，你不要管他，只是認真做去就是了。

奏對：臣總竭盡心力而已。

皇太后向皇上説：你亦問他幾句話。

皇上問：你可是從湖北到保定來？

奏對：臣是從上海到天津，再到保定。

皇上問：上海一帶，年歲如何？

奏對：江南六、七、八月，雨太多。稻子還不大礙，棉花大壞了。近年百姓多種棉花，七、八月間大雨，棉花一項民間亦要少收一二千萬銀子。

皇太后問：南邊多雨，北邊兩三個月不下雨，麥子不能種。宮中天天求雨，你在北邊二十年，你曉得這時候不是下雨的時候。天時亦不好，外國又是如此，我近來焦急的睡不著覺，苦得很。

奏對：天下之大，水旱偏災，總是有的。天下事只要得人，皇太后不必過於焦灼。皇太后是識得人的，只要內外有十幾個，同心協力，練成二十萬好兵，不難自強的。

上問：你何時動身出京？

奏對：臣尚有事與總理衙門商量，俟商量妥當後，再行請訓。

八

一、棉花高低田通扯，約有四五成。美國年歲甚好，將來至多十五兩左右，以前漲到十七八兩，乃是人心看漲也。

一、紗價未必能到八十兩，因花價十七兩，以三百卅斤花做一包紗，不過合本六十六、七兩。洋貨多來，洋廠林立，裕源售七十三兩已得利，故十四支小包能得七十七兩，應即全數售出。

一、更米前已令徐少平買五千包，價在趙致祥處付。又令買二萬包，價在徐馨齋處付。望即催令少平買妥，俟護照寄來即速運津。已令得之持函與鳳墀預定派船趕運。天津米價四兩一錢，京城米價五兩，封河後必漲價，故不可遲。其餘七萬五千石如何辦法，望與少平妥商電覆。此護照米十萬石，葵孫求搭二成（因用少平之故），我已應允，望即面諭少平，不得再做小貨。

一、更稻已漲，七墅沿①等處已買若干。我令華大公司買稻四萬

———————

① 即戚墅堰。

石，詠珊、撲臣、少平三人管辦，來電亦以價貴未辦。

一、少平寄來飛虎廠甚可買得，可令撲臣、詠珊、得之往看，或候我回來再定亦可。

九

夫人如面：得之帶上安信，計已入覽。連接十六、十九、二十、廿一來函四件，並絨衫冬笋，均悉。貴體何以尚不能復元，甚以爲念，豈費先生藥有所不對。俗語藥補不如食補，還是吃人乳相宜。皇太后長吃人乳，故六十六歲尚如四十歲人。父親到滬，何以住醬園術，想必因汝不到斜橋，其實六妹可以侍奉，此中有何緣故，深爲焦念。我足心被針刺，腫爛十餘日，不能下地，耽誤公事不少，現在尚未全愈，明日只好勉強出門。廿九日須親自遞摺，一過花衣期，即可請訓出京。汝來函名心甚濃，此刻何等時勢，須知受恩愈重，報稱愈難，我亦不矯情，一聽其自然而已。京城一帶，亢旱無雨，奉上諭，招商辦運米麥二十萬石，以資接濟。順天府尹與我商量，適葵生在此，願領辦十萬石，恐文書行到，米必飛漲，特令徐少平先買。昨趙致祥來電，已付洋三萬元，想來只買一萬石，而府尹之意，至少總要四萬石，今日特寄免稅護照四萬石，交與新公司查收。如徐少平只買一萬石，便給與一萬護照，不准其賣與別人。因此次係屬平糴，只能照本，不能獲利也。汝與撲臣所論甚是，望即傳諭徐少平，米價能便宜一分，便是他的體面。已電商唐鳳墀，如能運二萬，即可買二萬。總之，封河前須運到京也。紗價七十六兩，可惜不賣，以後難得此價矣。皮花只看十六兩内，須要小心。捨衣天津難放，我到津無躭攔也。九月廿七日。杏字。

一〇

夫人如面：廿九接廿二安信，已覆矣。□□到而信已遺失，以後郵政局寄可速，招商局轉寄甚遲也。昨接來電，欲向京城銀行借款一節，九月中銀甚寬，現爲上海各路所逼，雖出一分錢，無可借貸。棉花冬臘月必到十六兩進關，十七兩皮花斷不可屯。徐少平前説紗價要到八十兩，我説斷不能到，切催售脱。如今七十四五兩亦無人要，可見我之見識，比少平高些。汝做生意太貪，恐要吃虧。穀價已漲，不可買。天津白粳四兩一錢，白秈三兩六錢，現在府尹北洋紛紛發護照到上海運米，望囑少平將上海已買白粳七千包得利售出，毋庸運津，我已在天津買米數千石矣。府尹護照四萬石如有人要，可以與他一二萬石（免税照甚值錢）。否則，候至封河無用，即行寄還。我足恙初一上摺後又發，不能下地，甚苦。萬壽後十六七請訓，即行出京勿念。十月初六日。杏字。新馬路墳地，一千元可即買成，其洋即令徐馨齋照付，須要遷後再給。

一一

夫人如面：昨接初一日安信，並衣箱兩只、炭吉等物，均已收到。並知玉體全愈，已赴斜橋看過，慰我遠念。我足恙因初一出門遞摺，瘡口又破,纏綿旬日,茲已漸愈。今日未能入內朝賀,擬十三後出門,二十左右請訓出京,即行回滬。來電斜橋屋後墳需價二千二百五十元,只有七分基地,未免太貴。然風水説必須遷去,只好照數購買,但須催其即日遷移,否則我回滬即須回斜橋住,未免討厭。附致徐馨齋兩條,即可備付。又來電少平售米三千擔款擬出利借用,我昨已電復,准借用兩月,此係公事之款。現今上白米迭漲,囑將四千擔緩售,甚是。封河前天津搶運白米,必再漲數角,可惜徐少平買的太少,此皆壞在汝等拘泥之故也。裕源七十三兩紗買進五百包,如能到七十五兩,即可出售,望勿心狠。迪先漢河保案,想因周道被參未辦,以後可託徐夢翔補辦。黃孫莊丁相連不便,容再面商。我皮衣可敷用,不必買,汝之皮襖必買也。高貴未到,裕記已送。十月初十日杏字。

一二

再:棉花又貴,且看冬臘月,如再到十六兩,須要多買。紗價總看棉花爲漲落,泰記紗尚存若干,來信不提,何故?天津米價頓漲五錢,封河後必大漲,可惜四萬石護照米不來,我想天津買米,只買到三百石,可笑之至。少平接我之信,售出三千石,甚屬可惜。(我叫少平得利再售,他不稟而售,必是他們買去繳押款,故無現銀子來。)其餘四千石,我已電致少平,照原價歸與泰記,如何賣法,悉聽汝便,只要歸還總公司本錢而已。我又電致詠珊,只要少平賠還我三千石賺利三千元,即將四萬石護照交與少平,聽其運來(此法可惜太遲)。現在府尹天天與我説,京城米日少日貴,大家盼望四萬米到,如不能來,真對

不起京官。此是奉旨所發護照，與衆不同。此皆爲汝等所誤，詠珊、
揆臣均屬毫無見識，可笑之至。如將護照到封河時退還，而米不來，
必招大怪。如我處不運，則他人必運，故京城少米四萬石，皆我之罪
也。買米買稻，我不敢遥斷，運氣不好，只可不做，汝亦須小心。墳地
已買，催其遷墳，花園地價一千四百兩，姑看他如何退換。人參一匣
寄上海，明作弊，可恨！十月廿五日夜二鐘寫。

一三

　　夫人如面：初七八兩接安信，並人參七包，佛手兩盆，感情不已。
堂上十四五到滬，飲食仍望招呼。泰兒食乳太多，務宜節食。湘中之
行，因洞庭湖水淺，小輪難過，原想開春再去，乃湘紳來信，必要我去，
昨與香帥商酌，十五左右只可一行。擬到岳州起岸，四日可到，天氣
尚不甚冷，可勿念也。棉衣到烟八千套，以陸路難運，年内恐不能到，
所剩二千套，望即派人雇船送至窰灣交嚴佑之散放，斷不可再做。到
窰灣後，亦有旱路，決難多運。況一萬套款已甚鉅，汝尚須派出一半，
我無此全力。莊□九代售千套，已付去五百數十金，亦須七百餘金了
事。汝可謂勇於善矣。汝想買□子花千擔皮花千擔，約需本二萬兩，
此穩可得利，但須買得乾潔，不可有水。附致徐馨齋一函，已託其向
義善源、延康等莊代借一萬五千兩，其餘五六千兩，汝身邊尚有洋錢，
可以湊用。此刻錢莊恐不肯空借，亦可將棉花保險棧票抵押。汝兩
年做花皆得利，此次須託人妥當爲要。米價上海四元半，不可騰買，
漢口米價二兩二三錢，我已代汝買二千石，外間切勿響起。因買米良

心不好，不比買花也。汝身子照常肥胖否？可令吳廷柱來。劉祥病，小崔太忙。湖北一直無雨，魚甚貴。屋圖何以不來？杏字。初十。

一四

夫人如面：昨詠韶同廷相根明來鄂，接到安信，均悉。汝與四男四女均好，甚慰。六男發風，接電已愈，恐是羊牽風。成此老病，亦不得了，須覓治羊牽風乃妥。湖南紳士請我去，而湖北鐵路鐵廠事多不了，以致延遲。今接汝信及面稟，華盛又不得了，只可先回上海，開春再赴湖南。刻將各事料理，十二月初旬必到家。汝若禮拜四來，正可一同回滬也。鄂米二兩三錢，已買定一萬石（米色不好，如常州平糶之米亦如寄來小包樣式，汝若要買，可寄信來代買），但不能出口，如果明年米貴，亦只可平糶。汝買穀五千石，亦不致虧本。然以我看來，穀價兩元，已合四元之米，汝運氣尚好，亦不致虧本。火機皮花十二兩九錢，尚可買，不致虧本。父親住在我家，何人料理飲食？誦先借款，我實無力應酬。馮壻要借□□亦已回復。迪先須速赴通州，萬勿不到差，硬求調缺之理。謝佩之年內赴省求善缺，未必即能響應。救火號衣，我回再辦不遲。吃物太多，勿再寄來。十九日杏字。